工業安全衛生

羅 文 基 著

學歷：國立臺灣師範大學工業教育碩士
　　　美國俄亥俄州立大學研究
現職：行政院經濟建設委員會任職
　　　國立臺灣師範大學工業教育系、
　　　工藝教育系任教

三 民 書 局 印 行

國家圖書館出版品預行編目資料

工業安全衛生／羅文基著.－－初版四刷.－－臺北
市；三民，民90
　　面；　　公分－－(技術職業教育叢書)
參考書目：面
ISBN 957-14-0008-4　　(平裝)

1.工業安全　　2.工業衛生

555.56/8564

網路書店位址　http://www.sanmin.com.tw

ⓒ　工業安全衛生

著作人　羅文基
發行人　劉振強
著作財
產權人　三民書局股份有限公司
　　　　臺北市復興北路三八六號
發行所　三民書局股份有限公司
　　　　地址／臺北市復興北路三八六號
　　　　電話／二五〇〇六六〇〇
　　　　郵撥／〇〇〇九九九八——五號
印刷所　三民書局股份有限公司
門市部　復北店／臺北市復興北路三八六號
　　　　重南店／臺北市重慶南路一段六十一號
初版一刷　中華民國七十八年七月
初版四刷　中華民國九十年八月
　編　　號　S 52054
　基本定價　ꠌ陸　元
行政院新聞局登記證局版臺業字第〇二〇〇號

ISBN　957-14-0008-4　　(平裝)

技術職業教育叢書序

我國有一句俗諺說：「與其送魚給他，不如敎他結網捕魚的技巧與方法。」技術職業敎育卽是一種敎人結網捕魚的敎育，是一種生產性、建設性的敎育，小者可使個人具有一技之長的謀生技能，大者可以富國裕民。過去三十多年來，我國技術職業敎育，不論在質和量方面均有長足之進步，民國四十二年師範大學工業敎育學系成立後，首開我國工職敎育師資培育之先路，其後高雄師範學院、臺灣敎育學院陸續成立工業敎育系，加強工職師資的培育。四十四年政府選定八所示範工業職業學校，辦理單位行業訓練，造就了許多技藝專精的技術人才。六十三年八月成立國立臺灣工業技術學院，使高職──→工專──→技術學院成為完整而一貫的技術職業敎育體系，使我國技職敎育與普通敎育雙軌並行，提升了技職敎育之學術地位。六十五年師範大學工業敎育研究所成立，技術職業敎育的師資培育因而更上一層樓。六十八年政府高瞻遠矚地實施第一期工職敎育改進計畫，七十一年接着第二期工職敎育改進計畫，先後相繼投資了五十餘億元，其重點卽在充實公私立工職敎學實習實驗之設備。

另外，政府為配合我國工業結構發展層次，培育經濟發展中機械、電機等方面之人才，於能源危機的衝擊下，毅然於六十九年成立了國立

雲林工業專科學校，以加速我國工業技術人力的培育，足見我國政府對發展技職教育之重視。政府於七十年度成功地將高職和普通高中學生人數調整為七與三之比例，這一系列的措施，在在顯示技術職業教育在國內已受到應有的重視，同時亦成為我國經濟建設與造成經濟發展奇蹟的一股龐大推動力量。

由於科技的進步神速，特別是高科技（High Technology）之內涵在三年內就有百分之五十的改變，已逐漸扭轉社會上「萬般皆下品，唯有讀書高」，「勞心者治人，勞力者治於人」的觀念，進而逐漸地重視「手到、口到、心到、眼到」，「研究、創新、再研究」，「工作神聖，技術報國」之合乎時代潮流的現代化觀念，希望這種趨勢能夠滙聚成一股正確職業價值觀念的巨流，沖垮發展技職教育的絆腳石——坐而言不能起而行的士大夫觀念，這是一種令人欣慰的轉變。

值此技術職業教育受到肯定、讚賞和託付重責之際，雖然各校不斷增添和更新硬體設備，以發揮教學上的及時效果，但在軟體資源的開發與配合上，似乎無法跟上腳步，顯得相當貧乏和不足，使得在實務運作中感到力不從心。有鑑及此，我們彙集了多位專家學者和熱心人士，犧牲了許多時間，相聚在一起集思廣益，利用腦力激盪術，發揮群體智慧，擬訂幾項基本原則，根據各人的專長和實務經驗，提出編寫大綱內容。分別配合國內外文獻資料的探討，做有計畫的編撰技術職業教育叢書，為職業教育略盡棉薄；亦使技職教育的軟體資源開發工作獲得孳生，並觸動社會各界能共襄盛舉，俾利技職教育於軟體和硬體方面得以在國內生根與並行發展。

　　教育工作人人都懂，因為人人都受過教育，但是懂的層次和深度卻有差異；教育工作是最易引起爭論的，因為它是一種行為科學，常因人、因事、因時、因地而異，缺乏一成不變的客觀標準。但在「專家政治」的理念和原則下，學術上「隔行如隔山」之道理，多數人仍然信服，因此，從事技職教育的規畫與評鑑者，如能以具有專業訓練和專業教育者為主導，並擴大參與面及參與層次，避免「跨行規畫」和「越級評鑑」的偏失現象，相信將更能把握正確的發展方向，並使計畫更落實可行。

　　本技術職業教育叢書，承蒙各專家學者於教學研究之餘，鼎力負責編撰，並得力於三民書局慨允相助，使本系列叢書得以順利出版，這是發揚「三個臭皮匠，湊成一個諸葛亮」的團隊精神。在此，本人特向各專家學者和三民書局，致由衷的敬意；這份力量的凝聚，毫無疑問的將使我國技職教育在發展軟體方面更具成效。誠望本叢書的出版，能對熱心於技職教育者，提供更多的參考資料，進而使我國技職教育能够更落實、更茁壯，更能滿足青年和社會之需要。

張　天　津　謹識
民國七十二年十二月

序　言

　　工業災害是現代工業發展過程中最不幸的副產物，它不僅會帶給勞工直接的傷害，亦會使雇主承受龐大的經濟損失，同時更會造成嚴重的社會問題。因此，工業國家無不竭盡全力預防和制止工業災害的發生，設法使其可能造成的損害減至最少，俾讓國民能真正享受工業發展的果實。

　　工業安全衛生是研究工業災害發生的原因及其過程，以及防止工業災害所需具備之系統知識與技術。由於它是一門綜合性的學科，因此，無論涉及的領域或含蓋的範圍均極為廣泛。

　　本書係根據作者多年來在大專院校相關系科講述此一課程的大綱，編撰而成。內容共分十四章，其中前六章屬於工業安全衛生管理的領域，而後八章則是工業安全衛生工程或技術的範疇。雖然含蓋的內容仍相當有限，但所討論的都是工業安全衛生的一些基本課題，除可作為學校相關課程的教學用書外，亦可提供企業單位推動工業安全衛生之參考。由於工業安全衛生含蓋領域甚廣，本書尚未論及的主題，希望將來能根據需要逐步加以充實。

　　本書得以完成，多賴內人魏美卿女士的關愛與鼓勵，尤其在協助校稿和整理參考文獻，備極辛勞，特致謝意。書成之時，更感個人才疏，謹祈先進方家多予指正。

羅　文　基　謹識

民國七十八年六月

工業安全衞生　目次

第三章　工業安全衛生組織與管理

第四章　工業安全衛生檢查

第五章　工業安全衞生敎導與訓練

第六章　工業安全衞生資訊系統的建立

第七章　安全衞生工作環境的規劃與維護

第八章　機械危害與防護

第九章　電氣災害與防護

第十章　工業火災與消防

第十一章　工業毒物與中毒預防

第十二章　核能科技與輻射安全

第十三章　個人防護

第十四章　工業急救

參　考　文　獻

第一章　工業安全衛生的意義 與發展

一、引　言

　　工業安全衞生問題，主要係工業革命以後的產物。雖然早在手工及農業時代，偶而也會發生意外災害，但其情形並不嚴重。工業革命以後，工作方式由手工轉爲機器，工作場所則由家庭、田野轉變爲工廠、礦場。在構造複雜的工作場所中，勞工所面臨的環境如：高速運轉的危險機具、噪音、塵埃、有毒物質、幅射熱、異常溫度及壓力等，可說是危機四伏，稍有不愼卽發生傷害、殘廢、疾病、甚或死亡。因此，形成嚴重的所謂「安全衞生問題」。工業災害的發生，不僅使勞資雙方遭受損失，國民健康受到傷害，更影響整個國家的經濟發展及社會的繁榮安寧。工業安全衞生不僅早已成爲重要的勞工問題，近年來更被視爲工業工程的一部份。一方面各國政府多從立法方面採取有效措施，期使此一問題獲得改善；而各生產單位在實施生產管制時，除品質、成本管制外，亦實施安全衞生管制，期能防止因意外事故所帶來的時間、物質和金錢等之損失，以降低成本並提高生產效率。隨着工業的發展，科技的

不斷創新，「工業安全衛生」已成為一門新興的學科，而為世人所日益
重視。讀完本章您可以瞭解：

1. 工業安全衛生的意義；
2. 工業安全衛生研究的範圍與內涵；
3. 研究工業安全衛生的重要性；
4. 工業安全衛生的發展與各國採行的措施。

二、工業安全衛生的意義

人類的災害有所謂「天災」和「人禍」，天災即自然的災害（Dis-
aster），如地震、颱風、海嘯等，以目前的科學技術尚無法防範其發生
於未然，只能於事前設法預測，作必要的準備，並於災害發生後迅速搶
救復原，此外別無其他方法。然而人禍與天災不同，人禍即人為的災害
（Accident），其原因既是人為，基本上均應認為可防範其發生。人為災
害的種類繁多：

以發生災害的地點分有：工廠災害、礦場災害、海上災害、學校災
害和家庭災害等。

以災害的性質來分有：火災、中毒、職業病、墜落、爆炸、勞動傷
害及公害等。

以發生災害的行業分有：職業災害、工業災害、農業災害和礦業災
害等。

安全工學（Safety Engineering）即係研究上述各種人為災害發生
的原因及其過程，以及防止這些災害發生所必備的系統知識與技術。

依此我們可以將「工業安全衛生」作如下簡明的定義：

工業安全衛生係研究工業災害發生的原因及其過程，以及防止工業

災害所需具備之系統知識與技術。

　　此處所謂工業災害包括因意外事故而發生的傷害，及工作環境對人體健康可能發生的危害。前者係指工業安全(Industrial Safety)問題，後者則係工業衞生（Industrial Hygiene）問題。如要將此兩者分開加以定義，我們可以說：

　　工業安全：係研究工業意外事故發生的原因及其過程，以及防止此等意外事故所需具備的系統知識與技術。

　　工業衞生：係研究工業環境中，現有及潛在對人體健康發生危害之因素，並運用有關的知識與技術，在傷害未發生前加以預防和制止，以維護從業員工之身體健康。

　　進而可以將與「工業安全衞生」類似的一些名詞的意義分別作如下的定義：

　　一、職業安全衞生(Occupational Safety and Hygiene)：係研究職業災害發生的原因及其過程，以及防止職業災害所需具備的系統知識與技術。

　　二、勞工（勞動）安全衞生（Labor Safety and Hygiene)：係研究勞工工作災害發生的原因及其過程，以及防止此種災害所需具備的系統知識與技術。

　　三、工廠（工場）安全衞生（Shop Safety and Hygiene)：係研究生產工廠（或學校實習工場）意外事故發生的原因及危害員工（或學生）身體健康之有關因素，以及防止此等意外事故的發生並維護員工（或學生）身體健康所需具備的系統知識及技術。

　　由此可以看出工業安全衞生與職業安全衞生、勞工安全衞生、勞動安全衞生或工廠安全衞生，雖然在意義上並非完全相同，如職業安全衞生的範圍大於勞工安全衞生，勞工安全衞生的範圍又大於工業安全衞

生，而工業安全衞生的範圍亦大於工廠安全衞生。但由於他們所研究的問題性質頗爲一致，因此這些名詞通常是可以通用的。在本書中我們亦將這些名詞視爲同義詞，而沒有給予嚴格的劃分。

一九五〇年國際勞工組織（ILO）及世界衞生組織（WHO）聯合委員會，認爲研究職業衞生的目的乃在增進所有從事各種職業勞動者之身體的、精神的及社會的福利，其工作的目標爲：

1. 防止由作業情況起因的勞動者之健康殘害。

2. 排除危害健康之有關因素。

3. 根據勞動者本身之生理及心理機能條件配屬於適當之作業環境工作。

一九六八年該委員會又在有關文獻中，提出工業衞生應以下列工作爲目標：

1. 增進和維護勞工高度的身心健康和福利。

2. 防止勞工由於其作業條件造成不利健康的情況。

3. 保護勞工於其受僱期間免於遭受由危害健康因素造成的災害。

4. 配置和維護勞工於最能適應其生理和心理條件的作業環境中工作。

因此，我們可以說：研究工業安全衞生係爲防止意外傷害和預防職業疾病的發生，而其工作目標則在：

1. 增進並維護勞工高度的工作安全和身心健康。

2. 防止勞工由於工作環境造成不利安全和健康的 情況及有關因素。

3. 保護勞工於受僱期間免於遭受因意外事故和危害健康所造成的災害。

4. 根據勞工本身的知識、技能及生理、心理等條件，配置適當的

工作，以減少災害的發生並提高工作效率。

　　由上列目標，可以瞭解工業安全衛生研究的範圍甚為廣泛。因此我們可以說：工業安全衛生是一綜合性的科學，其內容包括：工程、教育、訓練、管理、物理、化學、生物、醫藥和毒物學等，旨在研究工業環境中現有及潛在的危害因素，運用工程、教育、管理及醫學等方面之知識，在嚴重傷害發生前加以預防和制止，以維護勞工的安全與健康，並增進其福祉。

三、工業安全衛生的內涵

　　為有效達成上述工業安全衛生的工作目標,最早有人提出「四E」的觀念，即工程(Engineering)、教育(Education)、執行(Enforcement)和熱忱 (Enthusiasm)，茲分別說明如下：

　　1. 工程：在研究並控制可能發生意外事故及危害身心健康的工作環境。

　　2. 教育：透過訓練或教導，使從業員工正確認識安全衛生觀念，並瞭解防止意外事故及職業疾病發生的有效方法。

　　3. 執行：制定有關法規、守則，或安全衛生實施計畫與評量標準，加以督導執行。

　　4. 熱忱：利用各種方法，提高企業內各級主管及從業員工的興趣與熱忱，推展安全衛生業務。

　　也有人將「四E」簡化為「三E」，即指工程、教育和執行。最近更有人提出所謂「三對策」 (TEM)，與四E和三E的內容極為相近，那就是技術 (Technical)、教育 (Education) 和管理 (Management)。

　　1. 技術：和上述「工程」意義相同，指對工業設施、設備和操作

程序等施予合乎安全衛生的規劃，以建立既安全又衛生的工作環境。

2. 教育：　使從業人員具備應有的安全衛生工作態度、知識和技術，以免發生不安全不衛生的行為而造成嚴重的災害。

3. 管理：和上述「執行」意義相同，即根據環境的特質，制定安全衛生計畫及有關的法規與守則，並透過有效的管理，加以執行並作考核。

根據上述，我們可以發現工業安全衛生研究的內容實包括硬體和輭體兩部份。所謂「工程」或「技術」係屬硬體部份；而教育、管理、執行或熱忱，則屬輭體部份。亦即我們通常所說的「工業安全衛生管理」和「工業安全衛生技術」。茲就其具體內容分別條列於後：

（一）工業安全衛生管理探討的主要內容包括：

1. 工業災害發生的原因及其防止

2. 工業安全衛生組織與管理

3. 工業安全衛生檢查

4. 工業安全衛生訓練與教導

5. 工業安全衛生法規

6. 工業災害的調查與分析

7. 工業災害的記錄與報告

（二）工業安全衛生技術的主要內容包括：

1. 機械災害與防護

2. 電器災害與防護

3. 工業火災與消防

4. 物料搬運與儲存

5. 特殊機具的安全與防護（包括：壓力容器、鍋爐、起重升降機等的安全防護）

6. 危險物料的管理

7. 通風、採光與照明之規劃

8. 熱的危害與防護

9. 噪音的危害與防護

10. 含毒物質的危害與中毒預防

11. 放射線的危害與防護

12. 粉塵的危害與防護

13. 職業性癌症的預防

14. 個人防護用具的使用與維護

15. 工業急救

16. 公害的發生與防制

總之，工業安全衛生的內涵主要包括三個層面：

（一）研究及鑑定造成災害的原因。

（二）運用有效方法與技術降低發生災害的頻率。

（三）當意外災害發生時使損失及傷害減至最少。

四、工業災害的損失與影響

根據有關資料統計，在第二次世界大戰期間，英國武裝部隊平均每月的死傷失踪人數為八、一二六人，其中死亡三、四六二人，受傷三、九一二人，失踪七五二人。但自一九三九年至一九四四年六年中，單是製造業發生的意外事故死傷人數平均每月卻高達二二、一〇九人，其中死亡一〇七人，受傷二二、〇〇二人。在美國，當二次大戰期間，其武裝部隊平均每月有六、〇八四人死亡，一五、一六一人受傷，七六三人失踪，傷亡及失踪人數共二二、〇八八人。而在一九四二至一九四四年

中因工業災害死傷人數平均每月卻高達一六〇、七四七人，其中死亡爲一、二一九人，永久殘廢爲七、一七二人，暫時性殘廢爲一五二、三五六人。足見工業災害的死傷遠比作戰的死傷人數還多。

英國在一九六八年根據工業損害賠償要求的統計，發生工業意外災害，高達九十三萬七千餘件，計估計所損失的工作天數有二千一百九十萬個工作天，同年因罷工損失的工作天數僅四百六十萬個工作天，約僅爲意外事故損失天數的五分之一。據估計每發生一件意外災害，平均的直接損失爲二三一英鎊，如加上間接損失則達五八七英鎊。

法國在一九七二年一年中，共發生工作意外事件爲一、一二四、九三三起。由於意外事件致死亡者爲二、四〇六人，因意外事件而損失的工作天數爲二八、八五五、六四九個工作天。計估計平均每一意外事件的賠償金額爲一、二〇〇法郎（約三〇〇美元）。

西德根據聯邦勞工部的統計，一九七一年發生工礦災害達二百五十萬次，造成二千五百萬人次的死傷，其中死亡人數爲六、六〇〇人，職業病患達十萬人。

綜合以上各國發生工業災害的統計，我們可以看到工業災害的嚴重性，實不容忽視。由工業災害所造成的損失通常分爲直接損失和間接損失兩種。美國工程協會（American Engineering Council）認爲計算工業災害損失應包括：

（一）直接損失

1. 醫藥治療費用

2. 補償給付費用

（二）間接損失

1. 受傷者本身工作時間之損失

2. 受傷者復工後工作能力之損失

3. 其他工人因意外事故而停止工作之時間損失

4. 管理者與監督人員之時間損失

5. 工具、機器、設施損壞之損失

6. 機器設備修復過程中無法運轉之損失

7. 物料、半成品及製成品破壞之損失

8. 生產停頓之損失

9. 員工工作情緒受影響而導致生產效率降低之損失

10. 工作停頓管理費用之損失

11. 訓練新進人員之費用損失

12. 附帶發生水、火、化學、爆炸等災害之損失

根據日本大阪勞働聯合會編印的「安全衛生」手冊，列出的工業災害可能造成的損失包括：

（一）直接費用的損失

包括：醫療費用及撫恤費用

（二）間接費用的損失

甲、人的損失

1. 屬於本人的損失：

（1）當日工作時間損失

（2）休息日時間損失

（3）其他時間損失

2. 屬於第三者的損失：

（1）由於支援、聯絡、服侍等停止工作之損失

（2）工作人員等待期間不能工作之工資損失

（3）由於整理、復原不能工作之工資損失

（4）由於慰問養護不能工作之工資損失

（5）由於調查、記錄、研討對策不能工作之工資損失

（6）其他原因不能工作之工資損失

乙、物的損失

1. 房屋及附屬設備之損失

2. 機械器具損壞之損失

3. 材料、半成品及製成品之損失

4. 身體防護用具如安全帽、防毒面具之損失

5. 動力燃料類之損失

6. 消耗品之損失

7. 其他物之損失

丙、生產的損失

由於發生災害生產遭遇阻礙，或作業不能繼續進行而發生之生產損失。

丁、其他的損失

1. 追加停工補償費

2. 傷患慰問金

3. 住院的雜費

4. 旅費、通訊費

5. 喪葬費用

6. 其他費用

總之，一般而言，工業災害所造成的損失可分為如下三方面加以分析：

（一）直接費用：包括醫療費用及補償或給付費用，這是人人可見的部份。

（二）間接費用：包括建築物破壞、工具與設備損壞、產品與物料

損失及生產延誤或中斷，這是常被認爲正常損壞而忽視的部份，尤其是時間因素延誤生產所造成的損失常被忽略。

（三）人事費用：包括僱用人員替代、訓練、清理、看護、慰問及事故調查等時間損失，這是最容易被忽略的部份。

根據美國有關單位於一九六○年左右的估計，平均每一位失能傷害者約使雇主損失一、八○○美元。在同一期間一、九五○、○○○的失能傷害事故中，社會保險每年要負擔五億三千五百萬的賠償費，加上醫療費用約一億三千萬，總共要付出六億六千五百萬美元，因此每一位失能傷害者平均的直接損失爲三百四十美元(665,000,000/1950,000＝340)。以此推算間接損失約爲直接損失的四倍，因爲在雇主損失的一、八○○美元中，直接費用爲三四○美元，其餘一、四六○美元爲間接費用，後者約爲前者的四倍。

工業災害的發生，除了必須償付大量的損失費用外，對勞工、雇主、國家和社會亦產生深遠及莫大的影響：

（一）工業災害對勞工及其家屬的影響

工業災害的發生對勞工本身來說是身心雙重的創傷，對其家屬而言，則不但生活發生困難，精神上亦會失去憑障。勞工一旦發生災害，輕則有段時間不能工作，重則體能永久受損，工作能力銳減，甚至完全喪失工作能力。若因此而喪命，則其悲慘更不待言，不但個人前途盡毀，整個家庭亦必蒙上淒苦與不幸。

（二）工業災害對雇主的影響

誠如前面所述，發生工業災害對雇主的影響可以說是多方面的：

1. 雇主首先需償付相當的醫療和撫恤費用。且依各工業先進國家的災害保險制度，保險費率隨災害率調整，當事故頻率增加時，亦須負擔較高的保費。

2. 勞工因發生工業災害,其所負責工作需由別人代理,臨時代理人員對工作不熟悉,工作效率必低,且雇主往往對發生災害而停工者必須支付薪資。

3. 勞工因災害傷亡時,勢必補充新人,新進員工之教育、訓練費用,亦是不可避免的額外負擔。

4. 工業災害發生後,將影響其他員工,生產情緒低落,工作效率會普遍降低,且多思他去,員工流動率大,增加管理上的困擾,甚至可能因為一時之間離職員工比率過大,而新招募不易,造成生產停滯。

(三)工業災害對國家社會之影響

1. 工業災害的發生,對國家而言是整體生產勞動力的損失,若勞工因此工作能力降低,或殘廢死亡,則係國家人力資源的嚴重浪費。

2. 就國家整體生產來說,要重新訓練技術勞工替補傷亡者之工作,其間必有生產機會閒置或新手未能熟練工作,而使生產效率減低,都是總體生產的損失。

3. 雇主往往將工業災害的損失列入產品的成本,提高物價,影響整體社會的消費。

4. 如因工業災害而使勞工及其家屬生活陷入窘境,亦會因此造成社會問題,影響社會安定。

總之工業安全衛生,不只是關係勞工的健康,造成雇主的損失,對整個國家社會及經濟發展也有很大的影響。勞工是國家建設的基礎細胞,是一切技術發揮的原始動力,亦是國家主要的人力資源。發生工業災害直接受害的是勞工,間接是雇主、社會和國家的損失。無論從國民健康、人力發展、技術創新;或從經濟發展與社會建設等方面着眼,工業安全衛生均扮演着相當重要的角色,因此早已成為各工業先進國家極為關切的重要課題。

五、工業安全衛生運動的發展

工業革命發生之初，一般雇主對於員工的安全衛生問題如健康、照明、通風、衛生設施及福利等均未加注意，以致傷害和死亡事故頻傳，而當時一般人都認爲發生意外事故係工業發展無可避免的現象。後來社會有心人士鑑於勞工在工廠中不斷發生傷亡或殘廢事件，使無辜員工慘遭無謂犧牲，如不設法加以防止，實有悖人道，遂激起一般具有正義感人士，逐漸認爲工業革命導致災害是一種不道德的行爲。乃起而呼籲重視工業安全衛生，發動廣泛的改革運動，促請政府、社會及雇主注意保護工人的安全與健康，並採取有效的行動，設法使工業災害事故的發生減至最低。工業安全衛生運動即由此萌芽成長。

（一）早期的發展

英國早在一八○二年即制定有保護工廠技術生及其他受雇人員身心健康的法律。一八四四年的工廠法規定：兒童不得揩拭正在運轉中的機器。一八七八年又規定：機器的危險部份應裝置安全護網，發生災害後雇主應立即向工廠檢查員報告。至一八九一年更規定：凡屬危險工業應制訂安全法規，以防止災害的發生。

德國的工業安全衛生運動亦開始得很早，一八三九年當時之普魯士即有工廠雇用童工的限制，並附帶有安全檢查的規定。一八六九年北德聯邦制訂一般工業災害防止法案，爲最早的工業安全標準規範。一八七二年成立全面的工業安全檢查組織，一八八四年最早完成「工業災害補償保險法」之立法。其他歐洲國家亦仿效德國推展工業安全衛生運動，瑞士及丹麥分別於一八七七及一八七三年完成有關安全衛生及檢查之立

法。

美國的工業安全衛生運動開始於一八六七年，當時麻薩諸塞州即通過法律，設置工廠檢查員，一八七七年該州又通過法律，強迫雇主對於具有危害性的機具必須裝置安全護罩。此外美國鋼鐵公司最先提倡「安全第一」運動，該公司於一八九二年組織一個安全委員會，經常負責檢討與改進各工作場所的安全衛生措施。一九一三年全美鋼鐵公會創立「國家安全協會」(National Safety Council) 是第一個全國性的工業安全衛生機構。

在此期間由於社會熱心人士的大力倡導與呼籲，並曾多次召開國際性的安全會議（如一八八九年在法國巴黎，一八九一年在瑞士伯爾尼，一八九四年在義大利米蘭），致使世人對工業安全衛生問題日益重視與關切。雖然這些會議未即時達到實際效果，但對各國推動安全衛生立法，卻有不可估量的價值。

(二) 英國的工業安全衛生措施

產業革命發生於英國，從歷史的觀點言，英國是世界上最先實施災害預防政策的國家。由於她採取所謂「自主組織」(Voluntary) 的制度，非常尊重勞資協約、委員會及團體自主活動，因此採行的安全衛生措施極為複雜，形成法制不一，政出多門的特性。直至一九七四年制定「勞工安全衛生法」(Health and Safety at Work etc. Act)，始將所有就業勞工及其他大眾之安全衛生事項予以統一立法，建立綜合性的安全衛生制度。

一九七四年以前英國採行的安全衛生措施，主要係依據「工廠法」和「礦場及採石場法」兩項母法之規定。英國之工場法，初期僅適用於一般工廠，後來逐漸擴大適用於其他行業。該法在一九六一年曾作大幅

修正，其中有關安全衞生的內容所佔份量極重。例如第一章衞生、第二章安全、第四章衞生、安全及福利、第五章災害及職業病之報告與調查等，將安全衞生的有關規定置於最前面的章節。一九五四年制定的「礦場及採石場法」，第三章是安全、衞生、福利，第五章爲採石場的安全、衞生、福利，第六章爲災害、疾病之報告與調查，亦對礦業應採的安全衞生措施有詳細的規定。

根據「工廠法」和「礦場及採石場法」之規定，英國係探以監督官爲中心的安全衞生監督制度。工場的監督機構由五名副主任監督官輔助一名主任監督官組織之，其下於全國十三個地區，分爲一○一個監督區，除在各監督區設置一般監督官外，並在倫敦之產業衞生安全中心設置衞生、機械、電氣、化學和建築等特殊部門的監督官，負責執行工廠法及各種有關法令規定之工作。監督官的職權包括：

1. 查記勞工安全衞生及福利有關事項。
2. 主動向雇主提供防範危害之有關技術及建議。
3. 直接辦理勞工之安全衞生訓練。
4. 承受與工業安全衞生有關的專家學者及學術機構之意見。
5. 隨時向其上司提供加強工業安全衞生有關之改進建議。

此外，英國勞工部設有安全衞生及福利局 (Safety, Health and Welfare Department)，專司勞工安全衞生政策的硏訂與推行。並設置全國性的勞工安全衞生委員會，負責協調推動勞工安全衞生事宜。企業界爲推展安全衞生運動，亦均設有聯合委員會或個別設置安全衞生管理員及工作安全委員會。唯在法令上除具有特殊危害或危險性較大的行業外，並不規定企業內應設置安全衞生組織，完全由業主及勞工依實際需要自行辦理。

爲全面檢討英國安全衞生體制，一九七○年由羅賓爵士負責設置調

查委員會，於一九七二年提出一份有關改善安全衛生體制的報告書，國會依據該報告之構想，於一九七四年正式通過「勞工安全衛生法」，統一安全衛生行政組織。依據該法規定，在就業部設置安全衛生委員會及安全衛生執行機關，統籌協調並負責推動全國性的勞工安全衛生業務。原有依工廠法和礦場及採石場法設置的監督官，亦均納入安全衛生行政機關內，受就業部管轄。根據英國「勞動安全衛生法」規定雇主和勞工在安全衛生方面應負的義務分別為：

甲、雇主方面：

1. 對所雇用勞工之健康、安全負有保障義務，尤其對作業場所之型態、機械、設備等均應依有關規定設置安全衛生防護措施。

2. 對於工廠是否達到安全衛生標準、作業型態之安全、作業過程之檢查、作業環境之定期測定、有害物之排放是否達到衛生標準及各種安全裝置之定期檢查等，均應依法實施。

3. 對所雇用之勞工，應提供有關安全衛生資料並予以教育，尤其對於特殊危險工程應充分考慮實施必要之訓練。

4. 對於製造之成品應合乎安全衛生的要求，並應實施安全試驗，提供安全使用的必要資料及條件。

乙、勞工方面：

勞工應充分留意避免災害的發生，對法律所規定之事項應與雇主充分合作。此外，勞工不得任意破壞或誤用為確保安全衛生而設計之各種裝置。

（三）西德的工業安全衛生措施

西德有關安全衛生措施之母法，為營業法、礦業法及國家保險法。唯上述法律對安全衛生事項僅作概括性的規定。根據營業法規定，營業

主在營業行為行使期間，對作業場所、經營設備及機械器具等應有適當的防護設施，以確保勞工生命的安全，尤其對於採光、氣溫、換氣、粉塵、蒸氣、氣體、廢物之棄除應注意採取必要的防護措施，對於未滿十八歲之勞工健康亦應特別予以照顧。國家保險法第三章為：災害保險，包括災害預防事項，此為西德工業災害預防的最高原則。國家保險法並規定各行業應設置災害互助保險協會，負責研訂各業災害預防規則，其主要內容包括：

1. 為防止職業災害，雇主應採取之必要措施和指示。

2. 為防止職業災害，被保險人應遵守之行為。

3. 受雇從事對健康有危害工程作業之勞工應實施健康檢查之事宜。

根據國家保險法規定，西德各行業之災害互助保險協會對災害之預防負有極大的責任。此外，依據經營組織法規定，企業內應設置勞工經營協議會，此為勞工積極參與廠內安全衛生問題的重要組織。

西德聯邦政府勞工及社會部設有工作保護及事故防止司與工業衛生司，是全國最高的安全衛生行政機構，唯對各邦的勞工部並無直接管轄權，僅藉工作保護會議與各邦勞工部共同制定全國性的安全衛生立法，經聯邦國會通過後施行之。至於技術性的安全衛生規則，則授權各行業之災害互助保險協會制訂。而安全衛生標準則由各學會及標準協會制定，經由聯邦勞工部、經濟部及有關專家組成之審查委員會通過後頒佈實施。

聯邦勞工及社會部並設有工作保護及事故研究中心，其主要任務為：

1. 研究事故預防技術。

2. 參與各種安全衛生規則、標準之擬訂和審查。

3. 答覆工廠有關事故防止安全規則及標準之諮詢。

4. 辦理安全衛生工程師訓練。

西德各邦勞工部亦設工作保護及事故防止司及工業衛生司，並在各地區設置工業監督局與礦務局，實際負責工廠及礦場安全衛生的監督工作，其主要任務包括：(1) 工廠建立的核准與開工後的監督，(2) 工作保護及事故防止，(3) 環境保護。

誠如前述，在西德各行業之災害互助保險協會對工業安全衛生的推展負有相當大的責任。根據法律規定各業保險協會主要的權責包括：

1. 各保險協會制訂的安全規則，對各工廠具有法律的約束力。

2. 保險協會每月發行安全衛生月刊、畫報、標語，提供安全衛生知識，並舉辦安全衛生訓練。

3. 遇有重大事故，保險協會須會同當地警局及工業監督局共同調查。

4. 保險協會設立許多事故傷害治療醫院及特約醫院，免費治療受傷之勞工，對治療後仍殘廢者，並施以技能訓練。

5. 保險協會對工廠的監督往往比官方的工業監督局更具權威。

(四) 美國的工業安全衛生措施

美國推動工業安全衛生工作的三大支柱為國會的保護勞工立法和工會的堅苦奮鬥，加上保險公司對事業單位的嚴格監督。國會制定法律受權政府推行勞工保護政策，要求業者改善工作場所安全衛生措施；工會藉團體協約的簽訂，要求業者提供安全衛生的工作場所；而各保險公司為了維護本身的利益，經常派員督責各事業單位改善不安全之工作環境與操作程序，如業者不遵照保險公司的要求改善，保險公司將增加保險費率或不予保險，因此業者為了節省保險支付，也必須與保險公司充分合作，改善其工作場所之安全衛生條件。

　　美國爲確保各職業之勞工能在安全衛生的環境中工作，以維護國家之人力資源，於一九七〇年國會正式通過「職業安全衛生法」，並於次年生效實施。其適用範圍包括所有各行各業一人以上之勞工工作場所，只有已受其他特別法保護之勞工如礦工、路工及服務政府機構之公務人員，不在此限。該法之特點是賦予勞工部長以全權處理職業安全衛生有關問題，如制定各種標準規則、實施檢查與災害調查、要求業者建立各種疾病傷害災變資料，同時對違反部頒標準者得發給違反標準裁定書，以強制執行要求各業切實改善其工作場所之安全衛生。美國職業安全衛生法的主要方針包括：

　　1. 敦促雇主與員工充分合作改善作業環境，以減少職業災害之發生。

　　2. 授權勞工部制訂適用於各行業之職業安全衛生標準，並設置一職業安全衛生委員會，以執行本法案。

　　3. 基於雇主和員工之請求，設置貸款，以協助改善安全衛生的工作環境。

　　4. 提供有關職業安全衛生方面之研究，並發展新方法與新技術，以處理職業安全衛生問題。

　　5. 研究各種方法，以發現潛在性之疾病，研判在各種環境下疾病與工作的因果關係。

　　6. 提供醫療標準，使每一勞工，不因工作而損害其健康、工作能力與生命之希望。

　　7. 提供訓練方案，加強職業安全衛生工作人員之專業訓練，以提高其素質。

　　8. 鼓勵勞工與管理人員共同努力，以減少在工作時所產生之傷害與疾病。

一九七一年職業安全衛生法生效以前，美國勞工檢查是由各州政府勞工部依據各州自行制定之有關法令實施，由於各州環境與工業發展條件不同，勞工法的內容亦頗不一致。職業安全衛生法生效後在勞工部新成立職業安全衛生署（Occupational Safety and Health Administration）負責執行勞工安全衛生檢查工作。該署下設十個區署(Region)，各轄若干地區檢查室（Area Office），實際負責安全衛生檢查工作。區署除首長外，下設副首長三人，並配置有工業衛生專家、勞工法庭、律師及教育訓練等單位，以協助地區檢查室解決各種問題。

依據職業安全衛生法，美國在衛生福利部增設職業安全衛生研究所（National Institute for Occupational Safety and Health），負責有關安全衛生的研究工作，其任務包括：

1. 研究職業安全衛生標準，提供勞工部參考。
2. 協助業者改善工作場所的安全衛生條件。
3. 提供職業安全衛生專業人員之教育與訓練。
4. 從事有害物質的實驗與研究。
5. 職業病的調查與研究。
6. 協助職業安全衛生機構完成勞工檢查的任務。
7. 出版各種安全衛生資料，提供企業界參考。

美國保險公司對於其要保的事業單位監督很嚴，他們不僅要作投保前的現況調查，投保後仍經常派遣專業人員實地訪問各事業單位工作場所，在某些方面他們的要求甚至比職業安全衛生標準還要嚴格，否則便要提高保險費率，督促雇主改善工業安全衛生有很大的貢獻。

此外，許多民間安全衛生機構或團體，如國家安全協會（National Safety Council），國家標準協會（ANSI），國家防火協會（NFPA）等，亦對美國工業災害的防止提供服務與貢獻。

（五）日本的工業安全衛生措施

日本對勞工的保護最早有一九一一年頒佈的工場法，及二次大戰後頒佈的勞動基準法。惟自一九六〇年代以後，職業災害問題有日趨嚴重的趨勢，勞動省除督促企業單位嚴格遵守勞動基準法之有關規定外，並積極研擬改善之有效措施，而於一九七二年制定「勞動安全衛生法」。根據統計，一九五二年日本職業災害發生的頻率為 39.2，約為美國的 4.6 倍，至一九七八年，日本的職業災害發生頻率已降至 3.9，較美國的 12.8 低了很多。足見勞動安全衛生法頒佈以後，對工業災害的防止發生有了相當大的貢獻。日本中央災害防止協會前任理事長北川俊夫認為近年來日本工業安全衛生的改善，主要是基於三個背景：

1. 制定勞動安全衛生法，同時在企業界建立「尊重人命」的精神。

2. 隨產業的發展，機械設備不斷更新，而在新購設備時從根本上考慮其安全衛生問題，同時儘量使之自動化。

3. 徹底實施安全衛生教育，先教好領班，再由領班教導其率領的勞工，並徹底實施凡危險或有害物質之操作，必須由訓練合格之專業人員始能擔任。

日本現行勞動安全衛生法，其內容主要包括：

1. 事業主對可能發生勞動災害之作業環境，應採取必要的適當措施，並遵守有關最低基準之規定。對於有明顯發生勞動災害之虞的工作場所，應即停止作業，以確保勞工的安全與健康。

2. 為確保勞工的安全衛生，企業內的安全衛生管理組織應納入生產體制，以有效發揮其功能。又事業主應依規定選任安全管理員、衛生管理員、安全衛生總管或產業醫師等。

3. 為提高勞資雙方的安全衛生意識並致力改善勞動環境，事業主應設置「安全委員會」或「衛生委員會」，由勞資雙方共同商議有關改進措施。

4. 政府主管機關對於災害頻率較高或具有特殊危險及有害物質之工作場所，應有防止災害發生的綜合措施，必要時可令事業單位擬具「安全衛生改善計劃」。

5. 建立專為企業單位服務或指導的安全、衛生技術服務制度，此項專業技術人員之考試，由勞動省主辦。

6. 為促進改善工作環境，提高安全衛生水準，創設勞動安全衛生金融輔助制度，內容包括：職業環境改善資金、健康檢查機關儀器設備購置資金及安全衛生設備之免稅等。

日本推行工業安全衛生除遵照有關法規辦理外，政府主管機關並以行政指導民間成立許多「災害防止團體」，協助政府及業主解決有關問題。這些民間組織重要者如：中央勞動災害防止協會、建設事業勞動災害防止協會、產業安全研究所及日本損害保險協會等，對工業安全衛生的推動亦有相當的貢獻。

綜合以上各工業先進國家所採行的工業安全衛生措施，可以發現各國對工業災害的防止均相當重視，除加強推行尊重生命的價值觀念外，更積極推動下列各項預防災害發生的有關措施：

1. 加強勞工安全衛生教育，擴大辦理各項安全衛生訓練。

2. 推行廠礦事業單位自動檢查制度。

3. 加強管制有害物品、危險作業及危險機具。

4. 推行安全衛生融資制度，提供中小企業改善安全衛生設施貸款之用。

5. 加強安全衛生管理及檢查制度，並提高專業人員之素質。

6. 加強工業安全衛生的研究工作。

7. 重視學校及訓練單位工場安全衛生教育的推行。

8. 推展職業病防治之研究，以確實降低職業病之比率。

9. 加強勞工衛生管理，實施勞工入廠前的體檢，及入廠後的定期檢查制度。

10. 嚴格處分違反安全衛生之廠礦，以儆效尤。

六、我國工業安全衛生採行的措施

我國早在民國十八年頒佈的「工廠法」及二十五年頒佈的「礦場法」，卽對安全衛生事項作原則性的規定。此外根據民國二十年公佈的「工廠檢查法」，翌年在南京成立中央工礦檢查處，二十四年又頒佈「工廠安全及衛生檢查細則」，對於工廠的安全衛生事項已有較詳盡的規定。民國三十六年，在社會部設立中央工礦檢查處，積極展開全國工礦檢查準備工作，唯不久卽因共匪叛亂而中止。

政府自大陸遷臺卽力謀各項建設工作之推展，工業安全衛生工作之推行，除在內政部勞工司設置安全衛生及檢查科，負責勞工安全衛生政策的研訂與執行外，並於民國四十年由中央政府授權臺灣省政府組設工礦檢查委員會，辦理工礦檢查業務。其後又分別於五十四年授權經濟部加工出口區設立工廠檢查組、五十六年授權臺北市政府設立工礦檢查所、五十九年授權省礦務局設立礦場保安組、六十八年授權高雄市政府設立工礦檢查所，負責辦理工礦檢查業務。

民國五十六年間，由於職業災害頗為嚴重，先總統　蔣公曾多次指示力謀改善。政府主管機關乃於五十八年提出改進工礦安全衛生各項計畫，積極展開有關工作如：法規的研訂、檢查人員的增加和訓練的舉辦

等。民國六十一年飛歌、三美等公司又陸續發生職業病災害,為徹底改善工業安全衛生,政府當局乃仿照工業先進國家,於民國六十三年正式頒佈「勞工安全衛生法」,並依此訂頒各項勞工安全衛生規章,使勞工安全衛生工作的推展又進入一新的紀元。

根據勞工安全衛生法規定,雇主對下列事項應有必要之安全衛生設施:

1. 防止機械、器具等設備引起的危害。

2. 防止爆炸性、含毒性、發火性等物質引起之危害。

3. 防止採石、採掘、裝卸、搬運及採伐等作業中引起之危害。

4. 防止原料、料材、氣體、溶劑、化學品、蒸氣、粉塵、廢氣、廢液、殘渣等引起之危害。

5. 防止電、熱、能等引起之危害。

6. 防止空氣缺氧、生物病原體、輻射線等引起之危害。

7. 防止超音波、噪音、振動、異常氣壓等引起之危害。

8. 防止監視儀表、精密作業等引起之危害。

9. 防止水患、火災等引起之危害。

10. 防止因勞工工作場所及其附屬建築物等之通風、採光、照明、溫度、濕度等引起之危害。

11. 其他為維護勞工健康、生命安全及急救、醫療等必要之設施。

此外,中國生產力中心自民國四十年初創立以來,即以倡導推行工業安全為重要業務之一,當初在美援運用委員會的支助下,首先舉辦工業安全訓練,舉行多次工業安全運動週,並於四十九年五月協助成立「中國工業安全協會」。民國五十九年元月「中國工業安全協會」,為配合加強推展工業衛生,乃將該會名稱更改為「中國工業安全衛生協會」。並於民國六十年十一月開始發行「工業安全衛生」季刊。至今中國生產

力中心及中國工業安全衛生協會仍積極推廣工業安全衛生訓練，對於工業安全衛生的推行，實有莫大的貢獻。此外，中國文化大學勞工研究所設有工業安全衛生組，是國內目前培育高級工業安全衛生人才之最高學府。近年來部份專科學校亦設有工業安全衛生科，而許多大專院校在有關工業工程及管理系科，亦開設工業安全衛生課程，積極培育工業安全衛生方面所需的人才。

　　為加強改善勞工安全衛生工作，政府當局曾於民國七十年頒佈「改善勞工安全衛生措施四年計畫（七十～七十四年）」，其主要內容包括：

　　1.　擴大勞工安全衛生法適用範圍，對於較危險之行業、作業及機具等均予列入。

　　2.　加強勞工作業環境之測定與評估。

　　3.　加強勞工健康檢查，由檢查機構列管有害作業場所，督導事業單位辦理健康檢查。

　　4.　擴大勞工安全衛生訓練項目，督導事業單位及訓練機構加強辦理。

　　5.　擴大辦理職業災害有關統計，以掌握災害資料。

　　6.　辦理中小企業改善安全衛生設施貸款。

　　7.　加強各級學校學生工業安全衛生知識。

　　8.　成立工業安全衛生資料中心，加強勞工安全衛生之研究工作。

　　鑑於海山、煤山兩次重大災變，危及勞工生命安全，且造成人民財產之損失及影響國家經濟發展，行政院復於七十四年五月核定「加強工礦檢查機構功能提高檢查效率方案」，積極檢討改善下列工作：

　　1.　省市政府工礦檢查機構之名稱改為勞工檢查機構，並配合修正其組織與人員編制；

　　2.　增加各級工礦檢查機構之人員及充實有關設備；

3. 提高檢查人員素質、待遇、以提振其工作士氣；

4. 加速辦理危險機具之代行檢查，並加強危險機具之製造管理；

5. 督導事業單位加速推行安全衛生自動檢查，對於違反勞工法令之事業單位則從嚴處理；

6. 加強雇主及勞工有關安全衛生及勞工法令之宣導與教育；

7. 修正勞工安全衛生有關法規，改進檢查作業，並加重檢查人員之職責，以全面提升檢查效率。

民國七十六年八月，行政院成立勞工委員會後，除了擴大安全衛生的行政組織與人員編制外，仍繼續推展下列各項工作：

1. 修訂勞工安全衛生法規；

2. 推展勞工安全衛生教育訓練與宣導工作；

3. 輔導改善事業單位的安全衛生設施；

4. 加強督導勞工安全衛生檢查，並輔導事業單位推動自動檢查；

5. 督導代行檢查機關及勞工安全衛生服務機構切實執行業務；

6. 強化安全衛生實驗研究，並確實掌握安全衛生資訊。

綜觀近年來我國推行工業安全衛生採行的措施，主要包括：

1. 依據勞工安全衛生法積極訂頒各項勞工安全衛生法令。

2. 強化各級安全衛生檢查機構之人員、經費，擴大檢查範圍、增加檢查次數，並加強檢查機構與行政部門之聯繫。

3. 加強推行事業單位設置勞工安全衛生組織，切實辦理自動檢查。

4. 訂定職業病預防工作計畫，對特定化學作業場所，實施專案檢查，並追踪改善。

5. 規劃實施危險機具代行檢查及勞工安全衛生服務制度。

6. 擴大勞工安全衛生宣導並辦理各種職業災害之統計分析。

　　十餘年來，我們對勞工安全衛生工作的推展，雖不遺餘力，但由於生產事業的快速增加，每年因工傷殘及死亡的人數亦持續增加。根據統計，至民國七十六年因職業災害死亡或殘廢的人數，已較六十二年增加一倍以上，詳見表 1-1 資料。如與其他國家比較，礦業及製造業的職業災害死亡千人率，亦較其他國家高出許多，幾乎為美國、英國和日本的七至八倍，詳見表 1-2 資料。足見工業安全衛生的推展仍有待努力與加強。

表 1-1　我國歷年勞工因工災害人次統計

（民國 62 至 75 年）

年　　度	合　　　計	傷　　　害	殘　　　廢	死　　亡
62	17,438	14,057	2,694	687
63	16,928	13,382	2,800	746
64	15,133	11,755	2,590	788
65	16,545	12,679	3,060	806
66	17,775	13,592	3,297	886
67	18,067	13,562	3,572	933
68	18,957	13,948	4,025	984
69	19,808	14,451	4,185	1,172
70	20,075	14,552	4,243	1,280
71	21,467	16,083	4,150	1,234
72	23,666	17,933	4,462	1,271
73	26,734	19,958	5,269	1,507
74	29,167	22,570	5,256	1,341
75	33,087	25,773	5,890	1,424

資料來源：行政院主計處（1987），中華民國七十六年勞工統計年報。

表1-2 職業災害死亡率之國際比較

年別	中華民國	美國(1)(4)	新加坡(1)(4)	法國(2)(5)	德國(2)(6)	菲律賓(1)(4)	英國(1)(7)	日本(1)(8)	韓國(2)(9)
礦業及土石採取業									
六十二年 1973	2.24	0.42	0.44	—	0.69	1.84	—	0.51	5.98
六十三年 1974	2.11	0.38	2.10	—	0.56	0.16	—	0.62	4.50
六十四年 1975	2.14 (2.04)	0.33	—	—	0.46	0.39	—	0.61	4.43
六十五年 1976	2.19 (2.03)	0.28	—	—	0.49	0.42	—	0.33	3.65
六十六年 1977	2.14 (1.91)	0.30	—	—	0.52	0.44	—	0.51	3.68
六十七年 1978	2.24 (1.95)	0.22	—	—	0.56	0.55	—	0.30	3.22
六十八年 1979	2.25 (1.95)	0.28	—	—	0.52	0.52	—	0.48	3.70
六十九年 1980	3.54 (3.06)	0.24	—	—	0.54	0.40	—	0.25	2.76
七十年 1981	2.96 (2.70)	0.23	—	—	0.43	0.21	—	1.13	3.15
七十一年 1982	2.98 (2.64)	0.22	—	—	—	0.53	—	0.26	2.68
七十二年 1983	2.43	0.14	—	—	—	0.18	—	0.27	3.30
七十三年 1984	10.65	—	—	—	—	0.27	—	1.07	3.30
製造業									
六十二年 1973	0.27	0.03	0.09	0.11	0.17	0.13	0.04	0.03	0.19

年度									
六十三年 1974	0.24	0.03	0.11	0.11	0.16	0.35	0.05	0.02	0.25
六十四年 1975	0.26 (0.16)	0.03	0.07	0.10	0.16	—	0.04	0.03	0.22
六十五年 1976	0.24 (0.15)	0.03	0.07	0.09	0.14	0.10	0.03	0.01	0.15
六十六年 1977	0.24 (0.15)	0.03	0.04	0.09	0.13	0.08	0.03	0.02	0.19
六十七年 1978	0.26 (0.14)	0.03	0.15	0.08	0.14	0.04	0.03	0.01	0.23
六十八年 1979	0.24 (0.13)	0.03	0.04	0.07	0.13	0.09	0.03	0.02	0.21
六十九年 1980	0.30 (0.13)	0.03	0.03	0.07	0.12	0.08	0.03	0.01	0.16
七十年 1981	0.30 (0.12)	0.03	0.03	0.08	0.12	0.05	0.03	0.02	0.18
七十一年 1982	0.28 (0.12)	0.02	0.03	0.07	—	0.07	0.03	0.02	0.17
七十二年 1983	0.26	0.02	0.02	—	—	0.03	—	0.01	0.17
七十三年 1984	0.24	—	0.02	—	—	0.08	—	0.01	0.20
營造業									
六十二年 1973	1.11	0.13	0.59	0.45	0.37	0.10	0.22	0.31	0.82
六十三年 1974	1.03	0.16	0.28	0.46	0.33	—	0.16	0.32	0.72
六十四年 1975	1.12 (0.78)	0.16	0.26	0.44	0.35	0.10	0.18	0.19	0.68
六十五年 1976	1.13 (0.98)	0.12	0.33	0.42	0.39	0.39	0.15	0.28	0.53
六十六年 1977	1.01	0.18	0.20	0.34	0.38	0.35	0.13	0.09	0.53
六十七年 1978	0.93 (0.64)	0.17	0.11	0.31	0.33	0.11	0.12	0.12	0.53

年別									
六十八年 1979	0.78	(0.56)	0.15	0.23	0.32	0.35	0.61	0.12	0.13	0.50
六十九年 1980	0.88	(0.51)	0.14	0.03	0.29	0.32	—	0.13	0.08	0.38
七 十 年 1981	0.78	(0.52)	0.15	0.03	0.29	0.29	0.06	0.11	0.09	0.51
七十一年 1982	0.85	(0.48)	0.14	0.05	0.26	—	0.12	0.12	0.04	0.64
七十二年 1983	0.61		0.13	0.07	—	—	0.18	—	0.04	0.55
七十三年 1984	0.68		—	0.06	—	—	0.80	—	0.03	0.44

資料來源：中華民國資料根據臺閩地區勞工保險局各業投保勞工每千人之災害率、災害事件包括職業原因之交通事故，括弧內僅指工作場所；其他國家則根據國際勞工局「勞工統計年鑑，1985」

說　明：
(1) 發生的災害事件。
(2) 災害補償事件。
(3) 製造業和營造業：每千位受雇者平均災害率，包括因職業病而死者。
(4) 礦業，製造業和營造業：不均每人每年工作 1,000,000 小時。
(5) 每千位受雇者災害率。
(6) 每千人每年 300 日之災害率。
(7) 不包括北愛爾蘭；每千位工人平均災害率。
(8) 不均每人每年 1,000,000 工作小時之災害率。調查 100 人以上之事業單位。
(9) 每千位受雇者災害率，50 人以上之事業單位。

七、結　語

總之，推行工業安全衛生工作，主要係基於下列的責任：

1.人道的責任：維護勞工的安全健康是基於尊重生命與人權的人道責任。

2.法律的責任：各國政府均訂有各種勞工安全衛生法規，推行工業安全衛生工作，亦是基於法律的責任。

3.企業的責任：發生工業災害將影響企業的生產，為提高經營管理與生產效率，必須全面推動安全衛生措施。

4.社會國家的責任：勞工的意外傷亡，不但是個人及家庭的不幸，企業主的損失，同時亦是國家社會的損失。因此，推行工業安全衛生工作，亦是基於社會國家的責任。

近年來，由於生產自動化的推展，尤其工業機器人的使用，許多具有危害性的工作，雖已可委由機器人代勞，但工業安全衛生的問題仍然存在，機器人及各種自動化設備可能帶給人類另一項新的挑戰，且讓我們拭目以待。

第二章　工業災害發生的原因
與防止

一、引　言

　　工業災害係屬人爲之災害，而人爲災害總是有因而起，絕非無故發生，亦卽這種災害原則上均可事先加以預防。是以工業災害的防止，應以事前之防範爲首要，萬一疏於防範而致災害發生時，再求其次，採取必要之緊急措施，設法使受害的程度減至最少。本章卽在說明工業災害發生的原因，並探討如何採取有效的防範對策。讀完本章您可以瞭解：

　　1. 工業災害的意義與種類；
　　2. 意外事故發生的原因及有效防止的對策；
　　3. 職業疾病發生的原因與預防方法；
　　4. 公害發生的過程與基本防制措施。

二、工業災害的種類與認識

　　狹義的工業災害（Industrial Accident）係指勞工因工作場所的設

施、機具設備、原料、材料、粉塵、蒸氣、異常溫度與壓力及有害化學物品或其他工作上的原因，發生意外傷害成罹患疾病之謂。廣義的工業災害除從業勞工本身因工作而發生意外傷害外，尚包括由於工業生產造成的空氣、水和土地等環境污染，而導致對一般居民身體健康及生命財產之危害，亦即所謂的「公害」。近年來由於工業與科技的急速發展，各類工廠排出的廢氣、廢水或其他廢棄物，甚至噪音，對社會大眾所造成的危害日愈嚴重，亦可能由於意外事故的發生如：火災、爆炸、有害物質的外洩等，而使附近的民眾遭殃。因此在探討工業災害時，所謂的「公害問題」亦不容忽視。

總之，工業災害之防止，除應注意從業員工可能發生的工作災害外，對公害問題亦應予以重視，以確保勞工及社會大眾生命及財產的安全。

工業災害的種類依危害媒介的性質可分為：

（一）物理性災害：包括高低溫、高低壓、音波、振動、紫外線、紅外線、α，β，γ 射線、X射線及中子輻射線等所造成的傷害。

（二）化學性災害：包括粉塵、廢氣、燻煙、有毒物質、致癌物質、可燃或易燃性物質所造成的火災或爆炸等所發生的災害。

（三）機械性災害：包括各種運動機械的切刺、割削、壓傷、衝撞、脫軌、振動、斷裂、挾捲等所造成的災害。

（四）電氣性災害：指因感電、電擊或電氣火災所造成的災害。

（五）設施性災害：包括梯子、施工架及作業架等的墜落、翻倒；構築物的倒塌、崩塌；坑道的落磐、下陷等所形成的災害。

如以受害本身的性質言，工業災害又可分為：

（一）勞動性災害：由高處墜落、被重物壓傷、傳動性機械衝擊或挫傷、因電流引起的感電、或因跌倒導致的骨折、挫傷等之人體傷害屬

之。

（二）破壞性災害：　如鍋爐或高壓氣體設備之破裂，　構築物之倒
塌、或因設施、裝置、機械等之破壞而引起的災害，通常在營造業、礦
業及高壓氣體工業等工作場所較易發生。

（三）火災及爆炸性災害：通常係由可燃或易燃性液體與氣體、爆
炸性物質及其他危險性物品所引起，多發生於一般化學工廠、石油化學
工廠、油槽及煤礦等工作場所。此種災害不但對工廠設施、生產設備、
原材料及製成品等造成嚴重損害外，人員死傷比率亦頗高。

（四）中毒及職業病災害：因吸入有害氣體、蒸氣、粉塵或其他有
毒物質而引起之中毒或職業性癌症；因輻射線引起之輻射線障害；噪音
引起之重聽；高溫環境引起的中暑；缺氧引起的窒息等均屬之。

（五）工業公害：隨着工業生產而造成之大氣污染、水污染、噪
音、振動等危害人類健康或破壞生態環境等屬之。工廠公害可危害其周
圍之區域社會；一般之工業公害則妨礙社會大眾的生活及危害健康或生
命財產的損失。此外，亦有因爆炸、破裂等事故而造成工業公害。

不管那種工業災害，其形成原因均相互重疊並有連鎖關係，採取防
範對策時絕不應個別予以考慮。而且災害的發生不僅對從業人員或社會
大眾會造成健康上的傷害；對企業本身亦會因原材料、機器設備或有關
設施的損壞而妨礙生產，甚至使生產停頓。因此為保障勞工及社會大眾
的健康、安全，提高企業的經營與生產效率，均應設法防止災害的發
生。

今天，研究工業災害發生與防止的安全衛生工作，不僅是生產過程
中從業員工的操作安全問題而已，而是應從設計、製造、安裝、運轉及
維護保養等整個生產活動的安全衛生問題着眼。以一個工廠言，工業安
全衛生的工作，應由產品製造程序與操作方法的規劃設計開始；進而在

生產設備的設置與安裝時，亦需符合安全衛生的規格與標準；當生產設備正式運轉時，應維護工作人員的安全健康；而於設備維護保養時，更需維持安全標準，以免因保養疏忽而致運轉時發生意外。所以今天的工業安全衛生工作，除注意正式生產運轉外，對生產前後的全面性工作亦應予以重視。

三、事故的意義及種類

美國安全專家們曾對事故作了如下的定義：

事故（Accident）是一種意外事件，通常係由於接觸的能源（如動能、電能、化學能和熱能等）超過人員和構造物（Structure）所能忍受的恕限量（Threshold Limit）而造成，其結果則會導致人員的傷害或財物的損害。

簡言之，凡是干擾或打斷正常工作的意外事件，均稱為事故。這些事件的發生重則造成人員的受傷，殘廢或死亡；輕則使工作遲滯或停頓，而導致時間、材料、設備和財產的損失。雖然事故的發生不一定會造成災害，但所有災害的發生皆因事故而引起。根據許多學者專家的意見，事故應具有下列的特色：

1. 事故應在工作設計及模式程序以外，不屬於計畫安排中的項目，因此其發生均是不可預知的。

2. 事故必須是可以察覺或檢驗出，發生在一特定時間與地點的事件。

3. 事故不僅指發生傷害的事件，同時亦包括使生產延誤或財產損失的非傷害事件。

4. 事故均為吾人所設法避免及排除的對象。

事故的種類按其所造成傷害的情形與程度可分為：

（一） 非傷害事故

1. 無損傷事故：人員、機器設備及材料均無損傷，而僅造成時間的延誤。例如因請購單規格開錯，收到錯誤零件，致使保養修理時間延誤，而影響生產工作正常進行之事故。

2. 財物損害事故：人員無傷害，但機器、設備或材料卻因損壞，而造成財產上的損失。例如吊車吊舉機器時，突然吊鏈斷裂，而使機器墜落損壞，但人員並無受傷之事故。

（二） 傷害事故

1. 輕傷害（Minor Injuries）：指損失工作時間不足一天的傷害，輕傷害不列入傷害嚴重率的計算，但必須列入統計並研究防範之對策。

2. 失能傷害 （Disabling Injuries）：即人員因受傷而超過一天不能恢復工作者，美國對失能傷害之解釋為受傷後的第二天起，一整天以上無法恢復工作者屬之。失能傷害又可分為四類：

（1） 死亡 （Death）：係指由於工作傷害而引起之生命喪失而言，不論受傷至死亡時間的長短均屬之。

（2） 永久全失能（Permanent Total Disability）：或稱全殘廢。下列情形之一者謂之永久全失能：

　①雙眼失明；

　②一隻眼睛及一隻手，或一隻腳殘廢；

　③四肢中，同時失去其二，而不在同一肢體者如手、臂、腿、腳。

（3） 永久部份失能 （Permanent Partial Disability）：或稱部份

殘廢,係指除死亡及永久全失能以外之任何傷害,而造成肢體的任何一部份發生殘缺或失去其機能者。

(4) 暫時全失能 (Temporary Total Disability): 係指受傷害之人員,未死亡亦未殘廢,但不能繼續其正常工作,必須休班離開工作場所,損失時間在一日以上,不能恢復工作者屬之。

以上失能傷害事故損失工作天數之計算,死亡、永久全失能、永久部份失能係按照國家標準,而暫時全失能則依照醫生證明。

根據美國安全專家韓瑞屈 (Heinrich) 於一九三一年所作之分析,當同一事故不斷反覆發生時,失能傷害、輕傷害、和無傷害事故的比例約為 1:29:300。即每 330 次意外事故中,約有 300 次屬於無傷害事件 (佔 90.9%),29 次屬輕傷害事故 (佔 8.8%),1 次屬失能傷害事故 (佔 0.3%)。

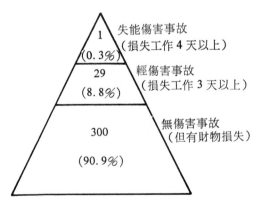

圖 **2-1** Heinrich 對事故率的分析

一九六九年北美保險公司安全主管鮑爾德 (Bird) 亦曾針對二十一個行業,二九七家公司的一百七十五萬員工所發生的事故進行分析,結果發現失能傷害、輕傷害、財物損失及無損傷事故之比例約為 1:10:30:

600。顯示在一件失能傷害發生前，常曾有數百十次有驚無險的事故，提示過警惕而未加注意防範。

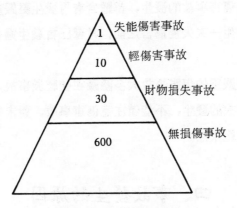

圖 2-2　Bird 對事故率的分析

一九七五年英國安全協會 (British Safety Council) 從二萬個會員中選取一萬一千家寄發研究意外事故比率之問卷，最後根據收回的有效問卷 2 千份加以分析，結果發現事故發生的比率如圖 2-3 所示：

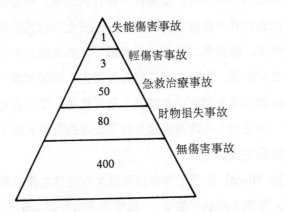

圖 2-3　英國安全協會對事故率的分析

綜合以上各種事故率之研究，可以獲得如下結論：

1. 不同程度災害之事故發生頻率，常有密切的關係，在多次無傷害事故發生後，常會因時地之配合而形成另一次較重傷害事故的發生。

2. 任何無傷害事故的發生，都隱含有再發生更嚴重傷害事故的可能性，因為在發生一次失能傷害之前，常都已曾發生過多次輕傷害或無傷害事故。

3. 由於較嚴重的傷害事故大多隱藏在較輕微事故之背後發生，因此欲有效控制事故的發生，不能僅注意傷害事故，對未肇禍之事故亦應加以重視，以防範未然。

四、事故發生的原因

研究意外事故發生的原因，美國韓瑞屈（Heinrich）曾提出「骨牌理論」，他認為導致事故，甚至傷害的發生有五個主要的因素：社會習慣或環境、個人的過失或疏忽、不安全的行為與環境、意外事故、傷害。這五個因素如同一塊骨牌，當任何一張骨牌倒塌，都可能引發事故而造成傷害。但若將其中最重要的因素——不安全的行為與環境除去，再推下第一張骨牌，雖然第二張骨牌仍會倒下，然而第四張及第五張骨牌卻可能不會受其影響。如再將第二個骨牌除去，則即使第一張骨牌倒下，亦絕對不會對第四及第五張骨牌發生任何影響，即不再會有任何事故或傷害發生。可見個人的疏忽或過失及不安全的行為或環境，是導致意外事故發生的最主要原因。

鮑爾德（Bird）認為意外事故的發生有三個主要的原因：

（一）管理上的缺乏控制： 如管理者本身對工作不了解， 或無組織、規劃、領導能力；或雖有控制計畫，但由於不適當的規劃與執行，也會因此導致事故的發生。

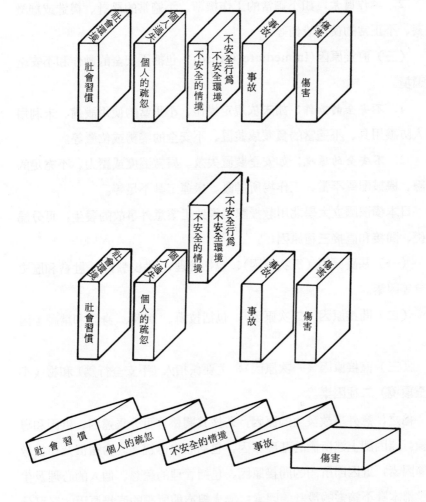

圖 **2-4** Heinrich 事故發生的骨牌理論

（二）基本原因（Basic Cause）：包括人為因素和工作因素。

1. 人為因素：如缺乏知識與工作技能、不適當的態度（如自大、

分心、不合作、無耐性等)、錯誤的動機(如報復、嬉戲、惡作劇、偷懶等)、精神或生理的不適與異常(如焦慮、幻覺、生病等)。

2. **工作因素:** 如不適當的工作標準、不適當的設計、構造或維護保養、不正常的使用設備等。

(三)直接原因(Immediate Cause):包括不安全的動作和不安全的環境。

1. **不安全的動作:** 如未依規定操作、不正當的使用設備、未利用個人防護用具、不適當的負載或裝置、不安全的姿勢或位置等。

2. **不安全的環境:** 如安全裝置失效、異常溫度或壓力、不充足的光線、機械配置不當、工作場所髒亂、搬運工具不足等。

日本橫濱國立大學北川教授認爲導致工業意外事故的發生,可分爲基礎、間接和直接三種原因:

(一)基礎原因(三次原因):包括管理、學校教育、社會和歷史傳統等因素。

(二)間接原因(二次原因):包括技術、訓練、身體和精神等因素。

(三)直接原因(一次原因):主要係指人(不安全行爲)和物(不安全環境)二種因素。

總之,意外事故發生的原因,若按其關係言可分爲遠因、近因和導火線。遠因卽上述所謂的基礎原因,包括歷史傳統、社會習慣及學校教育等因素;近因卽所謂的間接原因,包括管理的疏忽、個人的心理及生產設備本身不適當的設計等因素;導火線亦卽所謂的直接原因,又可分爲不安全的動作與不安全的工作環境二個因素。如避開遠因不談,近因和導火線實可歸納爲一般所說的「不安全行爲」和「不安全環境」兩大因素。茲爲求詳盡,可將意外事故發生的原因,按其性質分爲人的因

素、管理的因素、環境的因素和技術的因素等四者，分述如下。

（一）人的因素：包括不安全的心理和不安全的動作。

1. 不安全的心理：

（1）不顧：缺乏危險意識，或爲了節省時間與勞力，以及避免不舒服等心理，不顧安全規則。

（2）不理：爲了吸引注意，或表示憤恨，以及顯示特立獨行等心理，對安全規則置之不理。

（3）失檢：嬉戲、粗暴、不服從等心理而影響行爲及動作。

（4）粗心：工作時旁若無人，常常因動作粗魯而傷害別人或自己。

2. 不安全的動作：典型的例子如：

（1）不知道安全操作方式和防護具的使用。

（2）操作位置擁擠，工作姿勢不正確。

（3）使用故障待修的機器設備。

（4）不安全的搬運方法。

（5）暴露於不安全的場所或環境。

（6）操作速度過快或過慢。

（二）管理的因素：典型的例子如：

（1）未訂定正確的作業程序。

（2）未能適當地配置勞工。

（3）作業中的監督與指示不完善。

（4）未能有效實施安全衞生檢查。

（5）對曾發生事故之預防對策，未能嚴格執行。

（三）環境的因素：典型的例子如：

（1）照明不足而使勞工發生疲勞

（2）通風與換氣不良

（3）噪音

（4）廠房的建築設施不當

（5）廠房不整潔

（四）技術的因素：典型的例子如：

（1）機器設備的設計安裝不合安全規定

（2）缺乏各種安全保護裝置

（3）機器設備和工具保養不當

（4）工作或製造程序的設計不適當

　　總之，導致工業意外事故發生的原因很多，而且往往由於各種因素的湊合而造成嚴重的傷害。因此欲有效防止事故的發生，則必須根據上述的分析，採取全面性的措施，才能斬草除根，從根本上杜絕其發生。

五、事故防止的對策

　　根據最早的研究，事故發生的原因有百分之十是環境的因素所造成，百分之八八是人為的因素而導致，僅有百分之二是屬於不可抗拒的原因。後來根據美國安全協會（National Safety Council）的研究，發現事故的發生純屬機械的原因（Mechanical Causes）佔18%，純屬人為的因素（Personal Causes）佔19%，其餘63%是由於這兩種原因的湊合。而美國賓州州政府勞工和工業局根據有關之統計加以分析，結果發現事故的發生純屬機械的原因僅佔3%，純屬不安全的行為（Unsafe Acts）亦僅佔2%，而由於這兩種因素的湊合所導致之比率卻高達95%。由此我們可以發現意外事故的發生，大多數均非單一的因素所造成，而是不安全動作與不安全環境交互作用的結果。因此預防事故，在基本上

應採行下列四項措施：

1. 利用工程和技術，消除機器設備、工作程序、物料和工廠設施等環境可能產生的危害因素。

2. 如工程或技術上，尚無法消除之危害因素，則應封閉或防護其發生的來源。

3. 實施工作教導與安全訓練，使員工能提高警覺，並遵照安全工作程序。

4. 提供適當的個人防護裝備，以保護勞工。

細言之，事故防止在硬體方面，應利用工程和有關技術做好安全衛生環境的規劃與維護；在軟體方面則應從健全安全衛生組織與管理，做好安全衛生檢查、安全衛生訓練，安全衛生守則，工作安全分析、事故調查分析、安全觀察、安全晤談和激起安全興趣等工作。茲就事故防止對策繪圖表示並簡要說明如下：

1. 安全衛生環境的規劃與維護：做好工廠建築的規劃、採光、通風、照明的設計、工作程序的安排、機具設備的防護、物料的儲存、及工廠內務的整理等工作。

2. 安全衛生訓練：利用新進員工講解及工作前指導等方式，讓員工瞭解正確的工作程序與方法，以及工作時應注意的安全衛生措施。

3. 安全衛生檢查：實施有計畫的檢查，找出不安全的作業和工作環境，以及早加以改進，俾免事故的發生。

4. 事故調查分析：旨在發現事故發生的真正原因，是防止類似事故不再發生的最佳工具。

5. 工作安全分析：對事故頻率高或已發生嚴重傷害之工作，分解成若干基本步驟，以鑑定一切潛在的危險，並研究防範的措施，以建立安全作業標準。

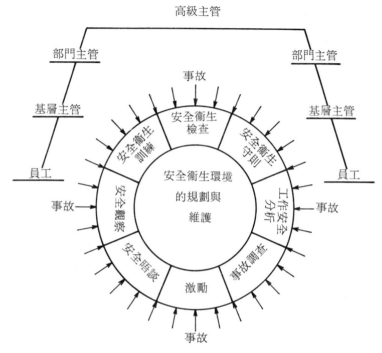

圖 2-5 事故防止的對策

6. 安全衛生守則：各項作業均應訂定安全衛生守則，並督促員工遵守，以防範事故。

7. 安全觀察與晤談：隨時注意員工是否安全地操作，對經常發生事故的員工安排晤談，以提高其警覺性及危險意識。

8. 安全激勵：利用各種方法或有關活動，激勵員工的安全興趣，提高對安全衛生的熱忱，俾使安全衛生計畫能順利推行。

總之，欲有效防止意外事故的發生，企業內的管理階層應隨時做好下列的工作：

1. 加強工作督導，積極排除可能發生危害的環境因素，以確保工作場所的安全。

2.設法改善不良的工作方法，建立安全作業標準，以保障勞工的操作安全。

3.適當配置勞工，以避免因配置不當導致意外事故的發生。

4.充分實施員工的安全衞生教導與訓練計畫，培養員工正確的工作技能及應注意的安全事項。

5.設法改善員工不安全行爲的心理因素。

6.機具設備應作各種安全防護裝置，並做好維護保養的工作。

7.維持工作場所的整齊清潔與衞生。

8.加強實施自動檢查，隨時注意潛在的危害因素，並設法在事故發生前卽予以排除。

9.嚴格執行對曾發生災害事故後所採取的預防對策，以制止同樣事故的再發生。

10.確實督導員工穿戴必要的個人防護用具，並遵守有關的安全規則。

六、職業病的發生與預防措施

（一）職業病的意義

凡因職業或工作的關係，與有害健康的不良工作環境接觸，或經常重覆危害健康的作業方法，因而發生之疾病，卽稱爲職業病。不同職業的從業員工會罹患不同類型的職業疾病，雖然勞工個人的身心健康情況及生理條件，對罹患職業病會有影響，但其主要原因乃是由於接觸有害工作環境，或從事不良的工作方法所致。近年來由於科技與工業的急速發展，各種新材料的製造與應用日新月異，職業疾病的發生範圍廣泛，

種類亦多，病型更日趨複雜。

（二）危害職業性健康的因素

就作業環境而言，一般足以影響健康的因素概可分為化學因素、物理因素、生物因素和其他因素，茲分述如下：

1. 化學因素：係指與有害物質之接觸或吸入而引起病變的影響因素。

（1）塵埃（Dusts）：有機和無機物質，因爆破、壓碎或研磨而產生浮遊於空氣中的固體微粒。吸入塵埃可能會引起癌症、塵肺症等。

（2）燻煙（Fumes）：氣體或蒸氣狀態之物質，因冷凝而形成之固體微粒，懸浮於空氣中者，其粒經常較塵埃小，且其性質常與發生之母體不同。金屬燻煙會引起金屬熱疾病。

（3）霧滴（Mists）：由氣體凝聚，或液體經噴射作用而浮遊於空氣中之微小液體點滴。

（4）蒸氣（Vapors）：正常狀態下的固態或液態物質，由於降低壓力或增加溫度而成為氣體狀態之物質。此種化學物質常會造成嚴重的健康危害。

（5）氣體：各種有害氣體如一氧化碳、氧化氮、氫氰酸等均為工業上常見之有害物質。

2. 物理因素：係指曝露於各種能（Energy）的環境之影響因素，常會加速或加深化學因素的危害性。

（1）異常溫度與濕度：由氣溫、氣流、輻射熱等因素造成不正常或不適人體之溫度及濕度，如過熱、過冷、過潮或乾燥等。

（2）異常氣壓：一般大氣壓為 760 mm 汞柱高，當潛水或高空作業時，因空氣中氮和氧在血液中溶解比例異於正常氣壓而發生病變，如

潛水病、航空病等。

(3) 照明及採光不良：除影響工作效率外，亦會使勞工視機能受影響。

(4) 有害光線與電離輻射線：有害光線如紅外線、紫外線會傷害眼睛；電離輻射線如X光線、γ射線過度曝露會產生皮膚癌或生殖機能障害等，β射線、中子射線則會引起消化器及呼吸器的障害。

(5) 噪音、超音波及振動：噪音除影響工作情緒外，亦會造成聽覺器官的永久傷害；超音波會使人有頭痛、耳痛的現象；而振動嚴重時會使內臟共振導致傷害，局部振動亦會使人注意力散亂、動作困難及產生視覺障礙等。

3. 生物因素：許多職業性病原中之細菌、黴菌、寄生蟲等均可引起疾病、不適甚或死亡。如皮革業者由於處理病獸的皮、毛、胃、角等，因接觸而感染炭疽病；勞工的手指如經常於熱水中作業也會引起水蟲病等。

4. 其他因素：大多係由於作業方法不當所引起，如皮鞋工人由於特異姿勢，胸廓被壓而引起脊椎變形或橫隔膜炎；打字員由於手指的局部運動而引起的手指痙攣症；紡織工因長期站立作業而引起腳痛或下肢靜脈瘤等，都是由於作業方法不當所引起的職業性疾病。

表 2-1　由作業方法引起的職業病

職　　　業　　　別	致 病 因 素	發生之疾病
書記、速記員、電信工、打字員	工作過重	痙攣
刻印工、鐘錶修理工	工作過重	近視
重物搬運工	工作過重	疝氣
隨車服務生、售票員、紡織工	工作過重	月經異常、下肢靜脈曲張
包線工、鍛冶工	工作過重	胼胝
公司行號職員、學者、醫師	運動不足	胃腸病
抄寫工、鍛冶工	作業姿勢	脊柱彎曲
鞋匠、樽工等	作業姿勢	肋膜炎
紡織工、製絲工等	作業姿勢	足痛
夜勤者如站務員、郵政人員、發電所員工	不規則的作業	不眠症

表 2-2　由作業環境因素引起的職業病

職　　　業　　　別	致 病 因 素	發生之疾病
煤坑工、壓延工、造船工、伙夫	異常溫度	熱中症
伙夫、製鐵工	異常溫度	心臟病
高熱作業員工	異常溫度	濕疹

農夫、屋外勞動者	異常溫度	傷風
冷凍作業者、隧道作業者	異常溫度	神經痛
潛水夫、隧道工	異常氣壓	潛涵病
航空員、登山員	異常氣壓	航空病或高山病
熔接工	光線或有害光線	眼炎
玻璃工、鍛冶工	光線或有害光線	白內障
X光治療者	光線或有害光線	生殖機能退化
夜光鐘錶業者、霓虹燈塗工	光線或有害光線	肉腫
礦工	光線或有害光線	眼球震盪症
織布工、製罐工、打鐵工	噪音	失聽（聰）
鑿岩工、穿岩工	振動	血管神經症
船員、航空員	振動	暈船（機）
汽車駕駛員、瓦斯工、硫化工廠工人	工業毒	一氧化碳中毒
人造絲工、下水道工	工業毒	硫化氫中毒
染料製造工、油漆工	工業毒	溶劑中毒
水銀劑製造工、水銷坑工	工業毒	水銀中毒
熔接工、鑄造工	工業毒	金屬蒸氣熱

煙囪清除工、瓦斯工	工業毒	癌
硫酸、硝酸等酸類製造工、塑膠工	工業毒	齒牙酸蝕
人造絹工、橡膠工	工業毒	二硫化碳中毒
礦工、石工、翻砂工、陶瓷器工、研磨工	塵埃	塵肺症
製材工、纖維工	塵埃	喘息或慢性咳嗽
砒素工、鐵線工、獸毛或獸皮加工	塵埃	皮膚炎或癌症
印刷工、油漆工、染料工、蓄電池工	塵埃	鉛中毒
紡縫工、瀝青工、煤焦油工	有害物質	癌
酸鹼及其他藥衣工、油漆工	有害物質	皮膚疾患
溶劑使用工、製藥工、酸性物使用工	有害物質	中毒
農夫、煤礦工	病原微生物	鈎蟲病
農夫、獸醫師、屠宰業者、畜牧業者、獸毛獸皮業者	病原微生物	炭疸病
製絲工	病原微生物	汗疱、掌蹠膿疱症

（三）職業病預防措施

　　不論係由於作業方法或作業環境所引起的職業病，其預防的措施概可分為硬體和輭體兩方面，　所謂硬體係指作業環境的測定、　評估與改善；輭體則在加強勞工健康教育與管理，茲分述如下：

1. 作業環境的測定與評估：欲改善作業環境，首應對環境的危害因素加以瞭解。作業環境測定即在勞工正常作業時間內實施採樣、化驗或以簡易儀器測量，以掌握作業環境的實態。環境的評估，目前各國大多採用美國工業衞生技師協會所訂的最大容許值（即所謂的恕限量），我國對有害化學物質亦依該恕限量訂有容許濃度標準。

2. 作業環境的控制與改善：根據環境的測定與評估，瞭解有害因素的存在、發生來源及勞工曝露的情形，然後再以有關的工程技術，加以改善，並追踪考核其效果。一般工程上對有害工作環境的防制方法；大致有下列四種：

(1) 改變工作程序制止有害物質的發生。

(2) 使用無毒或輕毒物料替代劇毒物料。

(3) 隔離或密閉某些機具或操作，以制止有害物質之散播。

(4) 改善通風設施，排除或稀釋作業場所有害物質的濃度。

3. 加強勞工健康教育：利用職前、在職教育、健康輔導或透過有關活動，灌輸勞工正確的衞生習慣與保健知識，並督導穿戴必要的個人防護用具，防止可能的傷害。

4. 實施勞工健康管理：健康管理的目的，乃為勞工健康作一具體而詳盡的記錄，並透過歸納、分析和研討，俾對作業環境的改善提供直接的證據。勞工亦可因定期實施健康檢查，及早發現疾病的症兆，並加以治療。

5. 增進勞工福利：注意勞工的工作時間和休閒活動。對於物理性的危害，減短工作時間，通常即可避免或降低對身體健康的傷害；提供良好的休閒活動更可確保勞工身心的健康。

6. 重視有關研究工作：加強職業病防治之研究，培養職業病防治人才，以協助推動職業病的預防工作。

總之，職業病的預防是推行工業安全衛生工作的重要一環，不論政府、社會、企業界或勞工均有責任。政府方面應健全預防職業病的組織，推展有關研究並加強實施工廠檢查與環境測定；社會方面應加強對職業病的認識與宣導，以引起大家的關切；企業界方面則應主動改善工作環境，做好健康管理並促進勞工福利；勞工本身亦應建立正確的工作態度與習慣，確實使用必要的防護器具，倘能如此共同協力做好職業病的預防措施，相信即可確保勞工的健康，減少不必要的傷害。

七、工業公害的發生與防制

（一）工業公害的意義

工業公害係指在工業生產過程中，產生的噪音、振動等物理性因素；或排出的廢料沾污空氣、水與環境，而對一般社會大眾，及其他生物、建築物甚至土地造成災害。簡言之，就是因工業生產排出的廢料及其他物理、化學與生物性因素，導致公共的災害而言。有關工業生產的物理、化學與生物性危害因素，上節已有說明，不再重覆。茲僅就工業廢料的產生及污染過程略述如下。

（二）工業廢料的產生與種類

廢料的產生與工業生產是同時發生的，有工廠即有廢料。工廠對於排棄的廢料如果不加注意或處理不好，則可能形成嚴重的污染，而導致人畜的傷害或疾病、農業的損失、河川的污塞、社會的糾紛與不安、以及生態的破壞等，其所造成的災害與影響極為深遠。

工業廢料的種類繁多，型態各異，通常可分為氣態、液態和固態三

種。

1. 氣態的廢料會造成空氣污染，其來源如：

(1) 煙囪冒出的煤灰或煤煙。

(2) 從水泥工廠及鑄造工廠排出的灰塵。

(3) 從硫酸工廠排出的二氧化硫。

(4) 肥料廠製造氨及硝酸時釋出的二氧化氮。

(5) 煉鋁廠以水晶石爲熔劑，製造過程中排出的氟化物。

(6) 煉油廠排出的硫化氫及各種碳化氫氣體。

(7) 任何燃燒不完全時製造的一氧化碳和二氧化碳。

(8) 從化學工廠或電鍍排出的酸氣。

2. 液態廢料會造成水污染，其來源如：

(1) 化學、電鍍、紙漿等工廠排出含有酸、鹼性的廢液。

(2) 陶瓷及玻璃工廠排出含多量無機性懸浮物的廢液。

(3) 食品加工廠排出含多量有機性懸浮物的廢液。

(4) 由石化工廠、鋼鐵工廠等排出含多量油質的廢液。

(5) 染整及油漆製造工廠排出含色素之廢液。

(6) 由電鍍、製鋼及電纜製造工廠排出含無機性有毒物質之廢液。

(7) 由石化、有機化學藥品製造等工廠排出含有機性有毒物質之廢液。

(8) 由原子能同位素關係工業排出含放射性物質之廢液。

3. 固態廢料會造成土地污染，危害公共衛生，其種類如：

(1) 水溶性固態廢料會污穢附近流水。

(2) 腐蝕性或有毒性固態廢料，會嚴重傷害生物，破壞生態。

(3) 易燃、易爆性固態廢料，亦會造成嚴重的禍害。

（三）工業廢料污染的過程與防制

一般工業廢料的污染或工業公害的發生經過，可分為如下五個階段：

1. 污染物的生成
2. 污染物的排出
3. 污染物的擴散
4. 污染物的攝取或侵入
5. 污染物的危害與影響

為確立工業公害防制對策，應先調查與瞭解工業廢料的生成原因及其污染過程，以掌握確實的資料，再運用有關工程，技術及醫學方面的知識，擬訂具體的防制措施。一般說來對工業公害的防制，政府和企業界應共同合作，採行下列基本措施：

1. 政府方面：

（1）都市計畫工業區的劃定應妥善規劃，除考慮土地利用、取水與排水之方便外，應同時注意各種工業廢料之排放及擴散污染環境等問題。

（2）加強工廠公害防止設備之事前審查與事後管理工作。對新設之工廠，其設廠地點及廢料處理設備，應予嚴格審查；對已設立工廠則進行定期或不定期的檢查，以防止公害情事發生。

（3）制定工廠廢棄物處理標準，並設置專責機構加強管制。

（4）推動工業衛生實施工人健康管理，改善工作環境，不僅能增進勞工的健康，亦有助於公害的防止。

（5）積極推動防制公害之研究工作，技術輔導各工廠，增設或改善其廢棄物之處理設備，給予低利貸款或免稅進口之優惠以為獎勵。

2. 企業界方面：

（1）慎選工廠設置地點，易造成空氣污染之工廠應設於下風地區；易造成水污染之工廠設於水源下游地區；會產生噪音、振動等物理性公害之工廠則應遠離市區；或將同類工廠建在一起，共用設置廢棄物之處理設備，以節省經費。

（2）對於大量排放廢棄物之工廠，應重新檢討其製造方法或程序，以期減少廢棄物之排放量，或收回部份漏失之成品及原料。

（3）研究廢棄物再利用的方法，從廢棄物之處理中，得到副產品而作為其他可用之原料。

（4）隨時注意公害防治技術的最新發展，以經濟有效的方法，防止工業公害的發生。

（5）對於新設或增設之工廠，不但要有廢棄物處理設備，而且應預留場地空間，以為將來工廠擴建增加廢棄物處理設備之用。

（四）工業廢水的處理

由於各工廠環境條件不同，工業廢水處理方法差異亦大。各工廠必須按照廠內的實況，承受水域及工廠環境等個別研究，以解決本身的廢水問題。通常研究工廠廢水的處理，可依下列步驟進行：

1. 先詳細調查工廠各部門使用之原料、用水情況及中間產品等。

2. 測定各部門廢水流量及水質，以確定工廠排除的污染量與法令上規定容許量之差額。

3. 檢討各種事先處理法或廢水水質均勻化等，以減少廢水量和污染程度，使達規定之容許標準。

4. 上述方法如仍未能達到容許標準，再考慮設置廢水處理廠，並決定處理程度。

5. 搜集有關廢水處理資料，選擇適當處理方法，進行實驗。

6. 根據實驗結果，再着手細部的規劃。

工業廢水的處理方法，依技術可分為三種不同的程序：

1. 物理的處理程序：包括機械的分離，即使用過濾器、漂選法、離心分離法，以及利用蒸發、乾燥、冷卻、凍結等處理。此一處理程序不涉及化學反應或生物上的轉變。

2. 化學的處理程序：是用中和或混合化學藥品，溶解在水中的物質，減低微細的污染粒子及水中的膠質，使其成為一種容易被去除的狀態。

3. 生物的處理程序：利用微生物的繁殖，去除溶解於水中的有機物質，或者生成一種殘渣，使其成為容易被分離的狀態，以改進水的品質。

（五）空氣污染的防制

使空氣污染的物質概可分為固體微粒、液體微粒及有毒氣體三大類：

1. 固體微粒：包括煤煙、燻煙、灰塵或飛灰等。

2. 液體微粒：包括酸霧和泡沫等。

3. 有毒氣體：包括硫化物、氮化物、碳化物等無機氣體及烴化合物等有機氣體。

上列各種空氣污染物，由污染源排出，稱為原始或一次污染物，但排放空中後，可能相互作用而產生多種其他污染物，則稱為再生或二次污染物。如二氧化硫與空氣中之氧化合而成三氧化硫，再與水份化合而成硫酸等是。

空氣污染的防制，基本上可採下列的措施：

1. 工廠排出的黑煙，均因燃料不完全燃燒所致，故欲防止黑煙的發生，應設法使燃料完全燃燒。

2. 工廠排出的飛灰、灰塵及燻煙，均爲不燃性之固體微粒，必須在其隨廢氣排放於空中之前，利用集塵器（Dust Collector）設法捕集。

3. 空氣中的有害氣體最常見的是二氧化硫、一氧化碳、硫化氫、氧化氮、烴及其簡單的氧化生成物等，其來源不外乎燃料的燃燒以及化學品的製造與搬運所生成，欲防止這些有害氣體的產生，則必須針對其來源及生成原因採取適當的防治措施。

（六）固態廢物的處理

工業固態廢物處理的基本原則，係盡可能使之成爲有用之物，然後再將剩餘物縮小至最小的體積，放置於最沒有妨礙的地方。基於此一原則，一般固態廢物的處理方法不外下列數種：

1. 填充土：簡便而且成本較低的廢物處理方法，是將廢物的堆放場改爲衞生的填充土（Landfill）堆放場。即一層打碎的廢料，一層泥土交替填充，使很快變成有用的土地。

2. 焚燒：是第二個被普遍應用的廢物處理方法，通常先使之在空氣不足的情況下燃燒分解一部份廢物，然後再進一步完全燃燒。

3. 高熱分解：是將廢物放置於空氣流通，溫度高達 $300°F$ 的爐子裏烘焙。少數廢物經高熱分解後可重新使用，高熱分解後廢物體積亦比焚燒爲小。

4. 壓縮與捆包：廢物可在壓縮機內壓縮至原來體積的 5～10%。壓縮機種類很多，可用於各種不同的廢物處理。

5. 混合肥料：半數以上的工業廢物可用生物化學腐化成清潔而肥沃之肥料。這亦是近年來常用的廢物處理方法，即將工業固態廢料經過

必要的處理程序，使之成為有用的肥料出售。

八、結　語

工業災害包括：意外事故，職業病及工業公害三者，其發生的原因與基本的防制對策，已分別略述於前。綜合而言，工業災害的研究，大致可以歸納為三個方面：

1. 工業災害的認識：瞭解工業災害的種類，及其對勞工、社會大眾，甚至生態環境等可能造成的危害，以提高危險意識，並提醒政府、社會、企業界及勞工等的廣泛注意與關切。

2. 工業災害的分析：主要是在探討各類工業災害發生的原因與過程，瞭解造成危害的各項因素。

3. 工業災害的控制：根據工業災害發生原因的分析，研謀有效的防制對策，使災害的損傷減至最小，以確保生命、財產的安全。

人類從事各種生產活動，本是為了提高生活水準，改善生活素質，但隨着科技與工業的快速發展，卻亦同時帶來了潛在的危害。今天工業災害對人類的安全甚至生存已構成了嚴重的威脅，因此工業先進國家莫不投注大量的人力、財力積極研究改善。我國已由農業社會邁向工業社會，有關工業災害的問題實有加以重視與研究的必要。

第三章 工業安全衞生組織與管理

一、引 言

工業安全衞生工作的推行，有賴政府、社會、企業界和從業員工的全力合作。通常在政府行政組織中均有主管機關負責政策的研訂與執行；在社會方面亦常有民間團體或組織協助有關工作的推行；企業主本身則每依個別生產型態與特質，建立完整的安全衞生管理系統，自行推動廠內安全衞生工作。此外，如工會或保險機構等對工業安全衞生的推行亦可能擔負着相當重要的角色。讀完本章您可瞭解：

1. 一般政府及社會有關工業安全衞生組織之型態與功能；
2. 我國現行工業安全衞生行政組織系統及監督、管理之有關規定；
3. 一般企業內之勞工安全衞生組織與職責。
4. 我國現行法令對企業內勞工安全衞生組織與管理之有關規定；
5. 損失控制管理 (Loss Control Management) 的意義與內涵；
6. 工廠醫療服務與衞生管理的意義與內涵。

二、政府及社會的工業安全衛生組織

綜觀世界各國，政府及社會的工業安全衛生組織，不外乎有下面六種類型：

（一）工業安全衛生主管機關：

係安全衛生最高行政主管機關，其主要職責為制定各種安全衛生政策與法令，並督導全國工業安全衛生工作的推行。如美國勞工部的職業安全衛生署；西德勞工及社會福利部的工業衛生司和工作保護及事故防止司；英國就業部的勞動安全衛生署；日本勞動省的安全衛生局；及我國行政院勞工委員會的勞工安全衛生處與勞工檢查處等。

（二）工業安全衛生檢查機關：

係負責安全衛生檢查工作之政府機關，通常在中央設置專責機構，並在全國主要地區分設檢查單位，負責辦理，如英國、美國、西德和日本等均設有事權統一的工業安全衛生檢查機構。我國的工礦檢查工作是由中央授權地方政府設置的檢查單位負責辦理。

（三）工業安全衛生諮詢委員會：

通常由勞資雙方、政府行政機關代表，及有關學者專家組成，負責協調、審議及推動安全衛生有關事宜。如英國就業部、日本勞動省及美國勞工部等均設有全國性的安全衛生委員會。我國根據現行「勞工安全衛生諮詢委員會設置辦法」之規定，行政院勞委會、省（市）政府及縣（市）政府的勞工主管機關得分別設置勞工安全衛生諮詢委員會，負責研議各該級主管機關交議之勞工安全衛生事項，並提出下列建議：

（1）提供策劃勞工安全衛生政策之意見。

（2）提供勞工安全衛生法令規章之意見。

(3) 提供其他有關勞工安全衛生問題之意見。

（四）工業安全衛生研究機構：

由政府主管機關負責設置，或由民間組織籌設，其主要任務係研究事故預防技術、職業病之防治及其他有關工業安全衛生規則標準等。如西德聯邦政府勞工及社會部設有工作保護及事故研究中心，日本亦設有產業醫學綜合研究所。近年來由於安全衛生工作逐漸受到各國政府及社會的重視，有關研究機構亦在各國政府或民間的支助下紛紛設置。

（五）工業安全衛生標準制定機關：

有關工業安全衛生標準的制定，我國係由行政院勞委會及經濟部中央標準局負責；美國大多係由民間機構，如國家標準協會、防火協會、機械工程師學會等分別制定；西德則由政府授權各行業組成之災害互助保險協會建立各業之安全衛生標準與規則，該協會雖屬民間組織，但權力甚大，其所制定的有關規則與標準，均具有法律的約束力。

（六）工業安全衛生服務機構：

通常係屬民間組織，其功能與工作內容雖每因機構組織的宗旨與特性而有不同，然主要的目標不外乎協助政府和企業界推動安全衛生工作，如舉辦各種訓練、出版有關刊物，或提供技術服務等。英國較為有名的安全衛生服務機構有皇家事故防止協會、安全協會及防火協會等；日本的中央勞動災害防止協會及我國的工業安全衛生協會都是一種法人組織的安全衛生服務機構。根據我國現行「勞工安全衛生服務機構管理規則」，勞工安全衛生服務機構之服務範圍包括：

1. 協助、指導事業單位辦理有關勞工安全衛生管理、訓練等事項。

2. 協助、指導或承辦事業單位有關勞工安全衛生設施、工作方法環境改善及定期自動檢查等事項。

3. 協助、指導或承辦事業單位有關作業場所環境測定事項。
4. 其他經中央主管機關指定之事項。

三、我國工業安全衛生行政組織與職掌

我國工業安全衛生業務，中央主管機關為行政院勞工委員會（即將改為勞動部）。該委員會目前設有勞工安全衛生及勞工檢查兩處，專司勞工安全衛生法令之制定、有關業務之規劃推行及勞動條件之檢查。

至工礦安全衛生檢查工作則由勞委會授權省（市）政府，如臺灣省政府設置工礦檢查委員會、臺北市及高雄市政府勞工局設置工礦檢查所分別辦理。另經濟部加工出口區工廠之安全衛生檢查係由該部加工出口區管理處之工廠檢查組辦理，而新竹科學工業園區，則由該園區管理局之第三組負責。臺灣省礦場安全檢查，係由經濟部規劃並督導臺灣省礦務局負責辦理。其組織與督導系統如圖 3-1。

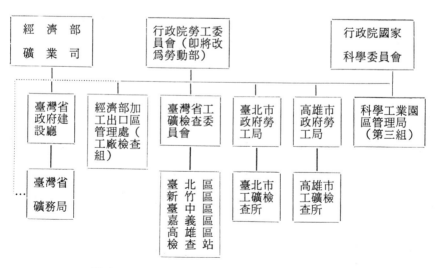

圖 3-1 我國工業安全衛生行政組織與督導系統

各機關的工作職掌如下：

（一）行政院勞工委員會安全衛生及勞工檢查兩處掌理下列各事項：

1. 關於勞工安全衛生標準之訂定、修正事項；

2. 關於勞工職業災害預防之研究、分析事項；

3. 關於勞工安全衛生之研究、實驗事項；

4. 關於勞工作業環境之測定事項；

5. 關於勞工安全衛生教育之訓練事項；

6. 關於勞工安全衛生團體之輔導事項；

7. 關於勞工安全衛生之國際聯繫事項；

8. 關於勞工職業災害之調查，審核及處理事項；

9. 關於危險機械設備代行檢查事項；

10. 關於事業單位自動檢查之推行事項；

11. 關於勞工檢查員之選訓及考核事項；

12. 關於勞工安全衛生服務機構之輔導事項；

13. 其它有關勞工安全衛生事項。

（二）臺灣省工礦檢查委員會之職掌：

1. 關於工廠檢查及礦場衛生、勞動條件檢查之籌劃及依法執行事項。

2. 關於新設工廠開工前安全衛生設施之檢查事項。

3. 關於工廠特種檢查事項。

4. 關於工廠災害之預防，災變責任之調查及善後處理事項。

5. 關於工廠安全衛生運動之推行及推行自動檢查之輔導監督事項。

6. 其他有關工廠檢查事項。

該會下設四組分別掌理各項業務：

1. 第一組：掌理勞動條件及工作場所一般安全衛生檢查事項。

2. 第二組：掌理工作場所特殊安全衛生問題之檢查及研究事項。

3. 第三組：掌理特殊危險機具或設備之檢查及發證事項。

4. 第四組：掌理安全衛生訓練、宣傳、災害檢查統計及災害對策事項。

為加強業務之推行，該會又分別於臺北區、新竹區、臺中區、嘉義區及高雄區設置五個檢查站，負責各該地區的檢查工作。

（三）臺北市工礦檢查所設下列各課，分掌有關事項：

1. 第一課：掌理一般勞工之勞動條件及工作場所安全衛生檢查事項。

2. 第二課： 掌理勞工工作場所安全衛生特殊問題之檢查研究事項。

3. 第三課：掌理特定機械設備之檢查及發證事項。

4. 第四課：掌理災害調查及資料之整理、統計、分析與安全衛生運動之策劃，推行及宣傳。

5. 第五課：掌理文書、出納、事務及不屬於其他各課事項。

（四）高雄市工礦檢查所設下列各組，分掌有關事項：

1. 第一組：掌理勞工工作場所安全衛生檢查及一般勞工之勞動條件檢查及研究事項。

2. 第二組：掌理特定機械設備與特殊問題之檢查及發證，災害調查與資料整理、統計分析及安全衛生運動之策劃，推行與宣傳事項。

3. 第三組：掌理研考、印信、文書、檔案、庶務、出納及不屬其他各組之事項。

總之，我國目前工業安全衛生的檢查工作，係由中央授權地方或其

他機關辦理，實難收事權統一之效。因此有人建議應在勞動部成立後設置勞工檢查署，統籌辦理全國之工礦檢查業務，以配合工礦發展之實際需要。

此外我國經濟部為加強所屬國營事業單位安全衛生工作之推行，依據有關法令對安全衛生業務之權責劃分如次：

（一）國營事業委員會：

1. 各事業安全衛生政策及計畫之研究或審核。

2. 有關安全衛生法令之研究或建議。

3. 各事業安全衛生規章及標準之訂定或審核。

4. 各事業安全衛生之考核及獎懲。

5. 國內外安全衛生資料之蒐集與提供。

6. 各事業安全衛生工作之督導。

7. 其他有關各事業安全衛生共同事項之辦理。

（二）各國營事業：

1. 安全衛生規章及標準之研訂或審核。

2. 安全衛生方針及計畫之訂定及推動。

3. 附屬單位安全衛生工作之督導。

4. 附屬單位發生重大災變事故之調查及處理。

5. 附屬單位間安全衛生工作之協調。

6. 附屬單位辦理安全衛生工作績效之考核及獎懲。

7. 附屬單位所需安全衛生經費之籌措與分配。

8. 有關各單位安全衛生共同事項之辦理。

9. 其他有關本事業安全衛生事項之辦理。

（三）各國營事業附屬單位：

1. 各種安全衛生規章、標準、實施細則及工作計畫之編訂。

2. 安全衛生之現場督導及安全檢查之執行。

3. 安全衛生措施之改善及建議。

4. 安全衛生教育訓練及其他活動之辦理。

5. 災變事故處理與調查，及其防範對策之研究。

6. 工作環境之改善，及職業病之預防。

7. 其他有關本單位安全衛生事項之辦理。

四、我國工業安全衛生法規

所謂安全衛生法規乃國家爲保障勞工職業安全衛生而制定之法律及行政規章，前者係經立法院三讀通過由總統公布實施；後者則由主管機關根據法律發布施行之有關規定。如此政府得據以監督、管理、貫徹勞工安全衛生政策之推行；雇主或企業界亦可作爲改進安全衛生設施及相關作業之依據，以確保勞工的職業安全，並提高工作效率。

目前我國頒布有關勞工安全衛生之法律有：勞動基準法、工廠檢查法、礦場法、礦場安全法、勞工安全衛生法及勞工保險條例等六種。至於與勞工安全衛生有關之行政規章已有四、五十種之多。其內容可分爲下列六種類別：

1. 各業通用之安全衛生設施規章。

2. 分業之安全衛生規章。

3. 特殊機械設備之安全規章。

4. 特殊有害物質之危害預防規章。

5. 特殊工作場所或特殊作業之危害預防規章。

6. 其他。

表 3-1　我國勞工安全衛生法規系統表

勞工安全衛生法（勞工安全衛生法施行細則）

各業通用安全衛生設施規章
- 勞工安全衛生設施規則
- 勞工安全衛生組織及管理人員設置辦法
- 勞工健康管理規則
- 勞工安全衛生訓練規則
- 工業安全標示設置準則

分業安全衛生規章
- 林場安全衛生設施規則
- 舊船解體業安全衛生設施標準
- 碼頭裝卸安全衛生設施標準
- 營造安全衛生設施標準
- 炮竹烟火業安全衛生設施標準
- 礦場衛生設施標準

特殊機械設備安全規章
- 鍋爐及壓力容器安全規則
- 起重升降機具安全規則
- 壓力容器安全檢查暫用構造標準
- 升降機安全檢查暫用構造標準
- 危險性機械或設備代行檢查機構管理規則
- 特定危險性機械設備代行檢查收費標準
- 吊籠安全檢查暫用構造標準
- 移動式起重機安全檢查暫用構造標準

特殊有害物質危害預防規章
- 有機溶劑中毒預防規則
- 鉛中毒預防規則
- 四烷基鉛中毒預防規則
- 空氣中有害物質容許濃度標準
- 特定化學物質危害預防設施標準

特殊工作場所或特殊作業危害預防規章
- 精密作業勞工與視機能保護措施標準
- 高溫作業勞工作息時間標準
- 異常氣壓潛水作業勞工保護措施標準
- 缺氧症預防規則
- 重體力勞動勞工保護措施標準
- 塵肺症預防設施標準
- 高壓氣體安全衛生設施標準
- 粉塵危害預防設施標準
- 勞工作業環境測定實施要點

其他
- 勞工安全衛生服務機構設置辦法
- 勞工安全衛生諮詢委員會設置辦法
- 違反勞工安全衛生法罰鍰處理準則
- 中小型民營企業改善安全衛生設施申請貸款處理要點
- 選拔全國性勞工安全衛生優良單位及人員實施要點

五、企業內各級人員的安全衛生職責

企業內之安全衛生工作，每一個人均有其應盡的責任。自最低層的作業人員起、各級主管（包括領班）、安全衛生工程師、廠長、總經理，至最高之企業主管，乃構成企業內之安全衛生管理責任體系。企業最高主管人員之安全衛生態度，將直接影響各級主管，甚至最低層的操作員工。如果最高主管對於安全衛生工作缺乏興趣，則其他人員也就不會關心。因此要使安全衛生人員盡責，工人們合作，最高主管人員應公開宣佈及支持安全衛生計畫。不但企業之最高主管對推行安全衛生工作要有具體計畫及方針，且在計畫中各級主管對安全衛生工作所應負的責任及權限亦要有明確地劃分。此外，做為每一位現場領班亦應主動收集資料。並經常將自己的知識、技能及經驗教導屬下，以提高基層操作員工之危險意識，隨時注意工作安全及身心的健康。茲就企業內各級人員之安全衛生職責分述如下：

（一）最高管理階層：

1. 決定安全衛生政策。
2. 領導建立良好之安全衛生計畫。
3. 提供實施安全衛生計畫必需之經費。
4. 建立良好之安全衛生工作場所及工作方法。
5. 提供必備之安全衛生防護設備。
6. 確定各級人員之安全衛生職責，並作必要之授權。
7. 領導各級人員確實執行有關安全衛生法規及紀律。
8. 主持安全衛生會議及各項公開之安全衛生活動。
9. 領導建立企業內之安全衛生體制，如事故記錄與報告系統等。

（二）各級主管人員（包括領班）：

1. 支持廠方之安全衛生計畫，並實施自動檢查。

2. 訓練或教導作業人員養成安全衛生之工作習慣。

3. 指導作業人員正確之態度並獲取其合作。

4. 實施事故調查並填寫事故報告。

5. 積極採取行動，消除工作之危害因素，並報請上級主管協助作業環境之改善。

6. 重視安全衛生管理人員提供之有關建議，並設法從事改善。

7. 主動糾正不安全之工作環境與動作。

8. 繼續不斷尋求改善工作環境及作業方法。

（三）安全衛生業務主管及管理人員（或安全衛生工程師）：

1. 釐定意外事故防止計畫並指導各部門配合實施。

2. 規劃、督導企業內各部門之安全衛生管理工作。

3. 規劃及實施安全衛生教育及訓練計畫。

4. 規劃及實施勞工健康檢查、醫療服務及健康管理。

5. 實施意外事故調查、報告及統計分析。

6. 向雇主和各級主管提供有關安全衛生之建議及資料。

7. 協助改進工廠佈置，工廠整潔及機械防護。

8. 協助各項安全衛生設備之採購與運用。

9. 協助推動全廠之安全衛生工作，並實施追踪考核。

10. 研究改善作業環境及操作方法。

11. 實施安全檢查及作業環境之測定與評估。

12. 教導或灌輸各級人員安全衛生知識與興趣。

（四）基層作業人員（或工人）：

1. 遵守安全衛生規則。

2. 報告不安全或不衛生之情況,促請改善。

3. 遵守各項作業之安全衛生工作方法。

4. 報告所有意外事故,包括傷害事故及非傷害事故。

5. 主動參加廠內主辦之各項安全衛生活動。

6. 與廠方充分合作,推動各項安全衛生工作。

7. 保持良好的衛生習慣及安全的工作態度。

8. 維持工廠整潔及各種防護設施之正確使用。

9. 協助新進員工了解安全的工作方法。

圖 3-2 企業內各級人員之安全衛生職責

綜合上述,欲使企業內安全衛生工作能有效推行,各級人員均應負起責任,通力合作,密切配合。尤其各部門主管更應加強領導監督、配合聯繫、嚴密觀察及隨時防範之工作,始能完滿達成維護勞工職業安全衛生,減少企業損失之任務。

六、企業內的安全衛生組織

企業內的安全衛生組織，根據專家的研究，通常可歸類為直線式組織、幕僚式組織、合議式組織及混合式組織等四種類型，各企業可根據個別的特性、企業的大小及生產型態，建立適合實際需要之安全衛生組織。玆將四種企業內安全衛生組織型式分別介紹如下：

（一）直線式安全衛生組織

係以企業之管理或生產體系為主，授權各級管理人員均負有推行廠內安全衛生工作職責之組織型態，亦即不另設置安全衛生組織，而將有關工作分配由各級管理人員負責推動。通常由雇主（或事業經營負責人）綜理企業內安全衛生之責；各級主管則就其業務規劃實施安全衛生事宜；而領班則督導所屬工人注意安全衛生，並實施安全教導。此一型式之組織，其優點係將企業內安全衛生責任分配於各階層，使安全衛生管理體系與生產管理系統密切配合，事權統一，執行容易。然亦通常因

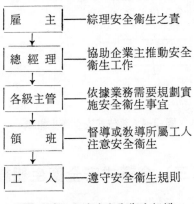

圖 3-3　直線式安全衛生組織

主管人員無法兼顧, 或缺乏安全衛生專業知識, 執行上會遭遇許多困難,而難以建立健全的制度。因此僅適用於小規模之企業。

（二）幕僚式安全衛生組織

係在企業內一般管理系統之外，另行設置安全衛生單位或安全衛生管理人員，作爲雇主之幕僚，負責規劃、督導及執行企業內安全衛生有關事宜之組織型態。此種組織由於有專責單位統籌規劃，並有專業人員負責推動，對事故之預防易以謀求有效之對策。然各級主管亦可能會認爲安全衛生工作是安全衛生管理人員之責任，而發生疏忽或與安全衛生管理人員無法充分配合，致使有關工作的推展窒礙難行。此外設置安全衛生專責單位及有關人員，自需增加人事費用，對小規模之企業亦是一種額外的負擔。

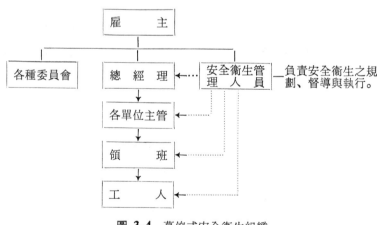

圖 3-4 幕僚式安全衛生組織

（三）合議式安全衛生組織

係以雇主、單位主管、勞工代表及企業內有關人員等共同組成之安

全衞生委員會，以合議方式策進企業內安全衞生工作之組織型態。此種型式組織的優點：(1)集思廣益研究安全衞生事項，易臻完善，(2)由雇主、各部門主管及勞工代表等共同參與，可充分協調，易於推行，(3)雇主、勞工相互切磋，可促進勞資和諧，增進勞工安全衞生，(4)由於採合議方式，可增進有關人員之安全衞生知識，實具有相互教育的功能。唯此種組織可能易流於形式，而且如果多數委員缺乏安全衞生專業知識，可能會造成協調困難，而使有關工作停頓，是其缺點。合議式安全衞生組織詳見圖 3-5 及圖 3-6。

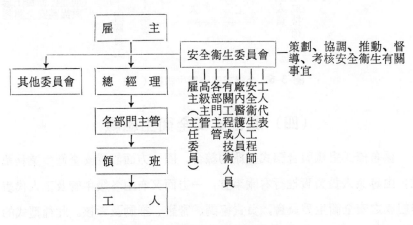

圖 3-5 合議式安全衞生組織（一）

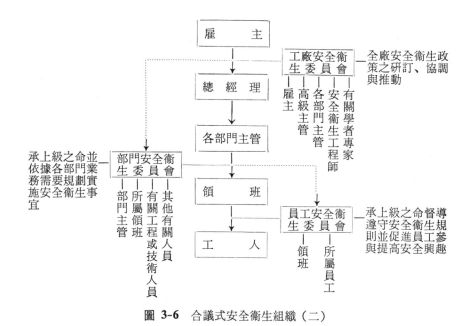

圖 **3-6** 合議式安全衛生組織（二）

（四）混合式安全衛生組織

係幕僚式組織與合議式組織的綜合，即一方面設置安全衛生業務單位，由專業人員負責推行有關事宜；一方面又有由各級主管及工人代表等組成之安全衛生委員會，負責協調、審議、推動及考核。此種型式的組織，可獲共同參與，充分協調的功能，使安全衛生工作能有效執行，是規模較大企業最理想的安全衛生組織型式。

以上係企業內安全衛生組織的四種基本型態，不管採取那一類型的組織，企業內的安全衛生管理單位或安全衛生委員會，應充分發揮下面七項功能：

1. 研議安全衛生政策，提供雇主採擇，並促使管理階層認真執行。

2. 不斷發現不安全、不衛生的情況，並研究解決方案，促使雇主

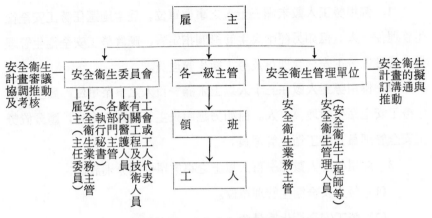

圖 **3-7** 混合式安全衛生組織

或各級主管設法改善。

3. 運用管理設計,以期獲得最有利的安全衛生工作績效。

4. 引導並維持管理階層的安全衛生興趣,使他們了解企業內的安全衛生工作不僅是安全衛生部門的責任,而獲取充分的支援與配合。

5. 引導並維持勞工們的安全衛生興趣,隨時告訴他們事故的嚴重性,並使其了解事故的防止是絕對需要每一位勞工的支持與合作。

6. 協助改善勞資雙方的合作態度,使其對安全衛生計畫得以相互溝通。

7. 建立事故記錄及統計資料,並提供勞工及各級主管對改善安全衛生的建議及溝通管道。

七、我國對企業內安全衛生組織之規定

我國根據「勞工安全衛生組織及管理人員設置辦法」及「勞工健康管理規則」之規定,企業內應設置的安全衛生組織或人員標準如下:

1. 僱用勞工人數未滿三十人之事業單位，雇主應選任勞工安全衛生管理佐一人。但如另經中央主管機關指定者，應置勞工安全衛生管理員，或分置勞工安全管理員及勞工衛生管理員。

2. 僱用勞工人數在三十人以上未滿一百人之事業單位，雇主應選任勞工安全衛生管理員一人。但如另經中央主管機關指定者，應分置勞工安全管理員及勞工衛生管理員。

3. 雇用勞工人數在一百人以上之事業單位應分別設置：

(1) 勞工安全衛生管理單位。

(2) 勞工安全衛生委員會。

(3) 醫療衛生單位。

（一）勞工安全衛生管理單位之組織

企業內設置的勞工安全衛生單位應置：(1) 勞工安全衛生業務主管一人，(2) 勞工安全管理師或勞工安全管理員一人以上，(3) 勞工衛生管理師或勞工衛生管理員一人以上。其設置標準如下表所示。其中勞工安全衛生業務主管應為事業單位之一級主管，由雇主自事業單位中指定適當人員擔任之。而安全衛生管理師或管理員則由雇主遴聘合乎資格條件者充任。

表 3-2　勞工安全衛生單位應置勞工安全衛生管理師（員）區分表

行　業　名　稱	應置勞工安全管理員及勞工衛生管理員各一人以上事業單位所僱用之勞工人數	應置勞工安全管理師及勞工衛生管理師各一人以上之事業單位所僱用之勞工人數
㈠化學品及原油、煤、橡膠、塑膠製品製造業、石油煉製業	100人 以上未滿 300 人	300 人以上
㈡營造業		
㈢礦業及土石採取業		
㈣運輸及倉儲業		
㈤電氣、煤氣供應業		
㈥林業及伐木業	100 人以上未滿 500 人	500 人以上
㈦除㈠以外之其他製造業		
㈧郵電通訊業	100人以上未滿 1000 人	1000 人以上
㈨自來水供應業		
㈩其他中央主管機關指定之事業	中央主管機關訂定人數	中央主管機關訂定人數

（二）　勞工安全衛生委員會之組成

　　事業單位勞工安全衛生委員會之委員由雇主、勞工安全衛生業務主管、各部門主管人員、醫護人員、有關技術人員及工會或勞工代表等擔任。委員人數視事業單位之規模設置，但至少應為七人，且其中勞工代表不得少於全部委員的三分之一。

勞工安全衛生委員會爲企業內研議、協調及建議勞工安全衛生有關事務之機構，以雇主爲主任委員，綜理會務，並設執行秘書一人，由勞工安全衛生業務主管兼任，幹事一至五人，由有關部門人員兼任。勞工安全衛生委員會之決議，應由雇主責成各部門切實辦理。

（三）醫療衛生單位之組織與職務

企業內之醫療衛生單位應置醫護人員，其人數則視事業單位之規模，按表 3-3 之標準聘任之。設置於工業區及工業密集地區內之事業單位，得聯合設置醫療衛生單位，唯其距離應以三公里以內者爲限。此外事業單位亦應參照工作場所分佈狀況，分置急救藥品及器材，並置適量之合格急救人員辦理有關急救事宜。

表 3-3　企業的醫療衛生單位應置醫護人員之人數標準

僱用勞工人數	應聘醫師人數	應聘護士人數	備　　　　註
100～999 人	兼任一人	專任一人以上	僱用勞工人數未滿1000人者，兼任醫師駐廠時間每週不得低於每百勞工二小時，1000人以上者，每位兼任醫師駐廠工作時間每週不得少於十八小時
1,000～2,999人	專任一人	專任二人以上	
3,000～5,999人	專任二人或專任一人及兼任二人	專任三人以上	
6,000 人以上	專任三人或專任二人及兼任二人（每增勞工3,000人應增專任一人）	專任四人以上（每增勞工 3,000人應增專任一人）	

企業內之醫療衛生單位辦理的事項包括：

1. 勞工健康教育及衛生指導之策劃與實施。
2. 職業傷病及一般傷病之診治及急救有關事項。

3. 勞工預防接種、保健有關事項。

4. 協助雇主選配勞工適當之工作。

5. 健康檢查及體格檢查有關事項。

6. 職業衛生之研究報告及傷害、疾病紀錄之保存。

7. 協助雇主及勞工安全衛生業務主管實施工作環境之改善。

8. 其他有關醫療及衛生事項。

八、整體損失控制管理

根據有關學者專家對工業意外事故之研究，結果發現：

1. 不安全行為、不安全環境及意外事故之所以發生，都是由於事業單位管理系統上的某種疏忽或錯誤所造成。

2. 企業內可能造成嚴重傷害之情境，人們都能夠預測，而且亦都可以加以控制。

3. 勞工的職業安全像公司的其他工作一樣是可以管理的，企業單位之安全衛生管理和其他管理系統一樣，應先設定目標，再根據目標進行規劃、組織及控制。

4. 企業單位的安全衛生工作成效，是一種績效的管理過程。

5. 安全衛生管理工作，旨在確定或發現事故發生的原因，並研究

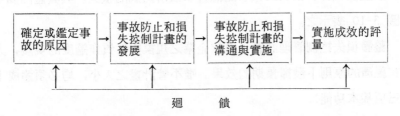

圖 3-8　事業單位安全衛生管理程序

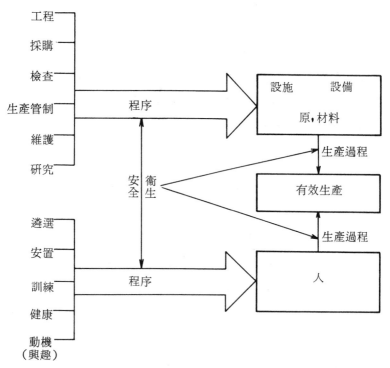

圖 3-9 事業單位安全衛生管理與生產管理系統之關係

如何運用有效的方法加以控制，以使損失減至最少。

整體損失控制管理 (Total Loss Control Management) 即指事業單位使用有計畫之管理行為，透過對人員、設備、環境和物資的有效管制，以全面預防、消弭或減少因意外事故所造成的損失。其具體內涵可由圖 3-10 表示之。

整體損失控制管理計畫，應依企業之規模與性質作適度的規劃，方能在經濟的原則下發揮預期的效果。唯不管計畫之大小，均必須達成下列三項基本功能：

1. 事故原因的鑑定：即透過檢查、環境測定、工作分析、工作觀

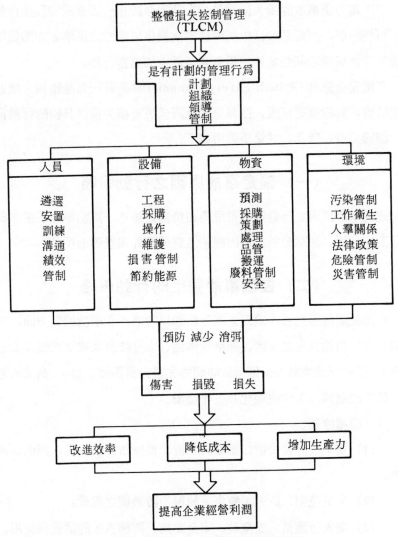

圖 3-10　全面損失控制管理流程圖

察與事故調查等方法，找出事故發生的根本原因。

　　2. 事故原因的控制：根據事故原因，謀求有效的方法降低事故的頻率；或於事故發生時降低其潛在的嚴重性。

3. 竭力使事故的損失減至最小：要完全防止一切事故的發生自然是不可能的事，因此必須採取能降低事故損傷嚴重性之策略。亦即當事故發生時，應採取某些能夠使損傷減至最少的適當行動。

英國安全協會 (British Safety Council) 曾研訂一套整體損失控制管理計畫，針對確定原因，控制原因及降低災害損失提供具體的行動策略，如圖 3-11 所示。茲簡要說明如下：

（一）確定事故原因之行動策略

確定事故原因之行動策略可分為環境測定檢查、重點檢查、工作觀察、工作分析、缺點分析、原因歸結及意外事件調查等七項。

（二）控制事故發生的行動策略

必須從環境因素及人為因素兩方面加以考慮，在環境控制方面，有四個方向：消除災害之肇因、隔離危險性、安全防護及建立或維持安全環境；而在行為控制方面則可依時間的先後分為四個步驟：員工的遴選、員工的訓練、工作規則化及工作激勵。

1. 環境控制：

（1）安全設計與安排：如廠房佈置、機械防護、採光、照明、通風等。

（2）火災控制：如火災警告系統與消防系統之設置。

（3）個人防護具：安全鞋、安全眼鏡、防護衣等的購置與使用。

（4）採購控制：機器、設備、材料或原料等之採購，所需注意的品質與安全衛生因素。

（5）廠務控制：材料的放置、通道的流暢、工廠的清潔和廢料的處理等。

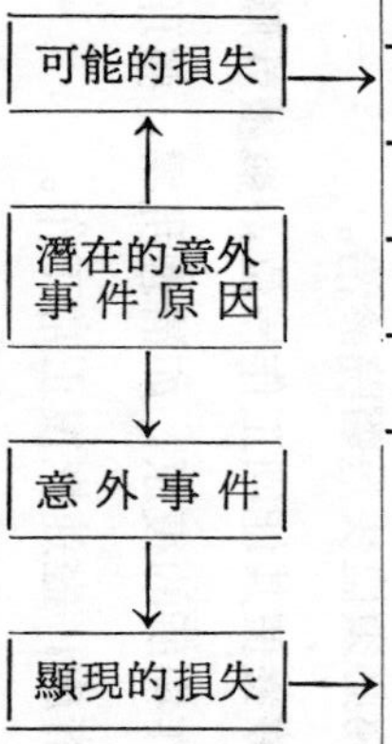

一、確定原因

	環境原因	行為原因
環境測定與檢查	✓	
重點抽查	✓	
工作觀察	✓	✓
工作分析	✓	✓
缺點分析	✓	✓
原因歸結	✓	✓
意外事件調查	✓	✓

二、控制原因

	環境控制 消除	隔離	防護	維持	行為控制 選擇	訓練	規則化	激勵
設計與安排	✓	✓	✓					
火災控制	✓	✓	✓					
個人護具			✓					
採購控制				✓				
廠務				✓				
維護保養				✓				
員工遴選					✓			
員工訓練						✓		
紀律與守則							✓	
工作標準							✓	
安全會議								✓
獎勵								✓
安全警告								✓
工作神聖發展								✓

三、降低災害損失

	人體傷害	財物損設
搶救行動	✓	✓
急救治療	✓	
運送醫療	✓	
復健與復職	✓	
復原		✓

可能的損失 → 潛在的意外事件原因 → 意外事件 → 顯現的損失

圖 3-11　整體損失控制管理策略

(6) 維護與保養：維持機器、設備、手工具等之正常使用狀況。

2. 行為控制：

(1) 員工遴選：將員工安排在適當的職位。

(2) 員工訓練：教導員工工作技能及安全工作方法。

(3) 工作紀律與守則：如工作時不准抽煙、工場內不得嬉戲、工作時需穿工作服等。

(4) 工作標準：係使員工之操作標準化，亦即建立安全工作標準。

(5) 安全會議：對安全衛生問題進行溝通和協調。

(6) 獎勵：對貫徹安全措施表現良好之單位或個人給予獎勵，以激勵全體員工。

(7) 安全警告：張貼安全標語、安全海報、設置安全標示或進行安全觀察時給予口頭警告。

(8) 工作神聖觀念之發展：激勵員工對工作的興趣與尊重。

（三）降低災害損失之行動策略

當事故發生時採取必要的行動，使災害損失不致擴大甚至減至最少。

1. 搶救：如迅速切斷電源，協助受傷者脫離危險現場等。

2. 急救：在工廠附設的醫療單位進行急救治療。

3. 送醫：若屬重傷必須儘快送醫院診治。

4. 復健與復職：療養使其能回工作崗位，繼續就職。

5. 復原：係指工作場所的復原，如清理現場，整理損毀之機器及調派員工填補生產線等措施，盡速恢復正常工作。

美國安全管理專家溫谷（Wynkoop）於民國六十六年應我國經濟部

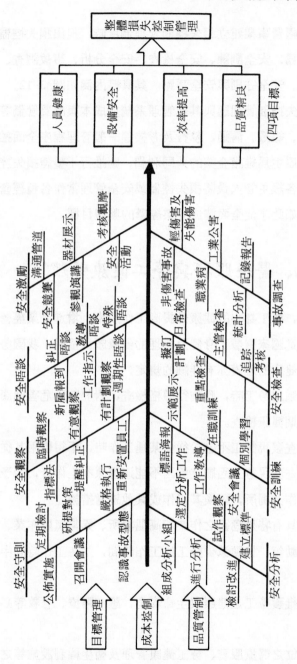

圖 3-12　整體損失控制管理計畫之目標與策略

之邀，前來指導國營事業建立損失控制管理制度時，提出損失控制管理計畫的八項策略爲：安全訓練、安全檢查、安全分析、事故調查、安全觀察、安全晤談、安全守則與安全激勵。其具體內涵如圖 3-12。

　　總之整體損失控制管理應與其他管理系統如成本與品質管制等配合實施。並按目標、組織、溝通、執行及考核等一般管理程序全面推行。從另一方面言，雇主爲維護企業的共同利潤，應推行「整體損失控制管理計畫」，要求各級主管人員將損失控制或安全管理當作各種經營管理計畫的一部份，如此才能全面達成企業經營的整體目標。

九、醫療服務與勞工健康管理

　　健康即財富，勞工身心的健康是提高工作效率，增進企業經營利潤的基礎。工業先進國家對勞工身體及心理的健康頗爲重視，我國勞工安全衛生法對勞工健康的維護亦有詳細的規定：

　　1. 雇主於僱用勞工時，應施行體格檢查，對於特別危害健康之作業者，應施行定期健康檢查。

　　2. 體格檢查發現勞工不適於從事某種工作時，不得僱用其從事該項工作；健康檢查發現勞工因職業原因不能適應原有工作者，除予醫療外，並應變更其作業場所，更換其工作或其他適當措施。

　　3. 對勞工具有特殊危害之作業如高溫場所、異常氣壓作業、精密作業及重體力勞動等，皆應減少勞工的工作時間，並在工作時間中予以適當之休息。

　　4. 雇主爲維護勞工之健康與生命安全，應有醫療、急救等必要之設施。

　　茲就事業單位之醫療服務、勞工健康管理及衛生福利設施等之規劃

分述於後。

（一）衞生管理計畫之擬訂

事業單位應根據勞工工作場所之性質，擬訂衞生管理計畫，通常其內容應包括：

1. 勞工健康檢查。
2. 職業傷害的診斷與治療。
3. 非職業傷害的緊急處置。
4. 協助管理部門進行環境測定與評估。
5. 必要時應作生物統計及流行病學之研究。
6. 工廠急救設施之整備與保管。
7. 勞工醫療紀錄之保存。
8. 對可能的職業傳染疾病實施預防接種。
9. 實施工業衞生教育及勞工的健康諮詢。
10. 個人防護具的檢查與保管。
11. 工廠福利設施及公共設施之企劃與管理。
12. 勞工生活（食、衣、住、行）的指導改善。

（二）醫療服務之規劃

事業單位之勞工醫療服務可分為保健、急救與疾病治療，而醫療服務單位之設置則有如下幾種類型可供規劃時參考：

1. 設置專屬醫院：規模大的事業單位可設立專屬的醫院，對員工及其眷屬提供醫療服務，並可成立民眾診療部，開放給附近民眾做診療工作。

2. 聯合設置醫療服務中心：中小型企業可聯合設立員工醫院或診

療所，共同負擔費用，為所屬員工提供醫療服務。此種醫療服務中心可依地區需要，由附近中小企業聯合設置；也可依企業之共同性質，由同行之事業單位聯合設置。

3. 特約醫院或醫師：由事業單位委託特定的醫院或醫師辦理所屬員工之醫療服務。惟受委託之醫院或醫師必須對工業衛生及委託單位之工作環境有相當經驗與了解。

4. 委託公立衛生醫療機構辦理醫療服務，或請醫學院附屬醫院的醫師聘兼辦理，並提供調查研究的機會。

5. 發展巡廻診療特約醫師，由具有工業衛生及職業病診療知識的專業醫師巡廻各工廠做醫療服務及健康安全諮詢工作。

（三）勞工健康管理之實施

1. 一般作業勞工之健康管理

（1）僱用前的體格檢查：雇主於僱用勞工時，應於其受僱之前施行詳細的全身檢查，按工人體質體能及心理情況，適當安置工作崗位，如有特異體質或缺陷時應避免不合適的工作，以防止職業病及意外災害之發生。根據我國「勞工健康管理規則」之規定，不適宜從事某些作業之體質或疾病如表 3-4 所示。

（2）定期健康檢查：一般作業勞工是否實施定期健康檢查，頗有爭論。惟根據我國「勞工健康管理規則」之規定：未滿三十歲之作業勞工每三年定期檢查一次；年滿三十歲未滿四十五歲之作業勞工每二年定期檢查一次； 而年滿四十五歲以上之勞工則每年應實施定期的健康檢查。

此外，傳染性疾病的預防如結核病預防、砂眼防治及霍亂、傷寒預防注射、破傷風之預防等，亦均屬一般勞工保健作業的範疇。

表 3-4　不適宜從事某些作業之體質或疾病

作　業　名　稱	不　適　宜　從　事　左　欄　作　業　之　疾　病
高　溫　作　業	高血壓、心臟病、肝、肺疾病、消化性潰瘍、內分泌失調、無汗症、腎疾病。
低　溫　作　業	高血壓、風濕症、支氣管炎、腎炎、心臟病、高度寒冷性蕁麻疹、寒冷血色素尿、內分泌失調、交感神經障礙、膠原性疾病。
噪　音　作　業	精神官能症 (neurosis)、部份聽力障礙。
振　動　作　業	多發性神經炎、關節炎、風濕症、雷諾 Raynaud 氏病。
精　密　作　業	近點視力○‧八以下及其他嚴重之慢性眼疾等。
游　離　輻　射　線　作　業	貧血及其他血液疾病、性線疾病。
非　游　離　輻　射　線　作　業	白內障、結膜炎、網膜炎、視神經炎。
異　常　氣　壓　作　業	肺氣腫等肺部疾病、肥胖症、疝氣、骨關節疾病、心臟病、貧血。
醇　及　酮　之　作　業	肝疾病、中樞神經系疾病、視神經炎、酒精中毒。
苯及苯之衍生物之作業	貧血等血液疾病、肝疾病、神經系疾病。
二　硫　化　碳　之　作　業	神經系疾病、精神官能症 (Psyconeurosis)、癲癇、內分泌失調、腎疾病、肝疾病、動脈硬化、視神經炎、嚴重之嗅覺障礙。
脂肪族鹵化碳氫化合物之作業	神經系疾病、肝疾病、腎疾病。
鉛　　作　　業	貧血等血液疾病、肝疾病、腎疾病、消化性潰瘍、視神經障礙、內分泌失調、神經系疾病、酒精中毒、高血壓、冠狀動脈疾病。
四　烷　基　鉛　作　業	神經系疾病、酒精中毒、腎疾病、肝疾病、精神官能症 (Psyconeurosis)、內分泌失調、冠狀動脈疾病、貧血。
二胺基聯苯(Benzidine)及 β 萘胺作業	膀胱炎、腎疾病等泌尿系統疾病、肝疾病。

汞及其無機化合物、有機汞之作業	精神官能症 (Psyconeurosis)、內分泌失調、慢性腸炎、腎疾病、肝疾病、消化性潰瘍、動脈硬化。
氯氣、氟化氫、硝酸、硫酸、鹽酸、二氧化硫等刺激性氣體之作業	呼吸系統疾病、慢性結膜炎、肝疾病。
鉻酸及其鹽類之作業	呼吸系統疾病。
砷 作 業	多發性神經炎、貧血、肝疾病。
硝基乙二醇之作業	冠狀動脈疾病、低血壓、癲癇、貧血。
五氯化酚及其鈉鹽之作業	低血壓、肝疾病、糖尿病、消化性潰瘍、神經系疾病。
錳及其化合物之作業	中樞神經系疾病、癲癇、精神官能症 (Psyconeurosis)、多發性神經炎、肝疾病、腎疾病。
硫化氫之作業	角膜炎、神經系疾病、嚴重之嗅覺障礙。
苯之硝基醯胺之作業	貧血等血液疾病、肝疾病。
黃磷及磷化合物之作業	牙齒支持組織疾病、肝疾病。
有機磷之作業	自律神經系疾病、中樞神經系疾病、肝疾病。

2. 特殊作業勞工的健康管理

雇主對於下列特殊作業之勞工，除一般健康管理外，必須定期實施體格檢查及特殊健康檢查，實施特殊健康檢查後經醫師認為有必要時，須再實施健康複查。

(1) 高低溫作業 (一年檢查一次)。

(2) 噪音及振動作業 (一年檢查一次)。

(3) 精密作業 (一年檢查一次)。

(4) 坑內作業 (一年檢查一次)。

(5) 輻射線作業（六個月檢查一次）。

(6) 異常壓力作業（六個月檢查一次）。

(7) 有機溶劑作業（六個月檢查一次）。

(8) 四烷基鉛作業（三個月檢查一次）。

(9) 鉛作業（六個月檢查一次）。

(10)特殊化學物作業（三至六個月檢查一次）。

對於上述特殊作業之勞工，雇主亦應建立健康管理卡，分級實施健康管理：

(1) 第一級管理：特殊健康檢查認定所有檢查項目均正常者。

(2) 第二級管理：特殊健康檢查結果部份項目異常，但經醫師認定不必實施複查，或複查結果不屬於第三級管理者。

(3) 第三級管理：健康複查結果被認為須實施治療者。

對於列入第二級管理或第三級管理之勞工，應依醫師之意見於定期內實施健康追踪複查。勞工經體格檢查、特殊健康檢查、健康複查及健康追踪複查後，如發現罹患或疑罹患職業性疾病者，雇主應予醫療，更換其工作、縮短工作時間及其他適當措施。

（四）勞工衛生福利設施之規劃

1. 為儘速恢復勞工疲勞，保持勞工體力以增進工作效率，先進國家之工業衛生專家對工廠之體育及運動設施頗為重視。如在日本企業界實施之產業體操，即利用工作休息時間作身體活動，員工較多之工廠亦均設置體育場所，提供各種運動設施或球類比賽，甚至舉辦郊遊、登山等戶外活動。

2. 工廠之餐廳、厨房除經常保持清潔外，對食品之保存、冷藏、消毒及污水排洩等應詳加考慮及設計。較大型工廠員工眾多者，應設置

「營養師」，爲員工依工作之輕重繁簡，安排合理之營養菜單。尤其對特殊作業環境之勞工，應特別注意其飲食的營養問題，以確保勞工的健康。

3. 高溫作業、塵埃污染及重勞動之作業場所應爲員工設置浴室及更衣室，並放置各種必要的用具，俾供員工洗澡、漱口、更衣及洗濯之用。

4. 除高溫工作必須有飲水設備外，一般工廠亦應爲員工設置飲水設備，注意水質應經衛生機關化驗合格，並每年至少檢驗一次，以維護勞工的健康。

5. 工廠如設有員工宿舍，對其設施亦應注意安全及衛生。

6. 員工眾多之大型工廠，應設福利社，並附設飲食供應部，供應簡單的麵食、冰菓及冷熱飲料等，以避免員工於密集工廠門外之小販，購買不衛生之食品，而引起食物中毒或消化器傳染病等。

十、結　語

勞工安全衛生工作的有效推行，政府、社會及事業單位均應有完備的組織與管理計畫。在政府及社會方面應：

1. 研訂合理的安全衛生法律規章。
2. 建立嚴密的安全衛生檢查與督導系統。
3. 提供事業單位推動安全衛生工作的有關服務。
4. 加強安全衛生及公害防制的研究工作。

而事業單位基於維護勞工職業安全、減少意外事故損傷、增進生產或工作績效及提高經營利潤，必須將安全衛生管理列爲整體管理系統的重點，並負起如下的責任：

1. 遵守國家安全衛生及公害防止之法令規章。
2. 提供員工安全衛生的工作環境。
3. 對員工實施安全衛生訓練與教導。
4. 提供員工衛生醫療服務並做好健康管理工作。
5. 遴選適當人員擔任適當的工作。
6. 全面推動整體損失控制管理計畫。

　　總之勞工安全衛生組織與管理，政府及事業單位必須共同負起責任，相互合作與支援，始能有效達成確保勞工職業安全與健康，提高企業經營利潤的整體目標。

第四章　工業安全衛生檢查

一、引　言

　　根據安全衛生管理專家的研究，工業災害的發生，除極少數（約佔百分之二）係屬不可抗拒的因素外，其餘絕大多數（約佔百分之九十八）均由於不安全衛生的設備、環境或不安全衛生的行為所造成，而且這些因素都在災害發生前，即早已存在，只是未為人發覺而已。因此不管政府、社會或事業單位為確保勞工的安全衛生，防止災害的發生，最好的辦法是能於事先發現不安全衛生的環境與行為，俾便及早設法予以消除或糾正。工業安全衛生檢查即根據有關之法令規章及標準或準則，對事業單位之工作場所、具有特殊危險之作業環境、及生產程序與操作方法等實施檢點，藉以發現缺失並謀求改善，以消弭災害於無形的一種措施。是以有人說安全衛生檢查係政府或事業單位預防意外事故與保障勞工安全健康的最有效方法之一。讀完本章您可以了解：

1. 工業安全衛生檢查的意義與目的；
2. 工業安全衛生檢查的類別與方式；

3. 工業安全衛生檢查的要項與內容；

4. 工業安全衛生檢查的程序與方法；

5. 作業環境的測定與評估方法；

6. 我國政府機關實施安全衛生檢查的現況；

7. 事業單位推行自動檢查之規劃與作法。

二、工業安全衛生檢查的意義與目的

工業安全衛生檢查係根據有關之法令規章與安全衛生標準，由受過專業訓練或具備專業知識之檢查人員，擬訂檢查的詳細項目，對勞工的工作場所、環境、設備及生產程序與操作方法等進行核對或檢點，再依據檢查結果詳予紀錄，並作成評估及建議報告，供事業單位或雇主謀求改善，以建立良好工作環境、作業標準，確保勞工職業安全衛生的一連串措施。茲就安全衛生檢查的依據、檢查人員、檢查內容及目的分述如下：

（一）安全衛生檢查的依據： 實施安全衛生檢查必須有一定的準繩，作為檢查之依據，始能判斷作業環境、作業程序或操作人員是否安全衛生。通常檢查的主要依據是安全衛生法規及標準，必要時再輔以檢查人員之專業知識與實際經驗，以彌補法規標準之不足。

（二）安全衛生檢查人員： 安全衛生檢查係屬專業性的工作，因此檢查人員必須具備專業知識，尤其政府機關之檢查人員通常必須經訓練合格，取得專業執照者始得任用。而事業單位自動檢查之人員除安全衛生管理人員外，各單位主管、現場領班、有關技術人員及勞工代表等均應實際參與並負起相關之責任。

（三）安全衛生檢查內容： 工業災害的發生通常係由管理的缺陷、

生產程序的不當及不安全衛生的環境與行爲所造成。因此安全衛生檢查應包括如下的內容：

(1) 安全衛生管理措施的檢查。

(2) 生產工程與生產設計的檢查。

(3) 一般工作環境的檢查。

(4) 特殊作業環境的測定。

(5) 作業員工動作與操作方法的檢查。

由於第 (1)、(2) 項係針對工業災害發生的間接原因實施檢查，因此有時不列爲檢查的內容，尤其第 (2) 項涉及生產技術的問題，通常不正式列爲安全衛生檢查的範圍，必要時僅作附帶的建議提供參考而已。

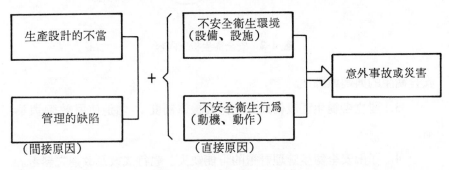

圖 4-1 工業災害發生的原因

(四) 安全衛生檢查的目的：政府機構實施檢查主要係查核事業單位是否依據有關規定提供適當的安全衛生設施，並督促改善或提供技術協助，以確保勞工的安全健康。而事業單位實施自動檢查之目的則可歸納如下數端：

1. 及早發現並改進不安全衛生的環境及行爲，不但可減少意外事故造成的損失，亦能保障員工的安全健康。

2. 顯示事業單位管理階層對勞工安全健康之關心，並激發員工對

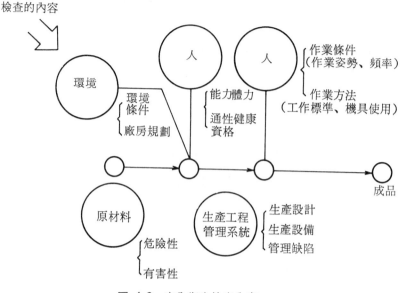

圖 **4-2** 安全衛生檢查內容

安全衛生的興趣與熱忱。

　　3. 建立各種生產設備良好的保養檢修制度，增進使用效率與壽命。

　　4. 了解安全衛生管理計畫的可能缺失、執行成效及改進之參考。

　　5. 藉檢查可研究改進生產程序，建立適當的作業標準，以提高工作或生產效率。

　　6. 提高員工對安全衛生措施的直接參與機會，當他的建議被採納而實現時，可使員工體認對安全衛生的貢獻，增強合作與認同意識。

三、工業安全衛生檢查的類別與方式

　　不同類型事業單位的安全衛生檢查應有不同的方式，即以工作場所

內之設備爲例，某些設備也許每年或每半年檢查一次即可；而某些設備或作業環境卻需每週、每日，甚至經常加以檢查，方能確保不產生危害。安全衛生檢查的類別可按檢查機構、檢查時間及檢查性質作如下的劃分。

（一） 以檢查機構分

可分爲政府機關檢查、代行檢查機構檢查、保險機構檢查、安全衛生服務機構檢查及事業單位自動檢查。

1. 政府機關檢查：政府安全衛生主管機關爲確保勞工的安全與健康，查核事業單位是否遵照有關之法令與標準提供適當的安全衛生設施，通常設有專責機構負責安全衛生檢查工作。

2. 代行檢查機構檢查：由於安全衛生檢查工作頗爲繁重，政府檢查機構往往基於人力財力有限無法普遍實施，因此主管機關有時會斟酌實際需要，對某些特殊機具或設備的檢查，指定適當之學術機構，事業機構或法人組織等爲之，亦即由代行檢查機構實施檢查。根據有關規定，目前我國可由代行檢查機構實施檢查之機械或設備包括：

(1) 鍋爐（小型鍋爐除外）之定期檢查。

(2) 第一種壓力容器之定期檢查。

(3) 起重機、人字臂起重桿、昇降機、營建用提昇機、吊籠之使用前檢查或定期檢查。

3. 保險機構檢查：外國的勞工保險機構或產物保險機構爲期減少職業災害事故，俾減少事故給付或賠償起見，多設置檢查人員，定期檢查各投保單位之安全衛生設施，唯我國保險機構目前尚無此類檢查。

4. 安全衛生服務機構檢查：雇主爲減少意外事故造成的嚴重損失，每多主動實施自動檢查。唯事業單位可能因缺乏專業技術與人才，

而在實施自動檢查時遭遇困難，因此事業單位通常委託安全衛生服務機構協助或提供有關之指導。

5. 事業單位自動檢查：政府或保險機構之安全衛生檢查，每因限於人員經費時間，無法對每一事業單位作澈底之檢查。實際上只有事業單位本身才能經常對本單位之工作環境、設備和員工的操作方法等作深入而有系統的檢查。

(二) 以檢查的時間分

可分爲定期檢查、不定期檢查、經常檢查和特別檢查。

1. 定期檢查 (Periodic Inspections)：係指將整個工廠或特定的工作，或特殊的設備，先行排訂檢查時間表，定期舉辦的檢查。定期檢查的時間間隔或依實際需要，或遵照安全衛生法令之規定有每年、每半年、每季、每月或其他的間隔實施一次。定期檢查又可分爲：

(1) 全面定期檢查：卽在固定期限內對事業單位之各部門與各項設備實施普查。

(2) 分類定期檢查：係按工作地區、不同設備或不同的作業環境分類實施定期檢查。檢查時間間隔與檢查次數通常以危險性程度，傷害頻率及使用時間來決定。

2. 不定期檢查 (Intermittent Inspections)：係檢查日期不事先排定之突擊式抽查，通常檢查的範圍可能是一個特殊部門、特殊機械設備或小型的工作區。實施不定期檢查每都根據事故統計分析，如從事故分析中發現某一事業單位或事業單位內的某一特殊部門或工作場所，有不尋常的傷害頻率或傷害嚴重率，卽應實施不定期的抽查。

3. 經常檢查 (Continuous Inspections)：通常都由事業單位自行實施，每日爲之或短期內週而復始不斷檢查，遇有不妥立卽予以調整

或糾正。此項工作除事業單位之安全衛生管理及檢查人員外，以保養人員及現場領班所負責任最重，甚至每一位勞工本身亦應隨時檢查其工作範圍內之環境、機械、設備及防護具等。

4. 特別檢查 (Special Inspections)： 多屬對偶發事件實施之臨時檢查，如機械設備新裝或整修之檢查，生產程度改變後之檢查及災害檢查等均屬特別檢查。

（三） 以檢查性質分

可分爲初查、複查、特種檢查及災害檢查。

1. 初查：亦可稱爲一般性檢查，即對事業單位一般安全衛生狀況及安全衛生設施作通盤性之檢查。此項檢查係對事業單位每一部門，每一作業場所及勞工之動作等逐項檢查，俾瞭解有無不安全衛生之環境及動作，以便加以改善。

2. 複查：係對初查而言，即初查發現應改善之事項，經過相當時間後加以複查，了解是否已改善，如未改善則應督促加緊辦理。

3. 特種檢查：係指針對某一特殊機械設備，或某一特殊作業，作較詳細及深入之檢查而言，如壓力容器檢查、電氣設備檢查，有害氣體檢查等是。

4. 災害檢查：事業單位萬一發生災害，應即作災害檢查，以尋找災害發生的原因，並研究有效對策，預防類似災害重演。

四、工業安全衛生檢查的要項與內容

安全衛生檢查之範圍很廣，項目繁多，實施檢查時必須根據工廠性質及過去紀錄，把握重點，始能有效達成目標。茲將一般安全衛生檢查

之項目與內容列出如下，可為實施檢查時參考。

（一）環境及設備方面

1. 工作場所的一般設施

(1) 建築物之構造及保養

(2) 通路及地面之維護

(3) 太平門、太平梯、施工梯

(4) 採光照明

(5) 顏色及標識

(6) 各種交通號誌

(7) 工作場所之面積、高度及空間

(8) 工作場所之整齊清潔

2. 機械設備

(1) 一般機械防護

(2) 傳動裝置之安全設施

(3) 動力操縱安全裝置

(4) 操作危險點如切割、研磨、拋光、衝、剪、鑽等之防護。

(5) 各種手工具之安全設施

(6) 機械的維護與保養情形

3. 特殊危險機具

(1) 鍋爐與壓力容器之安全裝置

(2) 起重升降機之安全警報設施

(3) 其他特殊危險機具之安全設施

4. 物料搬運與儲存

(1) 搬運系統、方式與工具

（2）存儲設施如高架、箱櫃、槽等

（3）車輛與車道，軌道車輛與軌道

（4）物料之堆放、存儲

（5）危險物料之搬運與存儲

5. 防火、防爆設施

（1）嚴禁煙火標示

（2）靜電消除

（3）可燃性氣體外洩與空氣濃度

（4）危險物料之管理

（5）熔融高熱物品之處理

（6）爆破及點火設備

（7）火災警報系統與消防設施

（8）消防組織與訓練

6. 電氣設備

（1）保險絲、電磁開關等安全裝置

（2）變壓器、馬達、電焊接機等高低壓用電設備

（3）電氣用防護設備

（4）電氣管理、維護及檢查

7. 衛生

（1）各種有害氣體、蒸氣、塵埃及廢棄物之排除設備

（2）特殊有害物質之安全設置

（3）作業環境狀況如各種濃度的測定

（4）噪音、振動的防止設施

（5）通風設施

（6）游離輻射及其他有害光線之防護

(7) 生物病原體危害之防止

(8) 異常溫度、壓力之防護措施

(9) 醫療設施

(10)廁所、飲水、盥洗設備

(11)急救藥品與設施

(12)餐廳、廚房之衞生

8. 個人防護具

個人防護具的種類、數量、保養與使用情形

（二）安全衞生管理方面

1. 安全衞生管理單位與人員
2. 安全衞生委員會之組織與開會
3. 安全衞生教育與訓練
4. 事故調查與報告
5. 災害統計與報告
6. 承攬或再承攬之安全衞生指導與協調
7. 自動檢查的實施與改進
8. 安全衞生宣導與工作守則

（三）作業程序與方法方面

1. 各種作業方法是否正確，有無一定之作業程序、作業方法及現場應注意事項
2. 各種作業間之連絡協調有無缺陷
3. 人員的配置是否適當
4. 各項作業之流程、安排是否妥當

5. 對於危險作業之指導、巡視是否適當

（四）個人的行爲方面

事業單位實施自動檢查時，對於下列人員應予特別注意：

（1）無經驗的員工由於缺乏知識，或尚未養成安全衞生習慣，較易造成不安全衞生行爲。

（2）屢遭意外者。

（3）以不安全出名的人或喜歡冒險、特立獨行之員工。

（4）身體或心智較差之人員。

（5）生病剛恢復工作或經調職的工人。

五、工業安全衞生檢查的步驟與方法

不管是政府機關或事業單位自動實施之安全衞生檢查，通常可分爲：檢查前的準備、進行檢查及檢查後的報告與建議三個主要步驟，兹分述如下。

（一）安全衞生檢查之準備

實施檢查之前，必須熟知安全衞生有關法規及標準，了解事業單位的性質與生產狀況，然後根據工作場所之設備及作業環境，擬訂檢查表格，以利檢查時之核對記載。通常檢查前之準備工作有下列五項：

1. 研究事業單位性質：在檢查事業單位之前，須先研究此種事業之一般性質，如生產程序或工作方法，使用原料、所製產品、在工作過程中可能發生危害之環境或產生危害之物質，以及應採的預防措施等。必要時應參考有關法規標準及相關資料，俾便檢查時能一目了然，順利

進行。

2. 查閱過去資料： 查閱過去檢查報告、事故紀錄和詢問有關人員，可了解事業單位何種事故最多？發生之原因何在？過去檢查發現何種缺點？建議事項是否已經改善？從事故分析資料中亦可了解那些場所或人員發生傷害頻率較高，應列為檢查的重點。

3. 擬訂檢查時間表：實施定期檢查時，必須有詳細的檢查計畫，規定應行檢查之事業單位，或事業單位內的某些工作區域，機械設備或作業環境，以及檢查日期及次數等。

4. 製作檢查表格：根據事業單位性質及有關資料設計並製作檢查表格，以便利檢查時逐項核對記載，以免掛一漏萬。檢查表之格式通常可分為二大類，一為純表格化；一為重點陳列式。表格所列之項目又可分為檢查處所、檢查內容或項目、檢查發現及備註等欄，如對某一特殊機具作深入檢查，則檢查表應將檢查方法、判定基準及是否合格分別列出，以求客觀。陳列式之檢查表通常僅列出檢查重點及項目。檢查表之設計可參考本章所附表 4-5 至表 4-8 之範例。

5. 準備檢查工具：安全衛生檢查有時需要適當的儀器設備，或其他用具等，始能完成檢查任務。所需檢查工具隨事業單位之種類性質而定，通常包括：

(1) 個人防護具：如安全帽、安全鞋、工作服、口罩、安全帶或氧氣呼吸及防毒面具等。

(2) 檢查儀器：如溫度計、壓力表、噪音計、塵埃測定器等。

(3) 其他用具：如手電筒、照像機、記事簿、計算尺等。

（二）安全衛生檢查之進行

安全衛生檢查工作之進行方法是否得當，與檢查效果有莫大關係。

實施檢查通常應注意的事項包括：

1. 與事業單位主管及有關人員聯繫：檢查人員到達事業單位後應與有關主管人員聯繫，說明檢查目的，並請有關監督人員提供協助，使檢查工作順利進行。

2. 研究並決定檢查路線：依據檢查目的與事業單位之生產型態，決定檢查路線，如工作場所範圍廣濶，最好先巡視一週，然後再決定檢查路線。

(1) 如有固定的生產或作業程序，按程序從頭至尾逐步檢查。

(2) 如生產多種產品，程序不一致，可按部門，逐步檢查。

(3) 廠房爲樓房時，通常採自上而下逐層檢查。

3. 核對檢查表格：按檢查表格所列之項目，逐項核對，並將各項危害之細節毫無遺漏地記錄下來。

4. 與現場人員商討溝通意見：檢查過程中，檢查人員應與隨行之各工作場所主管或領班隨時溝通有關意見，俾獲具體可行之結論；同時亦應詢問現場工作人員，以深入了解問題癥結。

5. 把握檢查重點：由於安全衛生檢查範圍甚廣，項目亦多，檢查時應根據檢查目的、事業單位特性及過去紀錄，把握重點作徹底檢查，絕不能敷衍了事或虛應事故。

6. 攝影機之使用：檢查進行中，可利用照像機或攝影機將特殊之危害地點或動作，作成影片或幻燈片，以爲日後檢討或查核有關紀錄資料時參考。

7. 必要時實施夜間檢查：實施輪班作業之事業單位，應實施夜間檢查，以確實了解其實際情形。一般而言，夜間均採人工照明，安全衛生情況大有改變，檢查時應特別注意光線是否充足，照明系統是否適當，危險標示是否清晰等。

8. 危險掛籤（Danger Tags）之使用：當檢查進行中發現某些機械設備之不安全情況嚴重時，應即懸掛危險掛籤，停止操作並送檢修，以免發生意外。

（三）安全衛生檢查結果及報告

安全衛生檢查完畢後，檢查人員須將檢查結果，提出報告及建議，供主管機關或雇主採擇辦理。檢查完成後的工作包括：

1. 撰寫檢查報告：一般檢查報告之種類可分為：緊急報告、例行報告及定期報告三種：

（1）緊急報告：發現有不安全衛生環境及工作方法，情況嚴重非立即改善不行者，應即刻提出緊急報告。

（2）例行報告：發現有不良之安全衛生情況（但非屬緊急性）而必須設法改善者，須於檢查後數日內提出例行報告。

（3）定期報告：定期印出例行檢查之報告。

至於報告之格式，通常依檢查表之設計型式，亦可分為如下三種：

（1）表格式報告：將各種可能危害之項目表列出來，然後由檢查人員根據表上所列各項逐一核對，並記下事實情況，此即為表格式之檢查報告。

（2）敘述式報告：係對事業單位每一部門之各種有關安全衛生事項，如工作場所一般設施、採光照明、機械防護、電氣安全等，用文字作簡要之敘述。

（3）評分式報告：係將檢查項目一一列出，評以甲、乙、丙、丁或 A、B、C、D 或上、中、下或正常（✓）、不妥（×）等符號，以資比較。

檢查報告之格式通常由於事實需要，多係混合使用，表 4-1 即上述

表 4-1　安全衛生檢查報告表範例

部　門 ＿＿＿＿＿＿＿＿
檢查員 ＿＿＿＿＿＿＿＿
日　期 ＿＿＿＿＿＿＿＿

評分標準：
0—欠佳
3—尚可
4—優良
5—極佳

檢查項目	工作地區	評	評	評
安全衛生管理				
工作場所及通道				
機械設備				
鍋爐及壓力容器				
起重昇降機具				
物料搬運及儲存				
爆炸火災預防				
消防設備				
墜落災害預防				
電氣設備				
手工具				
衛生防護具				
內務				
綜　合　評　述				總計

評目：得分　總分　得分百分比

備註

表 4-2 政府機關安全衛生檢查建議表範例

工廠編號	
業　　別	

廠　　名:

廠　　址:

代 表 人:

電　　話:

檢查日期:　　　　　　　　年　　　　　　月　　　　　　日

檢 查 員:

廠方會同檢查人: 姓名:

　　　　　　　　職務:

應　　行　　改　　善　　事　　項

上列各點改善事項希於文到　　　日內切實辦理並將辦理情形具報憑核

表 4-3 事業單位自動檢查安全衛生建議表範例

緊急( ) 重要( ) 需要( )　　　　　發出日期＿＿＿＿＿＿

　　　　　　　　　　　　　　　　　收回日期＿＿＿＿＿＿

部門＿＿＿＿＿＿＿＿＿＿＿＿＿＿＿

請矯正下列危害情況

＿＿＿＿＿＿＿＿＿＿＿＿＿＿＿＿＿＿＿＿＿＿＿＿＿＿

＿＿＿＿＿＿＿＿＿＿＿＿＿＿＿＿＿＿＿＿＿＿＿＿＿＿

＿＿＿＿＿＿＿＿＿＿＿＿＿＿＿＿＿＿＿＿＿＿＿＿＿＿

＿＿＿＿＿＿＿＿＿＿＿＿＿＿＿＿＿＿＿＿＿＿＿＿＿＿

請於十日內簽送安衛部門，指出對此建議作何處理

　　　　　　　　　　　　＿＿＿＿＿＿＿＿＿＿＿＿＿

　　　　　　　　　　　　　　　安衛部門

所提建議遵從( )工作完成日期＿＿＿＿＿＿＿＿＿＿＿

所提建議拒絕( )基於下列理由＿＿＿＿＿＿＿＿＿＿＿

＿＿＿＿＿＿＿＿＿＿＿＿＿＿＿＿＿＿＿＿＿＿＿＿＿＿

＿＿＿＿＿＿＿＿＿＿＿＿＿＿＿＿＿＿＿＿＿＿＿＿＿＿

本建議表之第二聯由安衛部門編檔保存，所有未回答之建議表應由安衛部門於十日限期，過後之首日，編列明細表遞送僱主。

　　　　　　　　　　　　＿＿＿＿＿＿＿＿＿＿＿＿＿

　　　　　　　　　　　　　　　部門主管

三種格式混合之範例。

2. 提出建議事項：安全衛生檢查後之建議事項有時附於檢查報告內；有時則另行設計安全衛生建議表。建議事項應依檢查結果分類，並依其重要性註明：緊急、重要或需要等，同時應說明改善的期限，或複查的日期。

不管撰寫檢查報告或提出建議事項，均需明確具體，使用文字亦應力求簡潔、扼要，必要時應在備註欄中加以補充說明或附有關圖表，以示詳盡。

六、作業環境的測定與評估

根據我國勞工安全衛生設施規則規定：「雇主對於有害作業之工作場所，如有害粉塵、高溫、低溫、多濕、噪音、輻射線作業、特定化學物質、鉛作業、空氣缺氧場所，及有機溶劑作業等，應測定該作業環境，並保存紀錄」。實施作業環境測定，旨在評估其安全衛生情況，並作為改善之依據，以保護勞工健康。

作業環境測定紀錄，按規定除浮游粉塵及輻射線二種須保存五年外，其餘一般均須保存三年。而紀錄事項通常則應包括：測定年月日、測定方法、測定處所、測定條件、測定結果、測定者姓名及依測定結果採取之防範措施等項。至於應實施作業環境測定之作業場所、測定項目、定期測定期限、紀錄保存期限及相關法令，詳見表 4-4。

（一）物理環境因素之測定

通常所有物理環境因素，均可利用讀數儀表直接加以測定。常用的測定儀器有：

表 4-4　需實施環境測定的作業場所及其有關規定

應實施作業環境測定之作業場所	測定項目	記錄事項	定期測定期限	記錄保存期限	相關法令
1.高溫作業場所	綜合溫度熱指數	1.測定年月日。 2.測定方法。 3.測定處所。 4.測定條件。 5.測定結果。 6.測定者姓名。 7.其他有關措施。	每月	三年	勞工安全衛生設施規則第三百五十三條。高溫作業勞工作息時間標準。
2.坑內作業場所	通風量	同上	半月	三年	勞工安全衛生設施規則第三百五十五條。礦場衛生設施標準第二十條。
3.室內及坑內作業場所	溫度、濕度	同上	每日	三年	勞工安全衛生設施規則第三百五十六條。
4.顯著發生噪音之室內作業場所	噪音	同上	每月	三年	勞工安全衛生設施規則第三百五十七條。

作業場所	測定對象	方法	測定期間	保存	法規依據
5.停滯或有停滯二氧化碳之坑內作業場所	二氧化碳	同　上	每　月	三　年	勞工安全衛生設施規則第三百五十三條及第三百五十八條。
6.游離輻射作業場所	輻射線	同　上	每　月	五　年	勞工安全衛生設施規則第三百五十三條及原子能有關法令。
7.特定化學物質危害預防標準中所稱乙類、丙類物質作業場所	特定化學物質危害預防標準中所稱乙類物質、丙類物質之濃度	同　上	三個月	三　年	勞工安全衛生設施規則第三百五十三條特定化學物質危害預防標準第三十條。
8.特定粉塵作業場所	粉塵濃度	同　上	六個月或作業條件改變時（礦場坑內作業場所為每三個月）	五　年	勞工安全衛生設施規則第三百五十三條、第三百五十四條。粉塵危害預防標準第二十六條。
9.有機溶劑中毒預防	有機溶劑濃度	同　上	三個月	三　年	勞工安全衛生設施規則第三百五十三條。有機溶劑中毒預防規則第二十二條。

10.鉛中毒預防規則中所稱鉛作業場所	鉛濃度	同　上	一　年	三　年	勞工安全衛生設施規則第三百五十三條鉛中毒預防規則第四十八條。
11.四烷基鉛中毒預防規則	四烷基鉛濃度	同　上	清除四烷基鉛污染作業完畢後續或確定該污染染已否完全清除	三　年	勞工安全衛生設施規則第三百五十三條。四烷基鉛中毒預防規則第二十三條。
12.缺氧預防規則所稱缺氧危險作業場所	氧氣含量	同　上	作業開始前	三　年	勞工安全衛生設施規則第三百五十三條缺氧症預防規則第十五條。
13.礦場衛生設施標準所稱坑內作業場所	浮游粉塵濃度	同　上	三個月	五　年	勞工安全衛生設施規則第三百五十三條礦場衛生設施標準第二十一條。
14.存有引火性液體、蒸汽或有可燃性氣體存在，致有爆炸或火災之虞作業場所	可燃性氣體之濃度	同　上	每次從事作業前		勞工安全衛生設施規則第一百九十六條。

1. 阿斯曼通風乾濕計 (Assmann Aspiratory Psychrometer)：用於測定作業環境之溫度及濕度。

2. 黑球溫度計 (Globe Thermometer)：係用於測定作業環境之熱輻射情況。通常於作業場所勞工最近熱源之活動位置測定之。

3. 噪音指示計 (Noise Level Meter)：測定各種噪音之音階大小。勞工工作地點之噪音應以不超過九〇分貝為原則，超過時應予勞工使用防音防護具。

4. 照度計(Lux Meter)：用於測定作業場所之採光與照明情形，通常係以實際作業面之方向加以測定。

5. 壓力表：係測定作業環境氣壓之儀器。

（二）化學性環境因素之測定

化學環境因素之測定必須充分捕集工作環境中之空氣樣品，再利用有關的儀器或化學試驗進行分析，測出有害物質的濃度，最後將測定結果與標準數字比較，以了解環境的危害因素及危害程度。

1. 有害物質之捕集：

(1) 液體捕集法：係使試料空氣通入液體或液體表面使之接觸，然後利用溶解、反應、沈澱等作用，將被測定之物質予以捕集的方法。

(2) 固體捕集法：係使試料空氣經吸引或壓縮，通過固體粒子層，而使被測定之物質吸着之捕集方法。

(3) 直接捕集法：係指不經溶解、反應、吸着等作用，而將試料空氣直接以捕集瓶、捕集袋等予以捕集之方法。

(4) 過濾捕集法：係使試料空氣經吸引通過具有捕集〇・三微米粒子之過濾材料，而將被測定物質予以捕集之方法。

2. 有害物質之濃度表示：我國內政部於六十三年頒佈了空氣中有

害物質容許濃度標準，係以下列單位表示之。

(1) PPM：每百萬份空氣中所含有的蒸汽或氣體份數。

(2) MPPcf：每立方呎的空氣中所含的百萬顆粒數。

(3) Mg/M^3：每立方公尺的空氣中所含的毫克數。

(4) PPCC：每立方公尺的空氣中所含顆粒數。

　　3. 化學環境因素之測定儀器：基本的化學環境因素測定儀器有如下數種：

　　(1) 衝擊探樣器(Impinger)：係利用高速空氣帶動之衝擊原理，測定作業環境中各種有害物質之濃度。

　　(2) 濾紙探樣器 (Filter Paper Air Sampler)：係利用過濾作用，測定作業環境中粉塵及薰煙等有害微粒子之用。

　　(3) 可燃性瓦斯測定器(Inflameter)：係用以測定空氣中可燃性氣體或蒸氣之含量或發生爆炸之可能性。

　　(4) 氧氣測定器：用以測定缺氧危險場所空氣之含氧量，當氧氣含量缺乏時，該測定器會發出警報，提醒注意。

　　作業環境的測定與評估，須由接受專業講習或訓練的安全衛生管理人員，始能擔任。一般說來，實施作業環境之測定需具備的專業知識包括：

1. 作業環境有害因素及其對人體健康之影響。

2. 探樣儀器原理與樣品之管理。

3. 測定所得數據之整理與評估。

4. 簡易儀器之原理與使用方法。

5. 探樣與分析方法之瞭解與運用。

七、我國政府機關安全衛生檢查的實施

民國二十年，我國政府頒佈「工廠檢查法」，同時設立工礦檢查人員養成所，並公布檢查員任用及獎懲規程，為我國確立工礦檢查制度之始。民國二十二年，在實業部設立工礦檢查處，辦理工礦檢查業務。民國二十九年行政院設社會部，勞工行政改隸該部管轄，除在該部設工礦檢查處外，並在上海市等工業主要地區設立工礦檢查所。

民國三十八年大陸淪陷，政府遷臺，中央政府鑑以當時人力、物力有限，乃於民國三十九年授權臺灣省政府組設工礦檢查委員會，辦理工廠及礦場的安全衛生檢查業務。民國五十九年臺灣省建設廳設置礦務局，礦場之安全檢查移由該局接辦，唯礦場衛生檢查工作仍由工礦檢查委員會辦理。民國五十四年經濟部在高雄成立加工出口區，嗣後又在楠梓、臺中分別設立加工區，各該區之工廠安全衛生檢查業務，亦由中央授權加工出口區管理處辦理。民國五十六年臺北市改制，該市工礦檢查業務，即由當時的內政部授權臺北市政府社會處設置工礦檢查所辦理；民國六十八年高雄市改制，其工礦檢查業務亦由內政部授權高雄市政府社會局設置工礦檢查所辦理。

民國六十三年勞工安全衛生法公佈實施，我國安全衛生檢查工作範圍已從工廠、礦場擴大至凡僱用勞工之製造業、礦業、水電煤氣業、營造業、林業及伐木業、洗染業及汽車修理業等，近年來更有繼續擴大檢查範圍之倡議。

目前我國工業安全衛生檢查係由行政院勞委會擬訂檢查方針，各檢查機關再據以研訂詳細的年度檢查計畫。通常安全衛生檢查的優先順序為：

　　1. 重大事故及死亡事件之檢查：事業單位發生重大災變，檢查機構應卽派員或組專案小組前往檢查。

　　2. 勞工檢舉事故之檢查： 原則上勞工檢舉之案件應實施全面檢查。

　　3. 目標工業之檢查：依據各業勞工傷害頻率及目前工業狀況與職業病發生情形，選擇較爲嚴重者作爲年度檢查要點，以期徹底改善某些行業之安全衞生設施。

　　4. 一般性檢查。

根據內政部改善勞工安全衞生措施四年計畫（七〇～七四年），主要係以下列行業及危害、有害作業場所之監督與檢查爲重點：

　　1. 碼頭裝卸作業

　　2. 營造業

　　3. 舊船解體業

　　4. 爆竹煙火業

　　5. 高壓氣體製造及儲存場所

　　6. 林業

　　7. 造船業

　　8. 礦業衞生

　　9. 特定化學物質有關致癌物之製造、處置與使用場所。

　　10. 鉛、有機溶劑、粉塵等作業場所

　　11. 特定化學物質，戊類物質及使用製造氯乙烯單體、多氯聯苯、三氧化砷、二異氰酸甲苯、氰化鈉等之作業場所。

　　我國政府安全衞生檢查機關至各事業單位實施檢查後，均以檢查結果通知書，列舉不安全衞生的情況與事實，函請各受檢單位限期改善，指定改善之期限每依其緊急性及容易性分別有立卽改善及自一星期至六

星期不等。而規定應將改善情形核報期限，一般初查為文到一個月，複查為文到十五日。

事業單位收到檢查機構之改善通知後，應即作如下之處理：

1. 安全衛生管理人員，應即將檢查機構通知改善事項逐項詳加研究，如有不明白之處應洽詢檢查機構。然後擬具具體改善處理意見，簽會有關部門後呈請雇主批示，並於批示後除安全衛生管理人員本身業務範圍應即辦理外，其他有關部門應辦事項，則通知各有關部門切實執行，並列管追踪督促如期完成。

2. 各項改善事項應照檢查機構所指定之期限完成，並依勞工安全衛生法規、國家標準及其他有關規定辦理改善。

3. 部份改善事項如工程艱鉅，或器材採購須費較長時間者，應先提報改善計畫，唯須依下述原則辦理：

(1) 改善計畫應徵詢事業單位之產業工會或全體勞工二分之一以上同意。

(2) 改善計畫應列明完成日期，且其期限以不超過檢查機構通知書所列改善期限為原則。

(3) 改善期限超過二個月者，應每屆滿一個月，向檢查機構陳報改善事項辦理情形。

(4) 部份改善事項事業單位無法自行完成者，可委託經勞工主管機關核准設立之安全衛生服務機構協助改善。

八、事業單位自動檢查計畫的推行

自動檢查是由事業單位自行實施的安全衛生檢查，亦即事業單位依據勞工法令及安全衛生設施標準與有關規章，對其經營事業單位之工作

場所及員工之動作，自動實施檢查，期能及時發現其缺點並設法謀求改善，以防患災害發生於未然。具體而言，事業單位實施自動檢查，可以發揮如下的功能：

1. 有效執行勞工法令：完備而進步的安全衛生立法，均將雇主應行實施自動檢查之職責規定於法律條文中，我國勞工安全衛生法亦有雇主應實施自動檢查之規定。因此事業單位推動實施自動檢查，即是有效執行勞工法令之表現。

2. 彌補政府機關檢查之不足：各國政府之安全衛生檢查，每因限於人力、物力而不能因應事業單位之需要，事業單位實施自動檢查能彌補政府機關檢查之不足。

3. 減少意外事故之損失：事業單位實施自動檢查，固然需要花費相當人力、經費與時間，但如與災害損失比較實則微不足道。實施自動檢查可以有效防範事故發生，減少意外災害之損失。

4. 改善勞資關係：事業單位實施自動檢查，可以使現場作業人員及領班直接參與，不僅可促進安全衛生，亦可改善勞資關係。

5. 提高生產效率：減少意外損失、改善勞資關係，自可降低生產成本並有效提高生產效率，創造更多的經營利潤。

事業單位的自動檢查計畫及推行辦法，可由安全衛生管理人員擬訂，提交安全衛生委員會討論，通過後報請實施。自動檢查計畫之內容通常包括：由誰檢查、何時檢查、檢查何處、檢查何物及如何檢查等五大要項，茲簡要說明如下：

1. 指派自動檢查人員：可由安全衛生委員會自每個工作場所中指派有資格、有經驗或專業技術人員，為檢查計畫之執行者。如事業單位內有特殊作業場所，可在安全衛生委員會下組成檢查小組，負責推動自動檢查之工作。

2. 決定自動檢查的項目： 於事故報告中顯示經常發生事故之來源，或採用新機械、新設備或改變新的製造程序等均可列為自動檢查之項目。事業單位自動檢查表通常均由基層主管研究訂定，唯在設計時應注意下列事項：

(1) 聽取工會、現場勞工、保養部門及安全衛生人員之意見。

(2) 檢查記載事項，不僅應符合有關法令之規定，亦應將各事業單位或相關團體的檢查標準分別納入，以期提高災害防止實效。

(3) 檢查表內容應具體明確，文字力求精簡扼要。

(4) 檢查表內容對下列設備零件應特別注意予以列入。

　　①防護罩：如齒輪蓋、欄桿。

　　②安全裝置：如安全閥、警報系統。

　　③控制組件：如開關、速度控制。

　　④機械動力組件：如齒輪、皮帶輪。

　　⑤電力組件：如電纜、電線與接地。

　　⑥工作點組件：如割切、研磨、鑽搪。

　　⑦承重組件：如支架、螺栓或螺帽。

　　⑧其他易損壞、易腐蝕之組件。

3. 訂定自動檢查時間表：擬訂自動檢查時間表通常應參考下列因素：

(1) 潛在危險及嚴重性：如起重機之安全裝置需經常檢查，冲床之安全裝置亦應於每日作業前檢查。

(2) 人員的暴露量：人員暴露較多者應經常檢查；暴露較少者，則檢查的間隔可較長。

(3) 產生不安全衛生的程度：愈易產生不安全衛生狀況者，應經常檢查。

(4) 使用頻率及耗損性：使用頻率較多、耗損性較大者，應經常檢查。

4. 判定自動檢查之處所：根據擬檢查之項目，判定實施自動檢查之處所，如選定一特定項目實施專業檢查，則含該項作業之處所均不得疏忽。

5. 研議自動檢查實施辦法：自動檢查實施辦法之內容應包括檢查目的、檢查範圍、檢查方式等。事業單位自動檢查實施辦法，應提經安全衛生委員會討論，綜合各方意見作成決議再發佈實施。

事業單位實施自動檢查後，應針對檢查結果，採取有關改進措施。通常對自動檢查結果之處理原則如下：

1. 對檢查結果如有不了解者，應赴現場查看或詢問。

2. 在職權範圍內可以做的應立即改善，權限外如屬相當危險者，則應緊急報告處理。

3. 發現物料或設備不安全如磨損或出毛病，在權責範圍內，應採用危險掛籤，防止他人繼續使用，如職權範圍外，則應協調或呈報處理。

4. 對於無法立即實現之對策，應暫時採取補救措施，俟適當時期再謀根本改善。

5. 安全衛生單位對檢查結果所提之對策，應聽取其他有關單位與人員之意見，必要時宜作充分的協調。

總之，由於安全衛生單位負有綜合推行安全衛生工作之義務，故對各項自動檢查提出的改進建議應詳加研究。如認為可行應依其重要性予以分類，報請雇主分送有關單位執行；如認為不可行亦應說明理由答覆。同時對於各部門執行情形應嚴加考核，務使確實改善。

九、結　語

　　安全衛生檢查的目的就狹義來說，乃在發現不安全衛生的工作環境，並設法謀求改善；然就廣義來說，則檢查的範圍除工作環境外，尚須包括管理系統、生產設計、作業標準及從業員工的操作方法等，凡可能造成意外傷害之直接和間接因素，均應施以檢查，以期全面改善安全衛生情況，防止工業災害的發生。

　　目前臺灣地區的勞工安全衛生檢查，係由中央授權省市地方辦理，由於權責分散、缺乏聯繫協調，尚無法達成統一調配與靈活運用的效果。面對工業與經濟的快速發展，政府機關的安全衛生檢查業務，似有重新檢討、強化的必要。

　　事業單位實施安全衛生自動檢查，對減少災害損失，提高工作或生產效率有莫大的助益。各事業單位實應將此項工作列為日常管理、推動的重要業務，以補政府機關檢查的不足。如此則安全衛生工作的推展將可收事半功倍之效，而勞工的安全健康亦可獲得更好的保障。

表 4-5　安全衛生檢查表範例

（一）廠房建築及其使用之安全情形

部　　門	檢　　查　　事　　項	檢　查　結　果
(1)屋　　頂	(1)屋面變形(2)油漆脫褪(3)有漏雨(4)屋面鬆動(5)天花板不良	
(2)牆　　壁	(1)基礎陷落(2)土牆裂開(3)已倒塌(4)腐壞破爛	
(3)樑　　柱	(1)超載(2)彎曲(3)裂痕(4)腐爛(5)銹蝕(6)削損(7)銜接不良(8)蟲蛀	

(4)走　　道	(1)不平坦(2)腐蝕(3)坑洞(4)易滑跤(5)堆積物件	
(5)樓　　層	(1)易陷落(2)易滑跤(3)陷空無防護(4)無護欄防護(5)有障礙物(6)欄杆腐壞	
(6)一般樓梯	(1)踏步損壞(2)扶手不良(3)堆放物件(4)有折斷危險(5)位置不適(6)不穩固(7)太窄(8)傾斜不合	
(7)太 平 梯	(1)斜度大於45度(2)無適當扶欄(3)寬度小於一公尺(4)使用迴轉式(5)梯級高度大於十五公分(6)不耐火(7)梯前堆置物件(8)梯背堆置引火品	
(8)一般門窗	(1)損壞(2)腐蝕(3)銹蝕(4)有傾倒危險(5)玻璃破損	
(9)太 平 門	(1)未向外開(2)無標記(3)非耐火材料(4)距離不適(5)工作時下鎖(6)寬度不合(7)未直通安全地點(8)門前堆置物件	
(10)煙　　囪	(1)基礎陷落(2)金屬銹蝕(3)避雷設備(4)拉線不良(5)離可燃物15公分以內未設防護(6)有傾倒危險	
(11)其　　他	(1)有無嚴禁吸煙(2)有無嚴禁携帶引火物品	

(二) 機械設備之安全措施情形

檢　　查　　事　　項	檢　查　結　果
(1)除去機械及其他器具所佔面積外每一工人是否供給1.5平方公尺以上之工作地面	
(2)機械間或機械與其他構造物間之過道是否有一公尺以上之寬度	
(3)原動室及有爆炸危險之壓力容器是否與其他工場隔離並置於樓下	
(4)離地二公尺以內轉軸及傳動帶有無防止工人接觸危險之防護裝置	
(5)架空傳動帶有斷裂墜落之危險時其下面是否有防護之裝置。	
(6)穿越樓層之傳動帶其穿過洞口有無防護物	

檢查事項	檢查結果
(7)震動過大之機器是否置於樓上有無危險	
(8)各機械轉動部份因地位或構造關係易使工人身體受傷害者有無護網或預防裝置	
(9)原動機及動力傳導裝置及各機械給油易招災害者有無安全給油裝置	
(10)原動機及動力傳導裝置開始發動時有無先發普遍通知之警號	
(11)用動力發動之機械具有危險性者有無立即停止轉動之裝置	
(12)具有危險性之機械門穴有無非停止轉動不能啓開之裝置	
(13)各機械之傳動部份有無制動裝置	
(14)起重機是否有最高負荷標誌及防止脫落之安全設備	
(15)天車吊掛是否有最高負荷標誌及防止脫落之安全設備	
(16)升降機是否有最高負荷標誌及適當之安全設備	

（三）電氣設備之安全措施情形

檢 查 事 項	檢 查 結 果
(1)電線電燈電氣機械及其他電氣器具之裝置維護是否適當	
(2)高壓電之線路控制盤及一切裝置是否設於別室或採適當處置	
(3)電器裝置中載有電流之各部份易與工人接觸者有無適當柵欄或屏障	
(4)電燈電氣機械有無於發生災害時立即切斷電流之自動裝置	
(5)電氣工具及電氣機械有無接地裝置	

（四）特別危險場所之安全措施（包括引火性爆炸性氣體液體或粉塵之場所）

檢　　　查　　　事　　　項	檢　　查　　結　　果
(1)凡發生明火或火花電弧之電器具或機械是否封固不致引起火災或爆炸危險	
(2)凡能發生靜電引起感電火災爆炸危險器具或機械其發生部份是否加以接地或適當處置	
(3)有無排除引火性或爆炸性氣體或粉塵之換氣裝置	
(4)有引火性或爆發性物質之工作場所是否與其他場所隔離	
(5)染有油污之紗頭紙屑等是否蓋藏於不燃性之容器內	
(6)凡污垢腐蝕有毒或高溫液體之盛器貯藏池或地坑有無加掩蓋或適當防護	
(7)危險地方及通路有無危險之標示警告記號或適當防護	

（五）工人身體上之安全措施

檢　　　查　　　事　　　項	檢　　查　　結　　果
(1)處理運轉中之機械工人易受頭髮及衣袖捲入之危險者有無着用適當衣帽	
(2)電焊等有害光線之工作工人是否戴用口罩及防護眼鏡	
(3)在有害氣體或粉塵場所之工人是否戴用口罩及防護面具	
(4)處理或貯運有毒或腐蝕物之工人是否戴適當服裝或器具	
(5)有切屑噴出或粉塵飛出之工作工人是否戴用防護眼鏡或防護面具	
(6)其　他	

（六）消防設施

種　　　類	數　　量	規　格	檢　查　結　果
泡　沫　滅　火　機	個		
乾粉式避雷滅火機	個		
二　氧　化　碳　滅　火　機	個		
其　他　避　雷　滅　火　機	個		
水　　　塔	個		
水　　　槽	個		
水　　　池	個		
消　　防　　沙			
消　　防　　栓	個		
消　　防　　車	部		
消　防　幫　浦	部		
警　報　裝　置	個		
消　防　組　織　情　形			
消防訓練及演習情形			
其　　　他			

（七）環境衞生

檢　　查　　事　　項	檢　　查　　結　　果
(1)工作場所各部份是否保持整潔	
(2)垃圾污垢紙屑如何處理有無堆積	
(3)走道階梯等是否保持清潔	
(4)灰塵飛揚之制止方法	
(5)牆壁是否污垢不堪隔若干時間粉刷一次	
(6)有無吐痰痕跡地面是否保持清潔	

（八）採光照明

檢　　查　　事　　項	檢　　查　　結　　果
(1)各工作場所內光線是否充足其照明若干	
(2)階梯升降機上下處及機械危險部份有無合度之光線	
(3)窗面積與地面積比率是否大於一比十	
(4)窗面及照明器透光部份有無保持清潔	
(5)採光不足有無適當之補助照明設備	
(6)光線分佈是否適當	

	檢　査　結　果
(7)光線有無眩耀及閃動	
(8)工作環境色彩是否適當	

（九）溫度濕度

檢　　査　　事　　項	檢　査　結　果
(1)各工作場所內是否保持適當溫度	
(2)有無高溫工作其溫度若干	
(3)有無備用適當機械以調節溫度	
(4)工人從事高溫工作有無適當防護	
(5)熱爐等是否於其未充分冷却前絕對禁入	
(6)濕度是否合於規定標準	
(7)採用人工濕潤之工廠是否於恰當情況下卽予停止	
(8)放散大量濕氣之工廠有無裝置減濕設備	

（十）爲害物及有毒物之處理

檢　　査　　事　　項	檢　査　結　果
(1)產生有礙衛生之氣體濃度有無超過恕限量有無遵照規定處理	
(2)產生有礙衛生之粉塵濃度是否超過恕限量有無遵照規定處理	
(3)產生有礙衛生之廢液污水有無經過處理再行排出	

(4)附有病原菌之原料有無於使用前消氣	
(5)處理設備是否經常保持其功效	
(6)污染物等之控制記錄是否確實完備	
(7)盛裝危險品之器皿等有無標明危險記號	
(8)特種工作之工人有無着用防護服裝或器具	

(十一) 噪音 (巨聲及震動) 之處理及防止

檢　查　事　項	檢　查　結　果
(1)噪音超過90DB之處所及其音量	
(2)建築物有無充分利用防音防震緩衝材料	
(3)對突發之震動及噪音有無詳細檢查排除故障	
(4)有無消音設施或使與其他工廠隔離	
(5)有無設法改善工作方法等以使減低噪音及震動	
(6)如噪音發生超過90DB時工人有否使用耳塞	

(十二) 通　風

檢　查　事　項	檢　查　結　果
(1)空氣是否流通若使用機械通風其方法是否適宜	
(2)空氣中碳酸氣是否保持在 0.1% 以下	

(3)工作場所內是否供給每一工人十立方公尺以上之空間	
(4)窗戶能否開啓可否使室內外空氣經常流通	
(5)通氣窗戶面積是否為地面積十六分之一以上	

（十三）飲用水

檢 查 事 項	檢 查 結 果
(1)有無供給工人沸水飲用之設備	
(2)飲水設備四週有無保持清潔	
(3)飲水設備及飲具等是否合於衛生	
(4)飲用水供應是否充足	
(5)自設水源水質有無經衛生機構檢驗合格報告書（字號）	

（十四）廁 所

檢 查 事 項	檢 查 結 果
(1)廁所便坑及便池數目若干	
(2)通風及照明情形如何是否臭氣四溢	
(3)有無紗窗紗門防蠅設備	
(4)抽水馬桶或普通便坑	

(5)大小便池有無每日清洗每日消毒	
(6)厠所內有無附有盥洗設備是否合於規定	
(7)男女厠所有否分隔並清晰標明	
(8)普通便坑與廚房及食堂之距離	
(9)普通便坑與飲用水井之距離	

(十五) 盥洗室及浴室

檢　　查　　事　　項	檢　查　結　果
(1)處理高熱及有塵埃粉末或消毒物之工作場所有無浴室設備	
(2)工廠浴室有無規定時間供給冷熱水	
(3)盥洗室及浴室是否經常保持清潔	
(4)食品製造或加工廠有無足夠之盥洗設備	

(十六) 廚房及食堂

檢　　查　　事　　項	檢　查　結　果
(1)有無廚房及食堂設置工人是否在工作場所進膳	
(2)廚房食堂內之用具是否保持清潔衛生	
(3)廚房食堂之附近環境是否合於衛生	

（十七）醫療設施

場	醫療診所		候診室	診療室	換藥室	檢驗室	療養室
所	診 療 室		候診室	療養室			
人	醫師	專任	內科		外科		其他
		兼任	內科		外科		其他
	護士	專任		助理護士	專任		
		兼任			兼任		
員	藥劑師（生）	專任		保健人員	專任		
		兼任			兼任		
設	醫 療 診 所 設 備		齊全		大部齊全		不全
	診 療 室 設 備		齊全		大部齊全		不全
	甲種急救藥品器材箱		齊全		大部齊全		不全
	乙種急救藥品器材箱		齊全		大部齊全		不全
備	簡單急救藥品器材箱		齊全		大部齊全		不全
特約醫院醫師	特約醫院	特約		醫師			
	院名地址	姓名		地址			
診療時間	全日		半日		不定		
診療費用	工廠全部負擔		工廠負擔		％		

(十八) 保健措施

檢　　查　　事　　項	檢　查　結　果
(1)新工人入廠前及舊工人每年是否作一次以上之體檢	
(2)工人體檢記錄表有無備存查考	
(3)童工女工及五十歲以上工人是否視其體力分配工作	
(4)工人健康及傷病情形有無詳盡記錄以作改善衛生之參考	
(5)每年有無作各種必要之統計	
(6)傳染病流行時有無爲工人普遍施行預防接種及注射	
(7)有無發現何種職業病	
(8)對職業病之預防有無作有系統之研究及有效之措施	
(9)對工人有無急救訓練及組織救護隊	

表 4-6 個人防護用具檢查表範例

受檢單位：_____ 檢查日期：____年____月____日
場所或設備名稱：_____ 檢查員：_____

檢　　　查　　　項　　　目	情況良好	需要改善	問題及意見
圍裙： 　是否破裂或破洞 　是否合身，易於穿脫 　是否保持清潔			
一般工作服裝： 　是否合身，長短適宜 　是否缺少鈕扣或破損 　衣袖是否過大，可否向內捲起 　戒指、手錶、別針是否取下 　是否保持清潔			
安全眼鏡： 　是否完整、良好 　鏡帶或耳鉤是否失去彈性或損壞 　是否戴後使人感覺疲勞 　是否沾有油類或酸鹼等不清潔 　是否妥善儲存、保養			
手套： 　橡皮或塑膠手套是否完整清潔，使用 　　是否適當 　皮革手套是否良好，適當使用 　帆布手套是否良好 　是否妥善儲存保養			
面遮（面罩）： 　是否完整、良好、清潔，調整是否適 　　當 　是否妥善儲存、保養			
安全帽： 　是否完好、清潔 　頸帶、汗帶、帽籃是否完好，調整是 　　否適當			
防毒面具： 　濾罐是否堵塞失效 　濾罐是否供給適當 　送風或者送風機是否良好 　送氧或者氧瓶是否定期檢查，控制閥 　　是否靈活 　是否妥善儲存、清洗、消毒			

表 4-7　泡沫滅火機檢查表範例

區　　　　分	檢 查 項 目	合 格 否	備　　　　　註
一、機　　　筒	表 面 有 無 銹 蝕		
	表 面 有 無 碰 損		
	有 無 隨 意 修 改		
	牙 紋 有 無 受 損		
	掛 鈎 有 無 脫 落		
	附 漏 有 無 迫 緊		
二、噴 咀 喇 叭	有 無 損 傷（磨 裂）		
	接 頭 有 無 損 傷		
	牙 紋 有 無 損 傷		
	有 　 無 　 老 　 化		
三、鎖 扣 裝 置	有 無 彎 曲、銹 蝕		
	有 　 遺 　 落		
四、手 　 提 　 把	手 把 有 無 斷 損		
	有 　 無 　 銹 　 蝕		
五、手推車及輪子	有 無 銹 蝕、破 損		
	輪 子 性 能 是 否 良 好		
六、換 　 　 藥	日 期 是 否 超 過		
改進意見			

表 4-8 學校實習工場安全檢查表範例

受檢單位: ＿＿＿＿工場　檢查日期: ＿＿年＿＿月＿＿日

檢查者(簽名): ＿＿＿＿＿＿

說明: (1) 請依實際狀況，在每項目之□內打 " √ "。

　　　S : 表示滿意（不須加以注意）

　　　A : 表示尚可（須加一點注意）

　　　U : 表示不滿意（必須卽刻注意並改善）

　　(2) 任何一項如屬不滿意（U），應在建議欄提出改進建議。

	S	A	U
一、一般環境			
1. 樓　梯	□	□	□
2. 走　道	□	□	□
3. 地　板	□	□	□
4. 採　光	□	□	□
5. 通　風	□	□	□
6. 溫　度	□	□	□
7. 一般環境綜合評估			
二、工場管理			
1. 一般外觀井然有序	□	□	□
2. 工具、材料的儲放	□	□	□
3. 工作臺的擺置	□	□	□
4. 廢料容器經常清理	□	□	□
5. 地板沒有油漬、水或其他材料	□	□	□
6. 機器有安全識別標示	□	□	□
7. 危險性材料儲放妥當	□	□	□
8. 工場管理綜合評估			
三、設　備			
1. 危險區均有標示並作適當防護	□	□	□
2. 各種防護裝置均充分使用	□	□	□
3. 機械防護符合國家標準	□	□	□

4. 工具保持乾淨銳利 ☐ ☐ ☐

5. 機器不使用時均切斷電源 ☐ ☐ ☐

6. 學生使用機器和危險設備時都有適當的督導 ☐ ☐ ☐

7. 教師離開工場危險機器的動力均可鎖住 ☐ ☐ ☐

8. 設備綜合評估

四、電力裝置

1. 有一個總開關可控制所有電器設備 ☐ ☐ ☐

2. 所有引線沒有過載現象 ☐ ☐ ☐

3. 機器都有無負載和過載的電磁自動控制開關 ☐ ☐ ☐

4. 機械的接地裝置良好 ☐ ☐ ☐

5. 電源、插座或線路都有適當的標示 ☐ ☐ ☐

6. 所有開關均有覆蓋 ☐ ☐ ☐

7. 電力裝置綜合評估

五、個人防護具

1. 電焊時穿戴面罩及護目鏡 ☐ ☐ ☐

2. 學生進入工場前即脫去戒指或其他飾物 ☐ ☐ ☐

3. 學生按規定穿着工作服 ☐ ☐ ☐

4. 鑄造工場都穿安全鞋及安全衣 ☐ ☐ ☐

5. 空氣不好的環境如噴漆都戴口罩 ☐ ☐ ☐

6. 口罩經常清洗和消毒 ☐ ☐ ☐

7. 學生在工場時不結領帶不着寬鬆衣物 ☐ ☐ ☐

8. 個人防護具綜合評估

六、安全教導

1. 每一教學單元均有安全教導內容 ☐ ☐ ☐

2. 每位學生都有安全守則 ☐ ☐ ☐

3. 設有學生安全組織 ☐ ☐ ☐

4. 設有安全意見箱 ☐ ☐ ☐

5. 參觀工廠研究安全措施 ☐ ☐ ☐

6. 工場安全組織人員經常替換使每位學生均有參與機會 ☐ ☐ ☐

　　7.張貼安全海報　　　　　　　　　□　□　□
　　8.邀請企業界人士來校演講　　　　□　□　□
　　9.安全教導綜合評估

七、事故紀錄
　　1.學生事故均有完整紀錄　　　　　□　□　□
　　2.備有事故統計資料　　　　　　　□　□　□
　　3.學生發生事故均經分析　　　　　□　□　□
　　4.事故發生時教師有向學校當局報告　□　□　□
　　5.事故紀錄綜合評估

八、急　救
　　1.工場內有急救箱　　　　　　　　□　□　□
　　2.學校有專人負責急救工作　　　　□　□　□
　　3.急救都交待由內行人擔任　　　　□　□　□
　　4.急救綜合評估

　建議事項：

第五章　工業安全衞生教導與訓練

一、引　言

　　安全衞生教導與訓練旨在養成勞工的職業安全衞生觀念，了解工作的環境特質，並熟練正確的作業方法。其目的乃在消除造成職業災害的不安全衞生之行爲因素，並提高個人的警覺與危險意識，以防止意外事故之發生，確保勞工的安全健康。根據我國勞工安全衞生法之規定，雇主對勞工應施以從事工作所必要之安全衞生教育及預防災變之訓練；而對經中央主管機關指定具有危險性機械之操作人員，雇主亦應依據規定辦理訓練，或雇用經主管機關認可發給執照之合格人員充任。不管是一般性或特殊機械操作之安全衞生教導與訓練，均須先經作業（工作）安全分析，建立安全作業標準，再據以爲教導或訓練的主要依據。因此讀完本章您可以了解：

1. 作業安全分析的意義與方法；
2. 安全衞生教導的方式與實施方法；
3. 促進勞工安全衞生興趣之活動設計；

4. 我國有關勞工安全衛生訓練之規定;

5. 事業單位安全衛生訓練計畫之推動與實施。

二、作業安全分析

（一）作業安全分析的意義與目的

所謂作業安全分析係將一項作業或工作，按其操作順序，分解成若干基本步驟，從每一步驟中，分析可能發生意外事故的危害因素，再謀求消除或控制該項危害因素之方法，以建立安全衛生的作業程序或工作標準。

通常就整個作業來看，很難發現任何潛在的危害因素，如將其分解成若干步驟，則從每一步驟中較易找出不安全衛生的情況。經由作業安全分析，可以設法消除工作場所中不安全、不健康的作業方法；同時亦可從作業方法中探討設備、環境等之可能危害因素，而予以改善，最後即可建立合乎安全衛生的作業標準。具體而言，進行作業安全分析的主要目的有如下數端:

1. 經作業分析，建立安全衛生作業標準，可據以指導作業人員正確的工作方法，並做為新進員工訓練之依據。

2. 經作業分析，可深入了解不安全衛生的設備和工作環境，並予以改善，而減少事故的發生。

3. 經作業安全分析建立的作業標準，可作為安全衛生檢查的依據。

4. 經作業分析可明確規定每一工作人員之職掌，確定某一作業場所操作人員所須具備的條件，可適當配置員工的工作崗位。

（二）作業安全分析的步驟

進行作業安全分析的程序通常包括：選擇需要分析之作業、分析工作步驟，找出可能的危害因素，提出解決的方法等四個步驟。

1. 選擇需要分析的作業：通常應考慮下面四個因素。

（1）事故率(Frequency of Accident)：發生事故頻率愈高的作業，愈需作安全分析。

（2）失能傷害(Disabling Injury)：曾經發生失能傷害之作業，需作安全分析。

（3）潛在之嚴重性 (Potential Severity)：雖未發生事故或失能傷害，但明顯具有潛在危險性之工作，亦需作安全分析。

（4）新作業 (New Jobs)：由於機械設備之更新或工作程序改變，雖沒有事故紀錄可供參考，但其可能的潛在危險亦應予重視，而先作安全分析。

2. 分析工作步驟：將作業按次序列出其工作步驟。

（1）將欲分析的單位作業分為幾個作業要素：每一個作業均可分為幾個作業要素。所謂作業要素，一般可分為準備作業、本體作業和整理作業三大項。本體作業較複雜者，可再將其分為數個作業要素，同樣，準備作業及整理作業如較複雜時亦可分為幾個作業要素。

（2）將作業要素再分為數個基本動作：每一個作業要素均可分為幾個基本動作，所謂基本動作乃是吾人行為中一般共通的動作。

（3）最後將每一個基本動作按其順序分別列出。

分析工作步驟時，不宜將基本動作分得過於瑣碎，然亦不能過於簡略，忽略重要的步驟，而無法發現可能潛在的危害因素，如此即失去安全分析的目的。

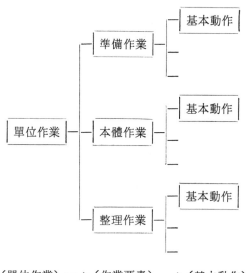

（單位作業）──→（作業要素）──→（基本動作）

圖 5-1 作業步驟之分析

3. 找出可能的危害因素： 作業經分析成若干個基本動作或步驟後，應研究每一步驟的可能潛在危害，以鑑定一切危險的因素，不管是作業環境、工作程序、操作方法和操作者的行為等均應予以考量，如反覆考慮下列有關問題：

（1）操作者是否可能受撞或被擊？

（2）是否會夾入或捲入兩個物件之中？

（3）會不會打滑、牽絆、或跌跤或墜落？

（4）是否會扭傷或用力過度？

（5）是否會暴露於有害健康之環境，如有毒氣體、異常壓力、輻射、粉塵等。

（6）是否會使同事受傷？

4. 提出解決的方法：找出每一工作步驟的潛在危害因素之後，最

後一步就要提出消除或防止危害的方法。提出解決方法通常可循如下途徑思考：

（1）試求一個根本的解決方法：　即徹底改變整個工作進行的方式，用一個完全不同的方法來做這件工作。

（2）試求改變工作程序的解決方法：若無根本的解決方法，再詳細地研究工作的程序與步驟，設法修改工作程序，而使可能發生的潛在危害因素完全消除或減至最少。

（3）試求改變工作環境的解決方法：如潛在的危害改變工作程序亦無法消除時，再尋求改變工作環境的解決方法，考慮工具、材料、設備、工作場所等環境之改善，如機器護罩、柵欄、警告系統，使用更安全的工具、更好的照明或充分的通風等。

總之，解決可能危害因素的途徑不外乎：

（1）找出一個完全不同的方法去做這項工作。

（2）修改工作程序。

（3）改善工作環境。

（4）如果以上方法均無法解決，則儘量設法減少該項操作實施的次數，或提醒操作者注意不安全的行為。

（三）作業安全分析的方法

作業安全分析通常可採如下三種方法進行：

1．觀察法：即從觀察實際作業，列出工作步驟並設法找出每一步驟的潛在危害因素與有效的解決辦法。

（1）選擇適當的人員，如熟練的操作技工，實施觀察。

（2）說明你正在做什麼事，並告訴他作業安全分析的概念以及你將如何進行，使他了解並予配合。

(3) 先旁觀再分解工作，並將每一步驟可能的危害因素分別列出，（如果你自己熟悉工作內涵，可先自行做好作業分析表）然後與被觀察者討論或核對。

(4) 最後再針對每一個危害因素提出解決的方法。

使用觀察法做安全分析，被觀察的對象必須對該項工作有良好的經驗，並且願意和你合作，始可順利完成。

2. 討論法：即邀集有關的人員，以腦力激盪的方法，分別列出工作步驟，可能的危害因素及解決方法。

(1) 由主管、領班、有經驗的技工或其他有關技術人員組成討論小組。

(2) 按工作步驟、潛在危害因素及謀求解決方法，逐項討論，並隨時紀錄，最後整理完成。

3. 綜合法：根據分析者的工作經驗與知識，配合實地觀察及綜合討論完成的安全分析，是最爲完善的作業安全分析方法。因爲集思廣益，可以使工作步驟的分解、潛在危害因素的發掘及改善方法的尋求，做得更爲適當與完整。

表 5-1 作業安全分析表

作業名稱：＿＿＿＿＿＿＿＿＿　　編號：＿＿＿＿＿＿＿＿
分析者姓名：＿＿＿＿＿＿＿＿　　日期：＿＿年＿＿月＿＿日

工作步驟	潛在危害因素	解決危害的方法
一、 二、 三、 ……	1 2 ……	(1) (2) ……

表 5-2　安全（衛生）作業標準表

作業名稱: _____　　　編　　號: _____
訂定日期: _____　　　修訂日期: _____

工作步驟	使用機具	使用防護器具	安全衛生注意及檢查要點
一、 二、 三、			(1) (2) (3) ⋮

三、安全衛生教導

　　實施安全衛生教導與訓練除利用作業安全分析資料外，應向有關機關索取安全衛生方面之文獻，如一般安全衛生規則、特殊機具的安全使用方法及危險機具的安全操作方法等資料，並遵守如下的基本原則，以使教導和訓練發揮預期的效果。

　　1.　以身教確立安全衛生的觀念，教導者本身必須使用安全的工作方法做任何一個操作，絕對避免將安全衛生僅當做一種知識傳授，而忽略了實際操作的示範作用。

　　2.　以正面的方法培養正確的操作，隨時告訴員工應如何進行正確的操作，盡量避免以恐嚇、威脅的方法教導安全操作。

　　3.　建立每個人必須為自己亦為別人的安全負責之觀念，因為個人的疏忽可能造成許多人無可避免的傷害，因此個人的行為不僅為自己的安全負責，亦應為別人的安全負責。

　　4.　以實際的例子培養員工的安全意識，隨時以實際發生災害的例

子教導員工，可以加深印象並提高警覺性。

5. 使員工了解安全的工作方法是最有效的方法，絕不能存有絲毫僥倖或投機的心理，作出不安全的行爲。

安全衞生教導的實施可包括教導、觀察、晤談和激勵四個環節，茲分別說明如下：

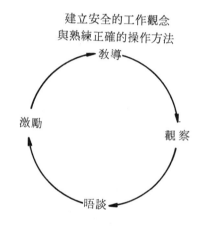

圖 **5-2** 安全衞生教導的實施

（一）安全教導

安全教導通常包括：新進員工安全講解、職位（或工作崗位）安全講解、單一操作安全說明及工作前安全指導等四種方式。

1. 新進員工安全講解：旨在讓新進員工了解工作環境及作業之特質、應遵守的安全衞生規則、事業單位防止意外事故之有關政策及個人對安全衞生方面應負擔的責任等。

2. 職位安全講解：係對調到新職位或分派新工作崗位之員工實施之安全教導，使他充分了解新的工作所應具備的安全衞生知識。職位安

全講解通常包括：工作的主要危險、防護設備的要求、重要的安全衛生規定及有關整潔的要求等內容。

表 5-3　職位安全講解卡範例

職位安全講解

部門：	職位：軋鋼工

主要危險所在
1.機動設備的交通 2.架空起重機——移動的設備 3.不充分的照明 4.軋機中的熱桿料 5.地板上之廢料
服裝與防護設備
1.安全鞋 2.頭盔 3.短手套與寬而粗大手套 4.有袖襯衫
重要安全衛生規定
1.決不可背向軋鋼機中的桿料 2.沒有護眼設備決不可使用割切火炬 3.永遠裝上特為移動設備設計之護罩
整潔要求
1.保持通道清潔無絆人危險 2.正確存放物料與工具 3.清除過多的廢料

3. 單一操作安全說明：在對新進員工作過一般性安全講解之後，仍需對新職位每一操作的安全施予教導。其方法通常包括：示範、觀察及追踪三個程序。

(1) 示範：一面示範工作步驟，一面說明每一步驟可能遭遇或潛在的危險，並以實例說明錯誤的舉動所造成的後果。

(2) 觀察：示範之後，要員工表演並說明正確的工作方法與可能發生的危險，教導者則在一旁觀看他完成每一步驟。必要時應加以糾正，或適時給予讚譽，以建立其信心。

(3) 追踪：做追踪觀察，在幾小時後回頭查看他是否正確而安全地進行工作。

作單一操作安全示範時，教導者於示範前應做好下列工作：

(1) 在心中溫習全部工作步驟，各種可能危險及正確的安全操作方法與程序。

(2) 查閱作業安全分析資料，準備一面示範一面講解。

(3) 備妥該工作需要用的各種工具與設備，以使示範能順利進行。

4. 工作前安全指導：指派員工擔任非經常執行的危險工作之前，應給予安全指導。工作前安全指導的內容必須包括：

(1) 該項工作的嚴重潛在危害因素或事故。

(2) 不安全的工作方法或程序。

(3) 需用的個人防護裝備。

(4) 對其他人員的安全責任。

(5) 工作後的清理或清潔要求。

（二）安全觀察

所謂安全觀察即實地查看員工是否安全地進行工作，其目的乃在：

(1) 找出不安全衛生的實務。

(2) 查核員工是否受過有效的訓練。

(3) 發現不安全的行為可立即糾正，以免造成嚴重損傷。

(4) 有助於加深對屬下的了解。

(5) 提示較佳的工作方法及更有效地使用機具。

安全觀察的對象包括人與工作，通常需要觀察的工作為：

(1) 重覆發生意外的工作。

(2) 危險性高的工作。

(3) 其他特殊性的工作。

而需要觀察的人員則包括：

(1) 無工作經驗的員工：因為他所知不多，實施觀察可及早發現不安全的行為而加以改正，以免使不安全的方法變成了工作習慣。

(2) 屢遭意外傷害的員工：對這種人實施觀察，可找出其屢遭意外的真正原因，再設法去保護他不再遭意外。

(3) 以不安全出名的員工：這些人總是要冒不必要的危險，不遵守有關安全規定，對其實施觀察，可提醒他們，你知道他們的不安全行為，如此可以使他們少冒危險。

(4) 因身體或心智上有缺陷而不能安全工作之員工：如果發現他們真的不能安全地擔任某種工作，應及時採取行動，以免造成無謂的傷害。

(5) 其他需要安全觀察的人員：如長期生病恢復工作之員工、因種種原因調到多年未再擔任職位的員工、情緒不穩定或經他人報告有怪

異行爲之員工等。

安全觀察的方式通常有：臨時性的安全觀察、有意的安全觀察及有計畫的安全觀察三種。

(1) 臨時性的安全觀察：當一位主管或領班警覺地從一處走到另一處，穿過屬下工作的地方，一面在執行他的許多任務，一面就在進行臨時的安全觀察。一位警覺性高或有經驗的主管或領班，隨時都在作臨時性的安全觀察。

(2) 有意的安全觀察：主管或領班放下他正在從事的工作，有目的地去看某一工作或某一員工如何進行操作。對於有相當危險的工作，或以不安全出名的員工，主管或領班應經常實施有意的安全觀察。

(3) 有計畫的安全觀察：即預先計畫好的有意觀察，通常在觀察前須研究有關的資料與問題，並做充分的準備，觀察時須有詳細的紀錄，以便做進一步研究或觀察的參考。此種觀察具有研究的性質，適用於無法找出意外事件原因的人員或工作。

(三) 安全晤談

員工除接受安全教導與觀察外，必要時仍應實施安全晤談，以期達成下列的目標：

(1) 加強員工對危險的警覺性。

(2) 增進員工的安全意識。

(3) 強化員工在安全工作程序方面的知識。

實施安全晤談的時機，通常是員工在工作與工作程序中違犯某種規定，或有某一工作步驟需要檢討或討論時。安全晤談依其性質可分爲：重新指導的安全晤談和提醒糾正的安全晤談兩種。

1. 重新指導的安全晤談：當第一次看到員工使用不安全的工作方

法時，用重新指導法的晤談是最好的方式。實施此種晤談通常可按下列步驟進行：

(1) 說明什麼事不安全。

(2) 說明如何不安全，並設法使員工確信會發生什麼以及如何發生。

(3) 說明正確的安全工作程序。

(4) 要他以後應按安全的程序進行工作。如在現場則要他實際操作給你看。

2. 提醒糾正的安全晤談：當你發現某一員工經常使用不安全的工作方法，且屢次勸導無效時，你必須設法使他相信他錯了，而且堅持要他停止不安全的操作。提醒糾正的安全晤談方法為：

(1) 讓他知道有問題存在，而且你以前曾糾正過他，當時他也同意不再使用此種方法操作。

(2) 問他為何要繼續使用這種操作方法，給他機會說明他的觀點或看法。

(3) 如果他有正當的理由，聽他說明，但不要接受他的藉口。

(4) 堅持要他使用正確的安全方法工作。

(5) 再一次告訴他必須使用安全方法的種種理由。

(6) 試圖使他同意停止不安全的工作方法，設法說服並堅持要他改變。

（四）安全激勵

根據安全專家的研究分析。發現使人不安全工作之個人心理，可歸納如下數種因素：

(1) 缺乏危險意識

(2) 投機或節省時間與心力

(3) 避免不舒服

(4) 吸引注意

(5) 表示憤恨

(6) 獨樹一格

　　針對這些心理因素，領班和主管可採行下列措施，激勵員工安全地工作。

　　1. 樹立正確範例：通常員工不遵守安全衛生規定，往往係因為領班或主管人員未能以身作則所致。因此應透過如下各種途徑，樹立正確的範例。

　　(1) 自己學會安全工作方法。

　　(2) 以身作則遵守安全衛生法規與正確工作程序。

　　(3) 留心可能出現的不安全情況，從各方面表示對員工的關切。

　　2. 發展合作意識：許多人遵守安全工作方法，往往不是因為他們被說服，而是因為要與一位重視安全衛生實務的領班或主管合作。因此應從建立良好的人際關係，以發展員工的合作意識。

　　3. 對安全工作者予以讚譽：當發現某一員工能遵照安全指示工作時，應適時予以讚譽，對安全工作有特殊表現者，亦應設法予以表揚，以激勵其他員工。

　　4. 即時制止不安全之操作：　發現有不安全之操作應即刻予以改正，如果一個人繼續或經常使用不安全方法工作，必要時應採取適當的懲戒措施，尤其絕對不能指示或命令員工去做不安全的操作。

　　總之，實施安全衛生教導，應將員工或你的屬下當人，而不是機器，設法深入了解他們的願望、情緒或挫折，愈了解他們，則愈能了解他們的行動與思緒，也愈能有效處理激勵員工安全工作之有關問題。

四、促進安全衛生興趣活動之設計

誠如前述，安全衛生工作的推行，必須獲得員工的充分合作，因此舉辦各種活動，以引起員工對安全衛生的興趣，實為推動安全衛生教育的重要一環。企業內員工安全衛生活動之設計，通常應考慮下列三項基本原則：

1. 使每位員工均有參與機會：有關安全衛生的各種活動，儘量設法使各部門之員工，均有機會參加，以全面提高員工的興趣與參與感。

2. 各種活動應反覆不斷地連續舉辦：使安全衛生活動成為日常管理工作的一部份，以增強員工的職業安全意識。

3. 雇主及各級主管應主動參與各項活動：雇主及各級主管對各種安全衛生活動應表示關切與重視，以激起員工的參與熱忱。

茲介紹企業內安全衛生活動的幾種範例，事業單位可依實際需要選擇舉辦。

（一）安全衛生集會

員工的安全衛生集會可排定有關專題演講、事故檢討、經驗交換，或戲曲等餘興節目。此種集會應儘量摻雜輕鬆的幽默節目，亦可利用有關節日如公司成立紀念日等機會實施，以增進效果。唯活動之時間應視需要訂定，切勿流於形式。

（二）安全衛生競賽

設計各部門安全衛生推行成效之比賽，可提高員工對安全衛生之興趣。比賽可採用：(1) 同一期間傷害頻率或傷害嚴重率之比較。(2) 同一期間傷害頻率或傷害嚴重率改善情形之比較。(3) 維持無損傷事故時間之長短等方式實施。比賽辦法以簡單、公平為原則，對優勝者可給予

獎勵或公開表揚，以提高參與的興趣。

（三）設置安全衛生信箱

鼓勵員工對改善安全衛生提供建議，以集思廣益，下情亦能上達。唯辦理此一活動時，應注意下列各點：

1. 各級主管應誠懇地歡迎各項建議。

2. 對每一建議要切實檢討，可行者應立即採用，認為不可行者亦應迅速答覆不能採用的理由。

3. 對有價值的建議應給予適當的獎勵或表揚。

（四）出版安全衛生刊物

利用刊物登載安全衛生消息，對安全衛生工作的推行頗有助益。唯消息的刊載，應力求生動，切忌單調或公式化，以提高閱讀的興趣。

（五）安全衛生漫畫、海報或標語

安全衛生漫畫、海報或標語的張貼應求整齊，定期更換與保養。有時舉辦安全衛生漫畫或海報比賽，亦可提高員工的安全衛生興趣。

（六）其他促進安全衛生興趣之活動

舉辦安全衛生教育、防火、急救訓練，或參觀觀摩等活動亦是促進員工安全衛生興趣的有效辦法。甚至日常工作中，主管人員的語言行動，亦可對員工的態度造成相當的影響。

五、我國有關安全衛生訓練之規定

（一）一般勞工之安全衛生訓練

雇主對於新雇或調整作業之勞工，應施予一般安全衛生訓練，且辦理時須將訓練計畫、課程內容、受訓人數等有關事項報請當地主管機關

核備。一般勞工安全衛生訓練的項目包括：

1. 安全衛生的意義及其重要性

2. 現場安全衛生規定

3. 作業開始前之檢點事項

4. 標準作業程序

5. 該作業中有關安全衛生特殊情況及預防方法

6. 緊急事故之處理或避難事項

7. 有關環境衛生規定事項

8. 急救訓練

9. 消防常識及規定事項

10. 其他有關事項

　　一般勞工安全衛生訓練之時數，新雇勞工不得少於六小時，調換工作者不得少於三小時，而對較特殊工作之勞工，則應視需要，酌增訓練時數。

（二）危險性機械操作人員之安全衛生訓練

　　依據勞工安全衛生訓練規則規定，所謂危險性機械包括：

1. 鍋爐（小型鍋爐除外）。

2. 第一種壓力容器。

3. 吊升荷重在五公噸以上之固定式起重機、移動式起重機及人力臂起重桿。

　　以上機械之操作人員雇主應雇用有執照合格人員或訓練合格人員充任。唯雇主辦理此項訓練時，應於事前將訓練計畫、講師、參加訓練人數等事項報請中央主管機關核備。又辦理鍋爐操作人員訓練時，應於事前申請中央主管機關審查認可。危險性機械操作人員之訓練課程詳見

表 5-6。

(三) 特殊作業人員之安全衛生訓練

所謂特殊作業人員，依勞工安全衛生訓練規則規定，包括下列十六項：

1. 小型鍋爐之操作。
2. 操作荷重一公噸以上之堆高機。
3. 操作吊升荷重未滿五公噸之固定式起重機、移動式起重機及人字臂起重桿。
4. 以乙炔熔接裝置或瓦斯集合裝置從事金屬之熔接、切斷或加熱之作業。
5. 使用起重機設備從事吊掛作業。
6. 輻射設備之裝置管理及操作。
7. 火藥爆破作業。
8. 爆竹煙火製造之配製作業。
9. 胸高直徑七十公分以上之伐木作業。
10. 機械集材運材作業。
11. 鉛作業。
12. 四烷基鉛作業。
13. 有機溶劑作業。
14. 缺氧作業。
15. 特殊化學物質作業。
16. 其他經中央主管機關指定之作業。

從事以上作業人員或管理人員，雇主應施予特殊安全衛生訓練。舉辦是項訓練，亦應於事前將訓練計畫、參加訓練人數、講師資格及訓練

設備等報請省（市）主管機關核備。特殊作業人員之訓練課程詳見表5-7。

六、事業單位安全衛生訓練之推動

事業單位安全衛生訓練之推動，通常可分為如下五個步驟：

1. 確定訓練之要點。
2. 決定訓練對象、訓練型態、訓練內容與訓練方法。
3. 擬訂訓練計畫，並作好訓練實施前之各項準備工作。
4. 實施訓練。
5. 評估訓練成效。

要言之，安全衛生訓練之推動可分為計畫、實施與評估三個階段，茲分別說明於後：

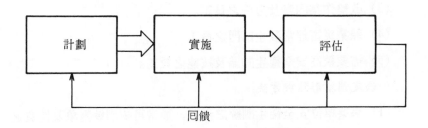

圖 5-3　安全衛生訓練計畫之推動

（一）安全衛生訓練之規劃

1. **確定訓練要點**：擬訂安全衛生訓練計畫之前，應檢視事業單位下列各項資料，以確定訓練之方向與重點。

(1) 職業災害統計資料：災害發生場所、災害相關作業、設備及

材料、災害原因與事故發生頻率等。

(2) 員工背景資料：如性別、年齡、經驗、教育及訓練經歷等。

(3) 生產有關資料：包括作業及設備概況、使用原料、作業標準、安全守則及作業之危險性等。

(4) 管理組織有關資料：各級安全衛生管理之權責及其安全衛生教育能力等。

2. 決定訓練對象：事業單位推動的安全衛生訓練，其對象通常可分爲三類：

(1) 高級管理人員：如廠長、總經理甚至董事長。

(2) 中級管理人員：包括各部門主管及領班。

(3) 基層作業員工。

基層作業員工之訓練，又應以下列人員爲優先：

(1) 新僱用及調職之員工。

(2) 知識技能不足及工作態度欠佳之員工。

(3) 改變作業內容及方法之員工。

(4) 職業災害經常發生部門之員工。

(5) 需要較高安全衛生知識及技能之員工。

3. 決定訓練形態與方法

(1) 事業單位安全衛生訓練之形態，通常可依訓練對象及性質之不同分爲：工作崗位訓練、集體課堂教學、委託訓練、自學教材（或編序教學）及資料選讀等幾種類型。

(2) 安全衛生訓練的方法，則可分爲：講解、小組討論、角色扮演、事故研究及實地演習等方式。

4. 延聘訓練師資：事業單位安全衛生訓練師資之來源可由如下二種途徑獲得：

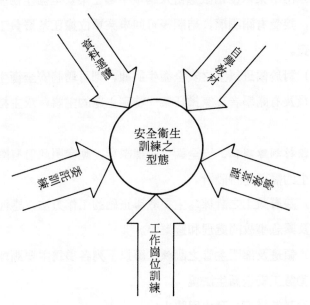

圖 5-4　安全衛生訓練形態

圖 5-5　安全衛生訓練方法

(1) 由事業單位指派適當人選至中國工業安全衛生協會或中國生產力中心，接受有關訓練，結訓後可回事業單位擔任基層員工安全衛生訓練之師資。

(2) 對於領班以上之安全衛生訓練，則可聘請安全衛生顧問、政府主管官員及有關學者專家擔任某一特定主題的主講，或主持一般員工的訓練。

5. 設計訓練課程：安全衛生訓練課程，應參照政府有關法規之規定及事實上的需要進行設計。

(1) 基層員工之訓練：主要教導正確的工作方法，應注意的安全衛生事項及緊急事故的處理和避難等。

(2) 領班及部門主管之訓練：應以下列各項為主要訓練內容。

①勞工安全衛生法規

②職業災害的發生與防止

③事故調查分析與報告

④機械防護

⑤工場整潔

⑥安全衛生防護具之使用

⑦防火防爆

⑧事故實例研討

(3) 高級主管之訓練：主要應以安全衛生與事業經營為內容。

(4) 其他各項特殊操作人員之訓練：如鍋爐安全訓練、焊切安全訓練、有機溶劑作業人員訓練及特殊化學物質作業管理人員訓練等，應以政府有關訓練規範之規定，設計課程內容。

6. 擬訂訓練計畫：上述各項工作準備妥當之後，即開始擬訂訓練計畫。通常事業單位的安全衛生訓練計畫，應包括下面的內容：

(1) 訓練名稱及目標。

(2) 訓練對象。

(3) 訓練課程及使用教材或教學媒體。

(4) 訓練形態與方法。

(5) 訓練師資。

(6) 訓練時間之分配與安排。

（二）　安全衛生訓練之實施

事業單位實施安全衛生訓練時應注意下列各點：

1. 有關的行政及管理措施應予充分配合。

2. 各級主管，尤其高級主管應隨時巡視或實地了解訓練執行情形。

3. 訓練教師應充分運用溝通及教學技術，維持受訓者的學習興趣。

4. 充份使用視聽教助，以期達成最佳學習效果。

5. 隨時注意受訓者的反應及有關建議，以為規劃其他項目訓練或下次同一訓練之參考。

（三）　安全衛生訓練成效之評估

事業單位安全衛生訓練計畫執行成效的評估方法很多，但通常可由下列四種方法予以考核。

1. 反應(Reaction)：係指受訓者對整個訓練計畫的反應與評價，通常可以用問卷調查獲得資料。評量受訓者的反應可採下列的方式實施：

(1) 決定你希望知道的項目。

(2) 根據所要的項目列出一個清單。

(3) 設計一種表格以利評量。

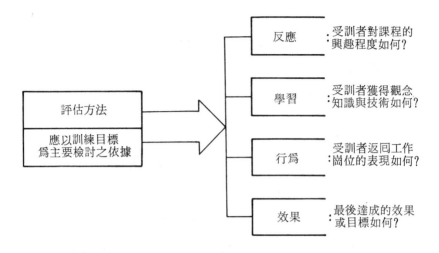

圖 5-6 安全衛生訓練成效之評估

(4) 再給予開放的題目，由受訓者自由填寫他的一些意見與感想。

(5) 使每個人單獨填寫上面設計好的評量表，最後再予分析。

2. 學習 (Learning)： 係指受訓者的學習成果，通常可以從受訓者的課堂表現 (Class Performance) 及實施測驗 (Test)，了解受訓者的學習成果。評量此一成效時應注意下列各點：

(1) 對每一位參加受訓者均應加以評量以求客觀。

(2) 應作受訓前與受訓後的測驗，以了解實際的訓練成效。

(3) 評量學習成果應以原訂之訓練目標為導向。

(4) 可能的話應有一控制組，俾便和實驗者進行比較。

3. 行為(Behavior)： 係指受訓者返回工作崗位後的行為表現。因為認知與行為表現之間往往有一段距離，概念性的學習成果測驗，只能了解他懂了什麼，而無法確定是否會在工作崗位上照他所了解的去做，

因此必須進一步做行爲表現的評量。

　　(1) 行爲表現的評量可以從下面幾方面進行:

　　　　①接受訓練者本人自行評量。

　　　　②由他的主管或領班加以評量。

　　　　③由他的部屬給予評量。

　　　　④由他的同事或其他可能了解他工作情形的任何人予以評量。

　　(2) 必須運用統計分析，比較受訓前和受訓後是否有差異。

　　(3) 最好能有控制組，俾便兩者相互比較。

　　4. 效果 (Results): 係指訓練計畫完成後整個工作效果之評量，如事故率的減少、生產成本的降低與生產效率的提高等。

　　總之，安全衞生訓練成效的評估應從受訓者的反應、學習成果、行爲表現到對整個管理與生產效率的影響分別加以評量，只是後二項成效之評估頗爲複雜且實施不易，通常必須有完善的設計與充分的準備才能做好此項工作。

七、結　　語

　　安全衞生教導與訓練是推動工業安全衞生的首要工作，不管基層勞工、領班或各級主管人員均有必要接受有關的安全衞生訓練，尤其領班和部門主管更應負起教導所屬員工正確工作方法的責任，以防止職業災害的發生。目前國人尚未普遍重視工業安全衞生的推展，安全衞生教導與訓練工作，愈形重要。僱主應遵照有關法令之規定，積極推動企業內之安全衞生訓練計畫，政府有關當局亦應協助訓練課程的設計與教材之提供，並督導確實做好危險機械操作人員及特殊作業人員之訓練與發證，以確保勞工的職業安全與健康。

表 5-4 作業安全分析範例

作業安全分析單

<table>
<tr><td rowspan="3" colspan="2"></td><td>工 廠</td><td colspan="2">工作操作名稱: 用架定起重機吊運一梱桿料</td><td>工作安全分析編號</td></tr>
<tr><td>部 門</td><td colspan="3"></td></tr>
<tr><td>課</td><td colspan="3">工作人職稱: 上貨工</td></tr>
<tr><td colspan="6">要求或建議使用的個人防護設備:
頭盔、安全眼鏡、安全鞋、皮手套長袖</td></tr>
<tr><td colspan="2">Ⅰ. 基本工作步驟的順序</td><td colspan="2">Ⅱ. 潛在事故或危險</td><td colspan="2">Ⅲ. 建議的安全工作方法與程序</td></tr>
<tr><td colspan="2">1.指導起重機工至吊起物處</td><td colspan="2">1a. S B—滑車或負荷配合設備
1b. F S—絆倒
1c. C O—桿料梱
1d. F B—梱料倉</td><td colspan="2">1a. 給與正確起重機信號。避免置身於滑車或負荷配合設備之下
1b. 保持工作區域內無絆倒危險。
1c. 步道內勿堆存物料。
1d. 爬上梱料倉時,步步踏實。</td></tr>
<tr><td colspan="2">2.給起重機工放下滑車的信號</td><td colspan="2">2a. S B—滑車或負荷或配合設備
2b. F S—絆倒</td><td colspan="2">2a. 不要站在滑車或負荷配合設備之下。給與正確起重信號。
2b. 保持工作區域內無絆倒危險。</td></tr>
<tr><td colspan="2" rowspan="2">3.目視檢查吊索</td><td colspan="2">3a. S B—破纜索鋼絲
3b. CBe—鏈環</td><td colspan="2">3a. 當心斷鋼絲。
3b. 處理鏈索時注意擠壓點。</td></tr>
<tr><td colspan="2">4a. CBe, SB—梱狀吊起物
4b. S B—起重機滑車或配合設備</td><td colspan="2">4a. 用一推拉桿或手鈎去拉吊起物下的吊索。確保鄰近的吊起物已被適當擋住。
4b. 若滑車,負荷配合設備或吊索必需更換位置,站到一旁並給予適當的信號。</td></tr>
<tr><td colspan="2">4.鈎上吊起物</td><td colspan="2">4c. S A—梱紮鋼絲的尖端</td><td colspan="2">4c. 用推拉桿或手鈎去拉吊起物下的吊索,確保梱紮鋼絲尾端已向內彎妥。</td></tr>
<tr><td colspan="2" rowspan="2">5.信號指示起重機工往上吊</td><td colspan="2">5a. C O—吊索或吊起物
CBe—吊索或吊起物</td><td colspan="2">5a. 用推拉桿,勿用手碰鈎,吊起物及吊索。</td></tr>
<tr><td colspan="2">5b. S B—吊起物
CBe—吊起物與他物
5c. FS, FB—料梱倉</td><td colspan="2">5b. 給起重機工信號前遠離吊起物。給與適當的起重機信號。用推拉桿去操縱吊起物,避免移動吊起物與固定物體間的擠壓點。
5c. 發信號前小心移至安全位置。</td></tr>
<tr><td colspan="3">核定_____ 日期_____</td><td colspan="3"></td></tr>
<tr><td colspan="3"></td><td colspan="3">工作安全分析人簽名　　日期</td></tr>
</table>

工作安全分析示例,工作步驟列於第一欄。與每一步驟關連的危險或潛在事故外經鑑定後列入第二欄。安全程序及預防列入第三欄。英文縮寫字代表事故型態。

表 5-5　安全作業標準範例

作業名稱: 搬　　運　　　　　　　　　　分類編號: ＿＿＿＿＿

單位作業名稱: 手抱木箱之搬運作業　　　訂定日期: 　年　月　日

作業類別: 個　人　　　　　　　　　　　修定日期: 　年　月　日

處理物品: 木箱 (300×400×400) 20kg 左右　　（第　　次）

使用器具、工具: 1.鐵槌　2.拔釘器　3.鉗子

防護器具: 1.安全鞋　2.棉質手套

作業要素	基本動作（順序）	使用器具與工具	防護器具	作業人員	要　　　　　　　　　點
準備	1.檢點荷物	1. 2. 3.	1. 2.	A	1.檢點木箱之破損鐵釘之突出、刺等。 2.檢點掛繩，緊結等之損傷。 3.目測重量，準備搬運。
運	2.站立於持物位置		1. 2.	A	1.接近貨物，站立於持貨位置。 2.將足部張開一步半左右。 3.放低腰部。
	3.把住貨物		1. 2.	A	1.持住貨物使一邊上浮。 2.以手抓緊貨物。 3.以身體靠近貨物，另一手亦把持住。
	4.將貨物提升		1. 2.	A	1.以雙手持平貨物。 2.注意荷物重心，尋求身體之平穩。 3.穩靜地提升腰部，勿彎背。
搬	5.運　　貨		1. 2.	A	1.身體保持不困難之姿勢。 2.以小步慢走。
放置	6.卸　　貨		1. 2.	A	1.確認置貨位置。 2.放低腰部卸貨、勿彎背。 3.將貨物之一端，正確置於枕木輕輕放置。

圖解:		災　害　實　例	對策（包括作業資格）
		被木箱突出之鐵釘刺傷。	
		易發生之事故	其　　　　　　他
		手部被釘子刺傷。	放置場所應事前清理。

標準製作人:

表 5-6 危險性機械操作人員訓練課程及時數

一、操作任何大小鍋爐之甲級鍋爐操作人員及傳熱面積未滿五〇〇平方公尺之乙級鍋爐操作人員訓練課程。

    ㈠訓練課目

        熱力學概論

        材料及其性質

        燃料與燃燒

        鍋爐構造

        鍋爐操作

        附屬設備及附屬品之處理

        日常檢點及異狀之處理

        勞工安全衛生有關法規

        點火實習

        燃燒之調整實習

        水處理及吸洩

        測驗

    ㈡訓練時數：不得低於一二〇小時

二、操作傳熱面積未滿五〇平方公尺之丙級鍋爐操作人員訓練課程

    ㈠訓練課目

        熱力學概論

        材料及其性質

        燃料與燃燒

        鍋爐構造

        鍋爐操作

        附屬設備及附屬品之處理

        日常檢點及異狀之處理

        勞工安全衛生有關法規

        點火實習

        燃燒之調整實習

        水處理及吹洩實習

        測驗

    ㈡訓練時數：不得低於六〇小時

三、操作第一種壓力容器操作人員

    ㈠訓練課目

鍋爐概論

熱力學概論

材料及其性質

壓力容器類別及製造法

無火壓力容器構造

安全裝置及其使用

壓力容器檢查

故障對策

危險物質及反應

勞工安全衛生有關法規

操作實習

測驗

(二)訓練時數：不得低於六〇小時

四、操作吊升荷重在五公噸以上固定式起重機訓練課程。

(一)訓練課目

固定式起重機有關知識

電機及有關電氣知識

起重和駕駛有關力學知識

勞工安全衛生有關法規

操作實習

重量估測實習

吊掛實習

操作指揮實習

測驗

(二)訓練時數：不得低於六〇小時

五、操作吊升荷重在五公噸以上移動式起重機訓練課程

(一)訓練課目

移動式起重機有關知識

原動力及有關電氣知識

起重駕駛有關力學知識

勞工安全衛生有關法規

操作實習

重量估測實習

吊掛實習

　　　操作指揮實習

　　　測驗

　　㈡訓練時數：不得低於六〇小時

六、操作吊升荷重在五公噸以上人字臂起重桿訓練課程

　　㈠訓練課目

　　　人字臂起重桿有關知識

　　　電動機及有關電氣知識

　　　起重桿駕駛有關力學知識

　　　勞工安全衛生有關法規

　　　操作實習

　　　重量估測實習

　　　吊掛實習

　　　操作指揮實習

　　　測驗

　　㈡訓練時數：不得低於六〇小時

表 5-7　特殊作業人員訓練課程及時數

一、小型鍋爐操作人員之特殊安全衛生訓練課程

　　㈠訓練課目

　　　鍋爐構造有關知識

　　　燃料及有關燃燒知識

　　　鍋爐附屬品及有關知識

　　　勞工安全衛生有關法規

　　　小型鍋爐之運轉及保養等之實習

　　　小型鍋爐檢點實習

　　　測驗

　　㈡訓練時數：不得低於十八小時

二、駕駛一公噸以上堆高機人員之特殊安全衛生訓練課程

　　㈠訓練課目

　　　堆高機行車有關裝置及處置知識

　　　堆高機載物有關裝置構造及處置方法常識

　　　堆高機運轉有關力學常識

　　　勞工安全衛生有關法規

堆高機行車操作

抓斗載物之操作

測驗

(二)訓練時數：不得低於十八小時

三、吊升荷重在五公噸以下固定式起重機、移動式起重機、人字臂起重桿等操
作人員特殊安全衛生訓練課程

(一)訓練課目

起重機有關知識（固定式或移動式起重機，或人字臂起重桿）

動力及電氣有關知識

力學有關知識

勞工安全衛生有關法規

起重機有關操作

重量估測

操作起重機必要之信號

測驗

(二)訓練時數：不得低於十八小時

四、以乙炔熔接裝置或瓦斯集合裝置從事金屬之熔接切斷或加熱作業人員特殊
安全衛生訓練課程

(一)訓練課目

如瓦斯熔接等業務需要之設備構造及處置方法有關知識

如瓦斯熔接等業務使用可燃性瓦斯及氧氣有關知識

勞工安全衛生有關法規

瓦斯熔接使用設備之處置實習

測驗

(二)訓練時數：不得低於十八小時

五、起重設備索具吊掛作業特殊安全衛生訓練課程

(一)訓練課目

各種起重機有關知識

各種起重機必要之力學知識

吊掛方法

勞工安全衛生有關法規

起重機等吊掛實習

起重機等運轉指揮

測驗

㈡訓練時數：不得低於十八小時

六、火藥爆破作業人員特殊安全衛生訓練課程

　㈠訓練課目

　　火藥知識

　　火藥之處置

　　發爆方法

　　勞工安全衛生有關法規

　　實習

　　測驗

　㈡訓練時數：不得低於十八小時

七、爆竹煙火製造配藥人員特殊安全衛生訓練課程

　㈠訓練課目

　　火藥有關知識

　　作業方法

　　勞工安全衛生有關法規

　　實習

　　測驗

　㈡訓練時數：不得低於十八小時

八、胸高直徑七十公分以上伐木作業人員特殊安全衛生訓練課程

　㈠訓練課目

　　伐木作業有關知識

　　鏈鋸有關知識

　　勞工安全衛生有關法規

　　伐木方法實習

　　鏈鋸操作實習

　　測驗

　㈡訓練時數：不得低於十八小時

九、機械集材運材作業人員特殊安全衛生訓練課程（包括集材機司機）

　㈠訓練課目

　　集材機之構造及性能

　　集材機之操作

　　集材機之檢查及保養

　　集材索具介紹

　　架線作業有關知識

　　　勞工安全衛生有關法規

　　　機械集材實習

　　　測驗

　　㈡訓練時數：不得低於三十六小時

十、鉛作業管理人員特殊安全衛生訓練課程

　　㈠訓練課目

　　　鉛中毒預防有關知識

　　　安全衛生防護具有關知識

　　　改善作業環境有關知識

　　　勞工安全衛生有關法規

　　　測驗

　　㈡訓練時數：不得低於十八小時

十一、四烷基鉛作業管理人員特殊安全衛生訓練課程

　　㈠訓練課目

　　　四烷基鉛中毒預防有關知識

　　　作業者之清潔及有關防護具知識

　　　改善作業環境有關知識

　　　勞工安全衛生有關法規

　　　測驗

　　㈡訓練時數：不得低於十八小時

十二、有機溶劑作業管理人員特殊安全衛生訓練課程

　　㈠訓練課目

　　　有機溶劑中毒預防規則

　　　有機溶劑之主要用途

　　　有機溶劑之毒性

　　　有機溶劑之行政作業管理

　　　有機溶劑中毒急救

　　　有機溶劑測定

　　　換氣裝置及其維護

　　　勞工安全衛生有關法規

　　　測驗

　　㈡訓練時數：不得低於十八小時

十三、缺氧作業管理人員特殊安全衛生訓練課程

　　㈠訓練課目

氧濃度測定方法

缺氧症原因及預防措施有關知識

急救有關知識

防護具有關知識

勞工安全衛生有關法規

測驗

(二)訓練時數：不得低於十八小時

十四、特殊化學物質作業管理人員特殊安全衛生訓練課程

(一)訓練課目

特殊化學物質有關知識

作業環境改善有關知識

安全衛生防護具有關知識

急救有關知識

勞工安全衛生有關法規

測驗

(二)訓練時數：不得低於十八小時

第六章　工業安全衛生資訊系統的建立

一、引　言

　　爲確實掌握工作環境的可能危害因素，了解導致危險發生的眞正原因，除平日應實施安全衛生檢查外，一有事故發生則應隨卽進行調查、分析，並予紀錄或作成報告，俾建立完整的資料，以全面謀求改善對策，防止類似事故或更嚴重災害的再度發生。一般工業意外事故或災害的發生，大多由於人、環境、設備或材料等的一時處置失當所致，事故調查 (Accident Investigation) 的目的，卽在分析這些失當處置如何和爲何會發生。若能利用調查所獲得的訊息與資料，採取適當的措施，則類似事故或更慘重的災害卽可因而得以防止。由於嚴重的災害，大多隱藏在較輕微事故的背後形成，因此作業主管對任何大小事故或有危險之虞情況發生時，應卽展開調查，研究事故發生的原因，並向有關主管報告，以謀對策。根據我國勞工安全衛生有關法令之規定，事業單位工作場所如發生職業災害，雇主應卽採取必要措施，並報告主管機關及檢查機構，此外事業單位亦應辦理職業災害統計，按月報請主管機關及檢查

機構備查。足見意外事故調查和職業災害報告是推行工業安全衛生的重要工作之一。讀完本章，您可以了解：

1. 事故調查的意義與實施方法；
2. 事故分析的方法與系統安全分析之運用；
3. 事故紀錄與資料系統的建立；
4. 職業災害統計與報告之意義與作法。

二、事故調查的意義與實施方法

事故調查旨在尋找或發現發生事故的真正原因，其主要着眼點乃在找出事實，而非尋找過失。雖然這並不是說責任可以不加追究，但調查無論是由個人、調查小組或委員會實施，應只關心事實真象，而避免涉及事故責任或後果的問題。具體而言，實施事故調查的目的有四：

1. 了解事故的真象，收集現場資料，以作為事故分析的基礎。
2. 決定造成事故的各項失誤因素，以及早改善不安全衛生的環境，或加強員工訓練與督導，以防止類似事故的再發生。
3. 公開告知員工及其主管有關事故的資料，以提醒注意或提高安全衛生意識。
4. 必要時可以作為法律責任認定的參考資料。

事故調查實施的步驟與程序，雖然或因事故的性質與造成災害的情況而有所不同，但通常乃依下列步驟進行：

（一）組成調查小組

通常由發生事故的部門主管、領班及安全衛生主管、安全衛生委員會代表等組成調查小組。唯如屬輕微或無傷害之事故則由領班或部門主

管直接進行調查即可。調查人員在進行事故調查時應保持如下的態度，必要時可給每一位調查員分派特殊的任務。

1. 友善的態度。
2. 周密的觀察及詢問。
3. 客觀的分析。
4. 正確的判斷。
5. 事實的報導。
6. 公正的處理。

（二）決定調查內容

調查的內容係由事故的性質來決定，但通常不外乎包括下面六項範圍，即六個W：

1. 發生什麼事故（What）？
2. 誰發生事故？或誰受到傷害？誰又是現場的目擊者（Who）？
3. 事故在那裏發生或事故的現場在那裏（Where）？
4. 事故是在何時發生（When）？
5. 爲什麼會發生此一事故（Why）？
6. 事故是如何發生的（How）？

爲確實掌握調查的重點，在決定調查內容之前應充份了解或研究下列有關資料：

1. 工廠的生產配置圖。
2. 生產線的流程設計。
3. 生產設備的種類與配置情況。
4. 原材料、產品的危險特性及以往的檢驗記錄。
5. 作業環境測定的資料與特質。

（三） 準備調查裝備

進行某一特定災害調查所需使用之裝備，要看災害的性質與發生場所而定。唯一般調查通常需要的裝備包括：

1. 適當的防護具，如防護衣、安全帽、防毒面具等。
2. 筆記本、錄音機及照像機。
3. 米尺、氣壓計和氣體檢驗器等。
4. 採樣瓶、標籤及膠帶。
5. 急救箱、手提袋和手電筒。

（四） 進行調查

1. 進行調查時所需收集的資料包括人和環境的一般資料、管理情形，以及災害發生的經過事實，其項目包括：

（1） 災害發生的時間及場所。

（2） 罹災人員的特性，如年齡、所屬單位、工作經驗、職務、實際擔任工作內容、健康狀況、過去事故記錄及接受安全衛生教育情形。

（3） 罹災的狀況，包括傷害性質、受傷部位及傷害程度等。

（4） 現場的環境，如地面通道、通風設備、照明、噪音、熱度、有害氣體及異常壓力等情況。

（5） 災害現場簡圖，必要時封鎖災害現場或使用照像機拍攝。

（6） 災害的禍源，即引起或導致災害發生的人或機械等。

（7） 現場的目擊者。

（8） 人事編制及管理狀況，即以罹災者為中心的管理情形。

（9） 透過與有關人員詳談，現場的觀查與檢驗，及檢閱有關記錄或資料等，以了解災害發生的經過。

2.　訪問罹災者和目擊者，以及那些於災害發生前不久曾在現場和那些於災害發生後不久到達災害現場者。保存每一位訪問記錄，必要時可使用錄音機。進行訪問調查時應注意事項：

(1)　如果詢問受傷者會延誤醫療，則不可詢問而應儘速送醫，即使不會延誤醫療，對因受傷而感痛苦、煩惱或情緒不安者，亦不予詢問。

(2)　詢問時不要說任何責備或威嚇的話。

(3)　不要逼他。

(4)　不要責怪或使人感覺你不相信他。

(5)　如果所說的事故中有矛盾之處，應保持圓滑的態度，不要與他爭辯。

(6)　使他們了解你是在調查真象而非追究責任。

(五)　撰寫調查報告

根據現場調查及訪問所獲資料判斷：

(1)　於災害或事故發生前，有何不正常之處？

(2)　災害或事故何以會發生？

(3)　事故發生的可能原因及順序。

再根據上述的判斷，撰寫一份摘要性的報告(Summary Report)，包括防止事故或災害重演所應採取的措施。再經多方查證、檢討、分析，完成最後報告 (Final Report)。

總之，實施事故調查，應注意下列各要點：

1.　意外事故發生而有人受傷時，首應急救，予以適當處理，除非輕微傷害，應儘量避免詢問多項問題，以免防礙醫護與急救。

2.　事故發生之後，調查人員應儘快趕赴現場觀察狀況，在未進行

調查前，應儘量保持現場原狀，必要時，可將現場予以封鎖，以便調查人員研究。

3. 應儘速在發生事故的現場與員工及證人面談，以免將來他們自己「發明事實」或「延伸事實」。

4. 安全衛生管理人員或調查小組，進行事故調查時，應對領班及受傷者表示係來設法解決問題，而非尋找過失或確定處置失職者。

5. 在獲得有關改進的建議或資料時，應即採取積極的行動，以免事故的重演。

6. 事故調查係在探討事故發生的真正原因，以便採取必要之對策，因此只要一有事故，不論其規模大小，或造成傷害的嚴重程度，均應實施調查，以掌握事故發生的狀況，並追尋其發生的原因。

7. 實施調查時，應確實掌握有關人、物及管理上之必要資料，尤其對於設施之缺陷與人為疏忽加以留意。

8. 進行調查時避免蒐集與調查目的無關之項目、瑣事，唯對事故現場應儘可能攝取照片，或必要之圖片，以為分析之重要依據。

三、事故分析的方法

意外事故的分析乃依據事故調查所獲的有關資料，加以綜合判斷，找出事故或災害發生的原因。事故調查與分析的關係可由圖 6-1 表示之。

從圖 6-1 中，可以看出一般意外事故或災害的分析，通常可按下列步驟逐項檢討：

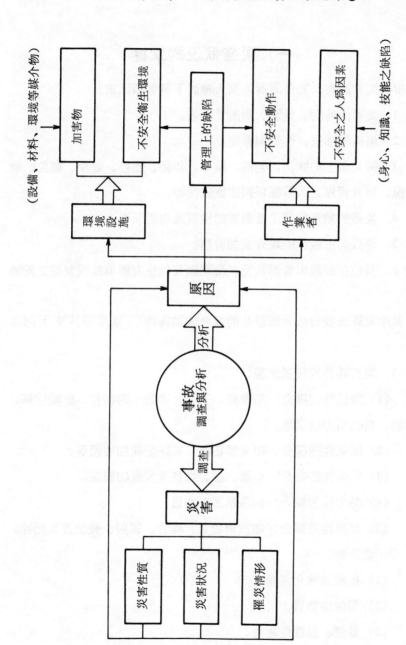

圖 6-1　事故調查與分析體系

（一） 災害狀況的掌握

根據災害調查，充份掌握並深入檢討下列各項因素：

1. 災害的時間、地點、場所及天候。

2. 傷病的部位、性質和程度。

3. 罹災員工的狀況，包括：姓名、年齡、體格、健康、職位、教育訓練、所具資格、人際關係與家庭狀況等。

4. 災害的類型與員工受傷害的性質及傷害狀況。

5. 導致災害發生的媒介或加害物。

6. 其他如組織與管理狀況、現場圖及以往有關事故或災害之記錄等。

其中有關直接導致災害發生的媒介或加害物，通常不外乎下列各項：

1. 災害媒介的能量來源：

(1) 機械性的媒介：如機械、工具、運動中的物件、壓縮空氣、爆炸物、自己用力過猛等。

(2) 電氣性的媒介：如高壓電源，未經絕緣的導體等。

(3) 化學性的媒介：如酸、鹼、燃料及反應物質等。

(4) 熱力性的媒介：如易燃易爆物質。

(5) 輻射性的媒介：如放射物質、噪音、雷射、微波及 X 光等。

2. 危害物：

(1) 壓縮或液化氣體。

(2) 腐蝕性物質。

(3) 易燃、易爆性物質。

(4) 有毒物質。

(5) 粉塵。

（二）災害原因的探討

災害發生原因的探討，應從如下三方面分別進行檢討：

1. 不安全衛生的設備與環境之分析：設備、環境的分析應特別注意下列事項：

(1) 一般的設施及環境狀況：

①作業場所及通道的整理整頓、清潔保持是否良好，特別是物品的放置方法及作業場所通道有無缺陷。

②作業場所的環境條件如照明、通風、噪音、異常溫度、異常氣壓、有害氣體、蒸氣、粉塵、缺氧等狀況。

③當時的天候、溫度、風速等狀況。

④建築物、構造物、施工架等一般設施是否合乎規定，其構造、強度、機能上有無缺陷。

(2) 機具設備狀況：

①各種設備、機具的安全裝置是否有缺陷。

②機具設備的防護設施、接地、絕緣、固定和標示等是否合乎規定。

③有害物抑制的設計及警戒系統是否良好。

(3) 物質、材料及裝載物的狀況：

①對於危險物品、有害物料之名稱、質、量、物性及容許濃度有無標明。

②各種材料的放置是否合乎規定，有無損壞、變質等情形。

③搬運的方法、載物重量是否適當。

(4) 防護具及服裝狀況：服裝的穿着與防護具的選用是否合乎規

定，有無任何缺陷。

2. 不安全衛生動作或行為之分析：不安全衛生的行為或動作係因人而引起的，因此必須檢討罹災人員及現場共同作業有關人員的狀況，如他們的訓練、健康、經驗等。不安全衛生的行為或動作範圍甚廣，唯分析時應特別注意有無下列狀況：

(1) 未使用個人防護具。

(2) 未獲授權擅自使用危險機具。

(3) 在工作中開玩笑。

(4) 不正確的裝載及搬運。

(5) 安全裝置無效或未使用安全裝置。

(6) 不正確的操作方法或工作程序。

(7) 不正確的工作位置或工作姿勢。

(8) 使用有缺陷或待修的機具。

(9) 未遵守安全衛生規定。

(10)其他不安全衛生的行為與動作。

3. 管理缺陷之分析：

(1) 安全衛生組織及人員編組、資格等是否合乎規定。

(2) 有無訂定作業標準、安全守則。

(3) 作業流程及程序設計是否得當。

(4) 設備的檢查及維護狀況是否良好，有無缺陷。

(5) 對於管理和監督人員的權限、責任、職務有無明確劃分。

(6) 安全衛生教育的實施狀況、平日的檢查與事故或災害的調查分析是否建立完整的資料。

（三）災害原因的確定

綜合上述對災害狀況的掌握、災害原因的探討，發現問題的關鍵與癥結，確定災害發生的眞正原因。

四、系統安全分析的運用

近年來意外事故或工業災害的分析，都運用系統安全分析（System Safety Analysis）的方法，以求準確而有效。所謂系統安全分析，即運用科學程序，以合乎邏輯思考、推理的方法，對整個事物（系統），如人爲的操作、環境、機器設備、產品等加以分析，尋求失誤所在，提供有效的安全策略。系統安全分析運用的方法很多，在意外事故分析方面如：

1. 變易分析（Change Analysis）。
2. 順序圖形分析（Sequence Diagram）。
3. 簡略危害分析（Gross Hazard Analysis）。
4. 失誤型式及其影響分析（Failure Mode and Effect Analysis）。
5. 失誤樹分析（Fault Tree Analysis）。

其中以失誤樹分析的應用最廣，準確性亦高。所謂失誤樹分析乃就一意外事故的發生，逐步向後追溯推理其可能原因，就每一促成因素發生的可能率，探討各因素間的相互關係。是由著名的貝爾實驗室（Bell Laboratories）應美國空軍邀請，發展出來的一套追尋事故前因後果的分析方法。失誤樹分析基本上爲一邏輯圖形，追溯所有可能導致事故發生的事件，由於分析出來的圖形如樹狀，因此稱之爲失誤樹。

（一） 失誤樹分析常用的符號

除了文字表示之外，失誤樹分析同時使用某些符號代表某種特定的意義，常用的符號有如下六種：

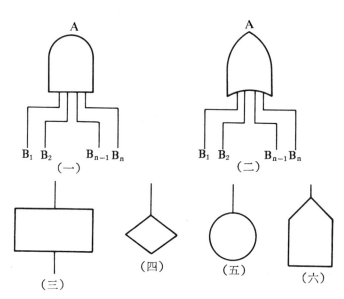

圖 6-2　失誤樹分析常用的六種符號

1. *鐘罩形符號*：稱為 AND 閥（AND Gate），其意義為只有 B_1、B_2、……B_{n-1}、B_n 同時存在時，A才會存在，若其中任一個不存在，A即不可能存在。

2. *盆形符號*：稱為 OR 閥（OR Gate），代表 B_1、B_2、B_{n-1}、B_n 中任一個或一個以上存在時，A即存在。

3. *長方形符號*：代表一特定的事件，通常為 AND 閥和 OR 閥的輸入或輸出。

4. 菱形符號：代表事件的發展由於資料的缺乏而中止。待有充份的資料出現時，始能作進一步的推理。

5. 圓形符號：代表系統中的某一部份電路故障，或失去功能。

6. 屋形符號：代表在正常情況下會發生，而當有失誤發生時，則不會存在的事件。

（二）失誤樹分析步驟

1. 選擇要分析的事故：利用失誤樹分析宜屬較嚴重或較複雜的事故，一般輕傷害或小事故則無作此分析的必要。

2. 失誤樹的建立：以衝床操作工受傷及甲烷燃燒事故的分析為例，如圖 6-3 及 6-4 所示，先列出導致衝床操作工受傷的各項因素，然後依次逐項分析，建立失誤樹。

3. 事件的因果關係：失誤樹中的事件，必須詳列，以決定其是否為主要錯誤的因素。樹的發展由上而下，上者為果，下者為因，上下的因果關係必須清楚，書寫在符號內的文字，亦應簡潔明白。

4. 失誤樹的完成：由上而下的分析過程中，必須儘可能利用已知的資料，發掘新的資料，即使資料不詳，亦可以推理為之，待有新資料出現時，得隨時加以修正。樹梢枝末的事件，必須是失誤的起始原因，且為邏輯上的獨立事件，通常即以長方形、菱形或圓形符號為之。

（三）失誤樹分析的應用與限制

失誤樹分析可以找出意外事故或災害發生的原因，平時亦可利用失誤樹分析，了解人員、設備和環境的可能缺失，及改善的有效策略。

失誤樹分析雖是發掘事故原因最有效的系統安全分析方法，但在分析之前必須對系統中的各種情況有全盤的了解，始能將人員、設備和環

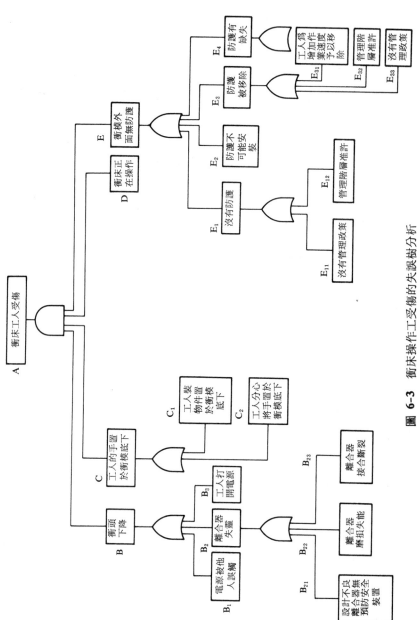

圖 6-3　衝床操作工受傷的失誤樹分析

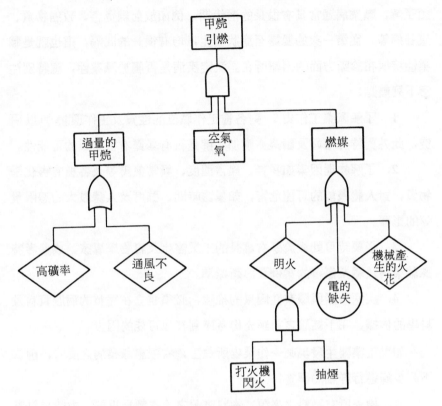

圖 6-4　甲烷燃燒事故的失誤樹分析

境等可能造成意外事故的因素及其相互間的關係，逐項納入分析樹中，如果遺漏一個因素，即立刻影響分析的準確性和可靠性。因此失誤樹分析乃需要具備分析工程專業知識者始能爲之。

五、職業病的診斷與調查

　　職業性疾病與非職業性疾病的診斷方式大體相同，詳盡的病歷、仔細的體驗，必要的實驗室檢查及 X 光照射等是常規的步驟。只是醫生必

須了解，職業病通常具有很長的潛伏期，例如放射線危害、致癌物質、塵肺病等，從第一次的暴露至症狀發生，均有很長的間隔，這也就是職業性疾病在診斷方面的困難所在。決定疾病是否屬於職業性，應特別注意下列幾點：

1. 了解職業工作史，對各種工作職位的性質及工作環境加以研究，此外對特殊嗜好及副業亦應加了解是否有暴露有害物質的可能性。

2. 了解物理因素如噪音、異常溫度、異常氣壓等及各種有害化學物質，對人體機能的可能危害，如暴露時間、強度及人體最大的恕限量等的影響。

3. 必要時可就教於學有專長的工業醫生及毒物學專家，或參考特殊職業病及職業傷害的案例及診斷標準。

4. 疾病診斷與職業性因果的推論，必須建立在完整的病歷資料及科學的依據，在下結論之前應充份考慮到其他可能的因素。

如果工業醫生發現某一作業場所員工，有罹患職業病之虞時，應依下列步驟進行詳細的調查：

1. 檢查所有物料之來源：物料來源之檢查頗為重要，由此可以查出每一部門實際所接觸有害物質的可能性及其範圍。

2. 研究製造過程的流程圖：了解製造程序中各部門之關係，如能由此發現發生職業病之工作部門位置，即可進而了解職業病在各部門間之相互污染情形。

3. 將罹病員工以職務作分類：按罹病員工之職務予以分類，可以得知患病率之差別，或可知發病地區之發病因素。

4. 檢定空氣成份之濃度：捕集空氣樣品及落塵，進行檢驗分析，以估計員工之暴露量。

5. 分析控制設備之效力：了解有關控制設備之裝設時間，及其功

能、效力是否正常。

　　6. 進行工作時間研究： 工作時間的長短與有害物質之暴露量有關，進行時間研究，可獲得平均的暴露量。

　　7. 研究工廠、醫院及勞保醫生之醫療報告：將個人病歷、體格檢查、環境檢查及人事等資料綜合加以研究，檢討其間可能的因果關係。

　　8. 最後將各種結果列出作成結論，認定是否為職業病，並找出職業病發生的情況及原因。

六、事故記錄與統計

（一）事故記錄與統計的功用

　　工業意外事故記錄與統計，旨在建立完整的資料，據以評估工業安全衛生推行的成效，亦作為進一步規劃工業災害預防措施之依據。具體而言事故記錄與統計的功用有如下數端：

　　1. 就國家整體而言，工業災害統計不僅可作年度的比較，亦可作業別、地區別，甚至國家之間的比較，以全面了解工業安全衛生推展的狀況與具體成效。

　　2. 就事業單位而言，事故記錄與統計可以使雇主和管理人員了解企業內安全衛生計畫執行的成效並提供：

　　（1）各部門事故統計資料，以激發單位主管及員工的安全衛生責任與興趣。

　　（2）了解事故發生的主要來源，俾便採取有效的對策。

　　（3）了解高事故率的工場或部門，俾作為規畫安全衛生計畫之參考。

（4）事故統計資料可作為主管在安全衛生會議中討論之議題，提高其安全衛生知識。

3. 就員工而言，事故統計資料，具有強烈的教育作用，可以提高有關人員之危險意識與警覺性。亦可透過單位之間的競賽，促進全體員工的熱忱與興趣，而使事故的發生減至最少。

（二）事故記錄的內容

根據美國國家標準規定，一般傷害事故的記錄應包含如下八個主要項目：

1. **傷害的性質**（Nature of Injury）：係指人員所受傷害的性質如割傷、挫傷、扭傷、壓傷、燒傷、或中樞神經受傷等。

2. **身體受傷害的部位**（Part of Body）：指受傷人員的身體，直接遭受傷害的地方，如眼睛、腦殼、腕、手臂、胸背、足踝等。

3. **傷害的來源**：係指直接產生或導致傷害的設備、物件或物質等。

4. **事故的型式**（Accident Type）：指直接導致傷害的原因，如撞擊、被撞、墜落、陷入、觸及或暴露於有害環境之中等。

5. **危害的情況**（Hazardous Condition）：導致事故發生的不安全衛生情況或環境，如機械防護不當、照明通風不良、工廠不整潔或有毒物質的外洩等。

6. **事故的媒介**（Agency of Accident）：危害情況存在的物體、物質或環境，如危險機械、車輛、皮帶、升降機，有毒物質、梯子或鷹架等。

7. **事故媒介的細節**（Agency of Accident Part）：指直接造成或導致事故的媒介部份，如事故媒介是圓鋸機，事故媒介細節則可能是圓

鋸機上面的鋸片。

8. 不安全的動作(Unsafe Act)：指導致事故發生的不安全行為，如未使用個人防護具，注意力不集中，操作方法不當，或不安全的工作位置等。

（三）事故記錄與統計的方法

事業單位事故記錄與統計應有的作法：

1. 事故不分大小，不管是傷害或財物損壞事故，均需記錄與報告。

2. 訂定標準格式，分項記錄，以便整理統計。

3. 每月或定期摘要報告，說明傷害率、事故發生狀況及其原因。

4. 定期分析工廠發生事故的環境因素，以謀求改善策略。

5. 製作年度統計報告，考察全年度的安全衛生工作推展情形，並與歷年資料、相同工廠或同類工業作比較，以了解安全衛生計畫執行成效，亦作為進一步規劃之參考。

事業單位內意外事故記錄、統計與報告系統，或因管理組織不同而有所分別。但一般的任務分工如下：

1. 領班或主管：

(1) 報告意外事故發生經過及處理情形。

(2) 調查分析意外事故發生的原因。

(3) 擬訂改善辦法。

(4) 與安全衛生管理人員研究改善措施。

2. 安全衛生管理人員：

(1) 協助意外事故的調查與分析。

(2) 會同提出建議或研究改善辦法。

(3) 記錄事故經過及查報損失費用。

(4) 統計各單位之事故資料。

　3. 醫護人員:

(1) 報告診斷結果。

(2) 決定靜養、休息日數。

(3) 對醫療經過及結果提出建議。

(4) 醫療費用之統計報告。

　至於全國性的工業災害統計,通常應包括: 工業類別、災害頻率、災害原因、損失工作天數及所付賠償費用等資料。唯進行全國性的工業災害統計時,應注意下列幾項原則:

　1. 工業災害統計的編製,應以統一的災害定義為基礎。

　2. 工業災害頻率與嚴重率的計算,應有標準的定義,對於暴露於危險環境時間之估計,亦應採同一標準。

　3. 在工業災害統計中的行業或職業分類。各地方應有一致的標準。

　4. 工業災害原因之分類應該一致,且判定工業災害原因所依據之原則,亦應相同。

(四) 事故記錄與統計表格之設計

　事業單位事故記錄與統計表格,可依實際需要設計,唯須建立統一的格式,以便於進行統計分析。一般事業單位經常使用的事故記錄與統計報表包括:

　1. 財物損壞事故報告表 (如表 6-1 範例)。

　2. 輕傷事故報告表 (如表 6-2 範例)。

　3. 傷害事故調查報告表 (如表 6-3 範例)。

4. 個別員工傷害事故記錄表（如表 6-4 範例）。

5. 員工傷害事故月報表（如表 6-5 範例）。

6. 員工傷害事故分析統計月報表（如表 6-6 範例）。

七、事故傷害率與費用之計算

（一）死亡千人率及傷殘千人率

死亡千人率係每千人從業員工中，因意外事故死亡之人數。而所謂傷殘千人率則指每千人從業員工中，因意外事故導致失能傷害之人數。死亡及傷殘千人率之計算通常以年爲單位。

例：某事業單位從業員工 1,600 人，民國七十五年該單位因意外事故死亡者 2 人，而導致失能傷害者 8 人，則該事業單位七十五年之死亡千人率及傷殘千人率分別爲：

$$死亡千人率 = \frac{2 \times 1000}{1600} = 1.25 (‰)$$

$$傷殘千人率 = \frac{8 \times 1000}{1600} = 5 (‰)$$

（二）傷害頻率及傷害嚴重率

1. 傷害頻率（Injury Frequency Rate），簡稱 FR，係指在一百萬工時中所發生失能傷害的次數，其計算方式爲：

$$傷害頻率（FR）= \frac{失能傷害次數 \times 10^6}{全體員工總工時}$$

如傷害頻率爲 20，即表示在一百萬工時中發生失能傷害事故有 20 次。

2. 傷害嚴重率 (Injury Severity Rate)，簡稱 SR，係指在一百萬工時中因失能傷害事故而損失的工作天數，其計算方式為：

$$傷害嚴重率（SR）= \frac{失能傷害損失天數 \times 10^6}{全體員工總工時}$$

如傷害嚴重率為 120，即表示在一百萬工時中發生失能傷害所損失的工作天數為 120 天。

傷害嚴重率的計算，世界各國有所不同，以百萬工時計算的有美國、巴西、法國、智利、菲律賓及我國。以一千工時計算的有日本、西班牙和委內瑞拉等。其他國家還有許多特別的計算方法。

(三) 其他傷害率之計算

1. 失能傷害平均損失天數：係指總損失日數除以失能傷害次數，計算公式為：

$$失能傷害平均損失日數 = \frac{失能傷害損失總天數}{總計失能傷害次數}$$

$$= \frac{傷害嚴重率（SR）}{傷害頻率（FR）}$$

2. 各種不同傷害之平均損失天數：全失能、部份失能、或暫時全失能等之所有失能傷害，其平均損失天數可分別計算。如永久部份失能之平均損失天數為該傷害損失總天數除以其次數。又如暫時全失能之平均損失天數，為該傷害損失總天數除以其次數。

3. 總合災害指數：係以傷害頻率與傷害嚴重率乘積再開平方之值表示，其計算公式為：

$$總合災害指數 = \sqrt{傷害頻率 \times 傷害嚴重率}$$

（四）全體員工總工時之計算

傷害率總工時之計算，係除雇主以外所有員工如：生產操作工、保養工、運輸工、行政人員、推銷業務及各種勤務警衛等之實際工作總時數。

總工時之計算應從薪餉名冊、簽到簿、或上班時間登記卡等資料計算之。倘無此項完整資料，則可用總計僱工的工作日數乘每日的工作時數，估計出總工時的約數。各部門每日工作時數不同時，應分別估計，然後相加。

（五）失能傷害損失天數之計算

意外事故傷害損失天數係以因傷害不能工作之實際天數，或生產潛力損失折算之天數計算之，前者又稱為失能日數，後者稱為傷害日數。

1. 失能日數：係指受傷人暫時不能恢復工作的日數。按我國標準規定其總損失日數不包括受傷當日及恢復工作當日，但應包括中間所經過之日數，及復工後，因該傷害導致的任何不能工作的整日數。

2. 傷害日數：係指對於死亡，永久全失能或永久部份失能而特定之損失日數。此項損失日數各國的算法並不一致。依我國國家標準規定：

(1) 死亡：每次應按損失 6,000 日登記。

(2) 永久全失能：每次應按損失 6,000 日登記。

(3) 永久部份失能：損失日數應按附表 6-7 之標準計算，此項損失日數與實際診療日數之多少並無關聯。

例：某事業單位員工 500 人，該單位員工每年工作 50 週，每週平均工作時數為 48 小時，假定員工每年因生病、事故或其他原因而缺席的時數為總工時的百分之五。如果民國七十五年一年中，該單位發生傷

害事故 60 次，其中有 2 人死亡，3 人永久全失能，其他因意外事故實際損失的工作天數經計算為1936天。茲分別計算各種事故傷害率如下：

1. 員工總工時：

$$500 \times 50 \times 48 = 1,200,000$$

$$1,200,000 - (1,200,000 \times 5\%) = 1,140,000$$

2. 傷害頻率：

$$FR = \frac{60 \times 10^6}{1,140,000} = 52.63$$

3. 因傷害事故損失的工作天數：

$$(2 \times 6000) + (3 \times 6000) + 1936 = 31,936$$

4. 傷害嚴重率：

$$SR = \frac{31,936 \times 10^6}{1,140,000} = 28014.04$$

5. 總合災害指數：

$$FS = \sqrt{52.63 \times 28014.04} = 1213.9$$

（六）事故費用之計算

1. 計算事故費用應考慮的因素：

（1）人力：係指事業單位僱用之員工，因傷害而造成醫療、補償及生產時間之損失。

（2）設施：包括建築物、工作場地、通風及照明設施等，因事故而造成之損毀。

（3）設備：包括生產機械、手工具等，因事故結果發生機器的損毀、需要修理或換裝等，而致使生產停頓或減產。

（4）材料：包括原料在製品、製成品，因事故結果，發生材料損

毀，形成生產阻礙。

　　(5) 時間：包括因員工受傷、設備及財務受損，而導致生產遲滯的綜合損失。

　　2. 事故費用的計算

　　　　每一事故之總費用＝人力費用＋設備費用＋材料費用

　　　　　　　　　　　＋設施費用＋其他費用

　　(1) 人力費用：即員工因受傷的生產時間損失、補償費用和醫療費用之總和。

　　　　人力費用＝醫療費用＋補償費用＋生產時間工資損失費用

　　(2) 設備費用：包括因事故發生損壞設備之換裝或修護費用，以及生產時間之損失費用。後者係根據由於事故損毀而使該設備不能操作之時間總數，與單位時間的生產量來決定。

　　　　設備費用＝設備損毀費用＋生產時間損失費用。

　　(3) 設施費用：包括由事故而損毀設施之裝修或重建費用及生產時間損失費用。

　　　　設施費用＝設施損毀費用＋生產時間損失費用。

　　(4) 材料費用：包括因事故而損毀材料之費用及生產時間損失之費用。

　　　　材料費用＝材料損毀費用＋生產時間損失費用。

　　(5) 其他費用：包括廠外財物損壞及人員傷亡賠償費用。

八、我國對職業災害報告之規定

　　我國所謂職業災害，係指事業單位勞工就業場所之建築、設備、原料、材料、化學品、氣體、蒸氣、粉塵等，或作業活動及其他職業上原

因，而引起勞工罹患疾病、負傷、殘廢或死亡而言。亦卽災害發生是由於職業環境或職業活動所引起者，始稱爲職業災害。

目前我國有關法令，對事業單位發生職業災害，應向主管機關及檢查機關報告之規定如下：

1. 事業單位發生下列之一的職業災害時，除採取必要急救、搶救措施外，應以最迅速方式報告檢查機構及當地主管機關。

(1) 發生死亡災害時。

(2) 發生災害罹災人數在三人以上時。

(3) 其他經中央主管機關指定者。

2. 事業單位發生職業災害除採取上述必要措施外，應由檢查機構或主管機關派員檢查，非經檢查人員許可，不得移動或破壞現場。

3. 事業單位發現勞工罹患職業疾病或可疑職業疾病時，應於五日內將經過情形報告檢查機構及當地主管。

4. 事業單位應按月向當地主管機關及檢查機構，報告職業災害統計。

5. 上述有關報告及統計表格式均由中央主管機關訂定。見表 6-8, 6-9 及 6-10 範例。

九、結　語

爲確保勞工的安全健康，事業單位領班或部門主管如發現生產機具、設備或環境有異常狀態或由員工處得到報告時，應立即將所發現之異常狀況通知安全衛生管理人員及主管，確認異常的眞像，以便採取必要的緊急措施。平時領班或作業主管亦應教導員工如何作緊急的應變措施如：開關閥的位置及操作要領，緊急切斷電源之按扭位置及操作方法，

以及緊急時的聯絡對象與聯絡方法等，以設法防止意外事故的發生，或當事故發生時可以減少不必要的傷害。

　　萬一發生事故時，作業主管應即刻採取緊急處置與急救措施。除聯絡或報告有關人員外，應隨即展開調查，以了解事故發生的原因，並設法預防類似事故的再度發生。

　　此外雇主及安全衛生管理人員，應研究設立事業單位事故記錄及報告系統，以建立完整的統計資料。並遵照有關法令之規定，向主管機關及安全衛生檢查機構定期報告職業災害有關資料，一方面讓主管機關與檢查機構了解各事業單位職業災害發生情形，必要時可派員調查，協助改善；另一方面亦可提供作全國性職業災害統計之基本資料，使政府當局能全面掌握各行業工業安全衛生推展情況與實施成效。俾作進一步改善規劃之參考。

表 6-1　財物損壞事故報告表範例

_____公司財物損壞事故報告表

發生部門：＿＿＿＿＿＿　日期：＿＿年＿＿月＿＿日，時間：＿＿時＿＿分

發生地點：＿＿＿＿＿＿＿＿＿　操作者姓名：＿＿＿＿＿＿＿＿＿＿

1. 損壞情形（及損失金額約＿＿＿＿＿＿元）：

2. 意外事故發生經過：（操作者及目擊人員之口述）

3. 意外事故發生原因：（不安全環境及不安全動作）

4. 如何防止類似事故之發生：

5. 善後處理經過及已採取的安全措施：

6. 安全工程師及有關主管到場研究結果：　　發生部門主管：＿＿＿＿＿＿＿

　　　　　　　　　　　　　　　　　　　　工業安全主管：＿＿＿＿＿＿＿

　　　　　　　　　　　　　　　　　　　　有　關　主　管：＿＿＿＿＿＿＿

7. 批示：

表 6-2 輕傷事故報告表範例

_____公司輕傷報告

（傷者主管及醫務室填）

編號_____　　　　　　　　　　日期_____

姓　名_____　職工號碼_____　所屬單位_____

男 □　　女 □　　職　稱_____　傷者主管_____

受傷日期_____　時間_____　第一次治療日期_____　時間_____

受傷情形_____

_____

_____

_____

_____

立即恢復工作□　　　　　送回家休息□　　　　　送醫院□

傷害事故經過（由傷者講述）：_____

_____

_____

_____

_____

醫　師_____

備註：傷者主管填報一式三份，經醫師簽章後，醫務室存一份，送傷者單位
　　　及工業安全單位各一份。

表 6-3　傷害事故調查報告表範例

災害調查報告表

事件編號：　　　　　　　　　　　　　罹災　年　月　日　時　分

罹災者姓名：　　　性　　別：　　　年　　齡：　　　職稱職別：
服務年資：　　　現職年資：　　　罹災場所：　　　工作名稱：
受傷部位：　　　災害類型：　　　媒介物：　　　罹災程度：

災害經過（以下各問題乃為防止類似事件之再發生，務必據實填報。）

1.罹災者作何工作：　　　使用何種工具：　　　操作何種機器：
　使用何種器材：

2.如何受傷的？（詳述受傷經過。）

3.有何不安全機器／自然／環境情況？（詳細說明）

4.罹災者及第三者有何不安全動作？（必須詳確作答）

5.個人因素：（態度偏差，知識不足、技能欠佳，反應遲鈍、疲勞）

6.有無戴用個人防護具？（護目眼鏡、安全帽、鞋、帶、防護面具……等）

7.其他原因？

8.有何方法可防止此類意外再度發生？（改裝機器、加設防護物、改善環
　境、戴用防護具、加強教育及訓練）

9.損失費用：
　保險費用 $　　　醫療費用 $　　　撫卹費用 $　　　其他費用 $

10.目擊者：

雇主：　　　　　安全衛生業務主管：
　　　　　　　單位主管：　　　　　填報人：　年　月　日

表 6-4 個別員工傷害事故記錄表範例

員 工 事 故 傷 害 記 錄

員工傷害記錄＿＿＿＿＿

（姓　名）＿＿＿＿＿　　　　（工　　號）＿＿＿＿＿

工作類別＿＿＿＿＿　工作部門＿＿＿＿＿　雇用日期＿＿＿＿＿

事故案據 No.	受傷日期	受傷種類（死亡、全殘、部殘、暫失、無工時損失）	損失天數	醫藥保險及其他費用	確定之原因	備註

表 6-5　員工傷害事故月報表範例

員工傷害事故月報

公司＿＿＿　　工廠＿＿＿　　部別＿＿＿

時間	輕傷次數	平均工作員工人數	總員工時數	失能傷害 次數 死亡及全殘廢 本期	死亡及全殘廢 調整	部份殘廢 本期	部份殘廢 調整	暫時損失 本期	暫時損失 調整	合計 本期	合計 調整	傷害頻率 本期	傷害頻率 去年同期	失能傷害 損失天數 死亡及全殘廢 本期	死亡及全殘廢 調整	部份殘廢 本期	部份殘廢 調整	暫時損失 本期	暫時損失 調整	合計 本期	合計 調整	嚴重率 本期	嚴重率 去年同期	損失費用 本年本期	損失費用 去年同期
一月																									
二月																									
累計																									
三月																									
累計																									
四月																									
累計																									
五月																									
累計																									
六月																									
累計																									
七月																									
累計																									
八月																									
累計																									
九月																									
累計																									
十月																									
累計																									
十一月																									
累計																									
十二月																									
累計																									
全年																									

表 6-6 員工傷害事故分析統計月報表範例

員工傷害事故分析月報表

一、本月份共:	工具
輕傷_____人，重傷_____人	煤氣
二、受傷部位:	氫
部位名稱: 人數 %	機械設備
頭部	車輛
手部	焊接工具
眼睛	化學物
臂部	開水、火、蒸汽
腿部	鐵絲、釘
足部	電氣設備
軀幹	飛塵、鐵銹
其他	保溫材料
三、受傷原因（適用於重傷）	管路
不安全的動作 人 %	其他
不安全的環境 人 %	六、傷者當時工作:
不安全的動作及環境 人 %	工作名稱 人數 %
四、受傷型態:	搬運
型態名稱 人數 %	行走
跌倒	電氣焊
墜落	油漆
扭傷	操作
落體擊傷	配管
壓傷或挾傷	安裝
鋸傷或刺傷	修理
浸蝕傷	化驗
電擊	冷熱作
吸入、吞嚥	電工作業
割傷或擦傷	駕駛
異物入眼	保溫
其他	土木
五、致傷媒介物:	檢查
媒介物名稱 人數 %	其他

表 6-7　中國國家標準永久失能損失天數計算表

一、四肢殘廢手及手指部份

	拇　指	食　指	中　指	無名指	小　指
末梢骨節	300	100	75	60	50
第二骨節	…	200	150	120	100
第三骨節	600	400	300	240	200
中　腕　節	900	600	500	450	400
腕骨截斷					3,000

※如僅傷及皮肉，骨節未斷，則以實際損失之工作天數計算。

足及足趾部份

	大　趾	其餘每足趾
末梢骨節	150	35
第二骨節	…	75
第三骨節	300	150
中　跗　骨	600	350
腳踝截斷		2,400

手　臂

肘部以上包括肩骨關節	4,500
腕部以上手部以下	3,600

腿

膝部以上之任何部位	4,500
足踝以上膝蓋以下	3,000

二、其他官能殘廢

一眼（失明）無論另一眼有無視覺	1,800
兩眼（失明）於一次失事中	6,000

一耳（全部失聰）於一次失事中………………………………… 600

兩耳（全部失聰）於一次失事中………………………………… 3,000

不能治療之疝氣（能治療者按實際損失天數計算）………………50

手

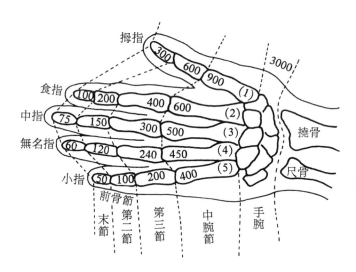

足

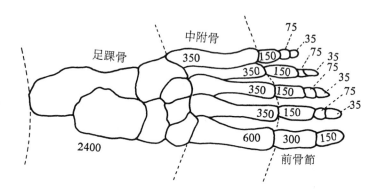

表 6-8 職業災害統計月報表

事業分類號碼 1—10	0 1 1 1 0 1 0 0 0 0	行業標準分類 11—20	3 3 8 3 8 1 3 8 1 5	日 期 21—24	64 年 1 月	1 起 31 日 止
事業單位名稱	甲乙金屬股份有限公司 丙丁工廠	事業單位 地址（電話）	臺灣省臺北縣戊己鄉庚辛村1234號 電話 (02)5678900			

二、失能傷害程度分析

損失日數	修正前 次數	修正前 合計	修正後 次數	修正後 合計
暫時全失能 3日至1日	1次	2日	次	日
暫時全失能 27日至4日	2次	13日	次	日
暫時全失能 28日以上	次	日	次	日
永久部份失能 3,000日	1次	3,000日	次	日
永久部份失能 日	次	日	次	日
永久部份失能 日	次	日	次	日
暫時全失能小計 (20)14—16	(20)3次	(25)29—33 15日	(20)次	(25)日
永久部份失能小計 (21)17—19	(21)1次	(26)34—38 3,000日	(21)次	(26)日
永久全失能 (22)20—22	(22)1次	(27)39—43 6,000日	(22)次	(27)日
死亡 (23)23—25	(23)1次	(28)44—48 6,000日	(23)次	(28)日
合計 (24)26—28	(24)6次	(29)49—53 15,015日	(24)次	(29)日

一、綜合記錄

僱用勞工人數			
滿十六歲以上	男工	(1)25—29	2,031人
滿十六歲以上	女工	(2)30—34	1,881人
未滿十六歲之男女童		(3)35—39	234人
合計		(4)40—44	4,146人
總計工作日數		(5)45—51	112,978工作天
總經歷工時		(6)52—59	932,068小時

	修正前	修正後
失能傷害次數 (7)11—13	8 次	次
總計損失日數 (8)	15,015日 (14)	日
暫時全失能傷害次數 (9)	3次 (15)	次
永久部份失能傷害次數 (10)	1次 (16)	次
永久全失能傷害次數 (11)	1次 (17)	次
死亡傷害次數 (12)	1次 (18)	次
傷害次數合計 (13)	6次 (19)	次

三、傷害率

(31)	失能傷害頻率	(7)	$8 \times 1,000,000 \div (6)\ 932,068 = 8.58$
(32) 修正前	失能傷害嚴重率	(8)	$15,015 \times 1,000,000 \div (6)\ 932,068 = 16,109$
(33) 修正後	失能傷害嚴重率	(14)	$\times 1,000,000 \div (6) =$
(34) 修正前	失能傷害平均損失日數	(8)	$15,015 \div (13)\quad 6 = 2,502.50$
(35) 修正後	失能傷害平均損失日數	(14)	$\div (19)$

四、本月未能結案之失能傷害次數

2 次 54—56	災害件號	64—1—4
		64—1—8

五、修正欄（本欄專供上月以前未能結案而於本月份結案之職業災害修正之用）

職業災害發生月份 11—14	擬修正之災害件號 15—20	失能傷害修正 代號 21—22	種類	損失日數 23—26	結案年月日	該月份待清次數	失能傷害種類代號表 代號	傷害種類
年　月份				日	年　月　日	次	10	死亡
年　月份				日	年　月　日	次	20	永久全失能
年　月份				日	年　月　日	次	30	永久部份失能
年　月份				日	年　月　日	次		暫時全失能（代號如下）
年　月份				日	年　月　日	次	41	（1日至3日者）
年　月份				日	年　月　日	次	42	（4日至27日者）
年　月份				日	年　月　日	次	43	（28日以上者）
年　月份				日	年　月　日	次		
年　月份				日	年　月　日	次		
年　月份				日	年　月　日	次		

備　註									
雇主	簽章	勞工安全衛生業務主管	簽章	勞工安全管理人員	簽章	勞工衛生管理人員	簽章	填表人	簽章
勞工檢查機構簽註									

表 6-9　災害類型、次數、損失日數程度分析（統計用）　　213——214

事業分類號碼	0 1 1 1 0 1 0 0 0 0	行業標準分類	3 3 8 3 8 1 3 8 1 5	日期	64年1月 1/31 日 起止

結案者始予填入，逾月結案者以紅字填記。

災害類型	本月發生職業災害次數	死亡 次數	死亡 損失日數	永久全失能 次數	永久全失能 損失日數	永久部份失能 次數	永久部份失能 損失日數	暫時全失能 28日以上 次數	28日以上 損失日數	4～27日 次數	4～27日 損失日數	1～3日 次數	1～3日 損失日數	合計 次數	合計 損失日數
1 墜落、滾落	1	1	6,000											1	6,000
2 跌倒															
3 衝撞															
4 物體飛落	1			1	6,000									1	6,000
5 物體倒塌、崩塌															
6 被撞															
7 被夾、被捲															
8 被切、割擦傷															
9 踩踏															
10 溺斃															
11 與高溫、低溫物之接觸	3									1	4	1	2	1	6
12 與有害物等之接觸	2									1	9			1	9
13 感電															
14 爆炸															
15 物體破裂															
16 火災															
17 不當之動作															
18 其他															
19 無法歸類者															
小計 修正前	7	1	6,000	1	6,000					2	13	1	2	5	12,015
小計 修正後															
交通事故 21 公路交通事故	1					1	3,000							1	3,000
22 鐵路交通事故															
23 船舶航空器交通事故															
29 其他交通事故															
小計 修正前	1					1	3,000							1	3,000
小計 修正後															
合計 修正前	8	1	6,000	1	6,000	1	3,000			2	13	1	2	6	15,015
合計 修正後															

備註

表 6-10　職業病報告書

廠礦職業病報告書

廠礦名稱		廠礦地址		登記證字號	
代表人		動力設備		創設日期	
主要產品		生產量		資本額	
主要安全衛生負責人員					
員工人數	職員 男 人 女 人	工人 男 人 女 人	總計 人	電話	
工作時間					
所患職業病名稱					
發現職業病經過 現患職業病人數	（另附詳表）				
現設有職業病預防措施或該職業病之設備項					
善後處理					
改進計劃					
其他					

謹報告

廠礦名稱　　　　　　　　（印）

代表人職位姓名　　　　　（印）

中華民國　　年　　月　　日

附註：一、職業病種類暫以勞工保險職業病種類表為準。

二、本表應於職業病發現後五日內呈報勞工檢查機構並分報當地縣市政府及省衛生處。

三、無故不報告或延不報告者依法處罰。

第七章 安全衛生工作環境的規劃與維護

一、引　言

　　無論室內或室外的作業，工作環境往往是影響員工安全健康與否的重要關鍵。工作流程、通風、採光、照明及溫濕等環境條件良好的作業場所，不僅能增進員工的工作意願，亦可提高其生產效率。反之，如果工作的環境條件不好，除了會明顯降低工作或生產效率外，亦很容易因此導致嚴重的事故，或使員工在不知不覺中罹患職業疾病。因此，如何規劃及維護良好的工作環境，乃成為各企業單位推展安全衛生工作不容忽視的重要一環。本章即欲針對此一主題，進行探討分析。讀完本章您將了解：

1. 廠房設施與佈置的一般原則；
2. 通風、採光與照明的設計及規劃方法；
3. 噪音的形成、危害與防制措施；
4. 熱的危害與管制方法；
5. 安全衛生標示與顏色的運用；

6. 工業整潔的推行與工作環境的管理策略。

二、廠房設施與佈置

（一）廠房設施

首先應該考慮的是廠房本身的建築結構必須確實安全，地面或樓面應能配合工作性質承受必要的振動及載重量，而且應有適當的通道及疏散設施。茲就樓梯、通道、坡道及安全門等設施，設置時應注意的有關事項，簡要說明如次。

1. 樓梯

應儘量避免採用環形樓梯，如必須使用時，樓梯板之寬度應求一致。樓梯板應用防滑及耐久之材料製作。樓梯的坡度最好不要超過 35 度，階寬不得小於 25 公分，階高則應不超過 20 公分。所有樓梯均應有扶手，並備有充分的照明。

2. 通道

工作場所的通道應儘量求直，轉角處需無礙於視線。通道的寬度，主要人行道應不得小於 1 公尺；各機械間及其它設備間之通道則不得小於 80 公分；車輛通行道應為最大車輛寬度的二倍再加 1 公尺，如係單行道則為最大車輛之寬度加 1 公尺。工作場所的人行道、車行道及鐵道等，應儘量避免交叉，且在各種通道上亦應禁止放置物品，以保持暢通而不受阻礙。

3. 坡道

坡道的兩邊應設欄杆，其傾斜度以 15 度為最適宜，最高應不得超過 20 度。坡道的路面應以粗糙不滑之材料製成，以免發生危險。

4.安全門

按規定凡室內工作場所均應設置安全門，樓上工作場所並應依建築技術規則設置安全梯。安全門之設置，應符合下列規定：

（1）安全門應用耐火材料製造，如非使用耐火材料，其外表則應加包一層金屬皮；

（2）安全門應向外開，且能直達室外空地或安全梯；

（3）安全門應裝設由室內略加壓力推動即能自動向外開啟之自動安全門鎖，不得裝有門栓或普通鎖；

（4）安全門與工作地點之距離，最遠不得超過 35 公尺；

（5）每一安全門之寬度不得小於 1.2 公尺，高度則不得低於 2 公尺；

（6）工作場所人數在 200 人以下者，安全門不得少於二處，超過 200 人以上，每超過 150 人應增設一處安全門，且應均勻分佈。

以上凡工作場所的樓梯、通道、安全門、安全梯及出入口等，均應有適當的採光或照明，必要時並應視需要設置平常照明系統失效時使用之緊急照明系統。

（二）廠房佈置

廠房佈置係指自原料接收至成品裝運的全部過程中，將整個工作的流程，作一系統而合理的配置及安排，以使人員、設備及物料之移動，能發揮最經濟有效的聯結，廠房佈置與工廠生產效率及員工工作安全具有密切的關係。

廠房佈置除應考慮設備、人員及物料之空間外，還要顧及這三者在整個作業流程中的互動關係。一般而言，廠房的佈置，應該兼顧如下幾項原則：

1. 提高作業的效率

良好的廠房佈置，應儘量讓物料之運送平順地按直線進行，減少往復工作而使運送的時間減至最少。作業流程的設計亦要力求合理，使每一工作件經過某一區域時，易於識別及清點，並儘量避免與其它零件相混或堆積一起，而造成瓶頸。

2. 保持工件的高度移轉

此處所謂「高度移轉」，係指讓工作件經過每一加工程序時，能迅速移轉，而不要有任何的延誤或停頓。只要使工件在一個地區的儲存量減至最少，整個製品的移轉時間就會減少。

3. 減少設備的投資

廠房生產設備的適當安排，亦可減少設備需要的數量。例如兩種不同的工件，同時都需要鑽孔及研磨，此時只要將作業程序作良好的安排，即可節省為兩部機器的費用。

4. 有效利用空間

廠房的佈置應將設備及其相關因素之關係，作一周密的規劃，設法使有限的空間能做到最充分有效地利用。

5. 增進人力運用效率

廠房的佈置應盡量發揮下列的功能，以增進人力的運用效率。

(1) 減少人力操作的物料搬運；

(2) 減少人員走動的時間；

(3) 避免人員及設備的閒置；

(4) 使管理人員易於作有效的監督。

總之，工作程序及物料流程是決定廠房佈置的主要關鍵，任何一種廠房佈置的分析，均應將其列為主要的重點。至於工作流程則有各種不同的型態，最常見的如：單線直線型、雙線直線型、S型、U型、T

型、L型、環型或圓型等。應採取那一種型態，必須根據工作的需要及廠房的條件進行規劃設計。

三、通風、採光與照明

(一) 通風與換氣

空氣的主要成份是氮氣（佔78.1％）、氧氣（佔21％）及其它稀有氣體（佔 0.9％），工作場所的空氣常會混入外來的氣體和粉塵等。通風的目的即在稀釋或去除空氣中之污染物質及有害氣體，維持人體所需的新鮮氧氣之含量，並調節適當的溫度，以維護勞工的健康，亦提高其工作效率。尤其在發生有害氣體、蒸氣、粉塵及高溫等之工作場所，通風設施的優良與否，更是決定工作環境品質的主要關鍵。

通風大致可分爲：整體換氣和局部排氣兩種主要的型態。

1. 整體換氣

係指在有害氣體、蒸氣、粉塵等污染物擴散於室內工作場所之後，設法將該污染空氣之一部份排出於室外，同時由室外引進新鮮空氣，以稀釋室內污染空氣。此種換氣方法，又稱一般換氣或稀釋換氣。在方式上，整體換氣又可分爲自然換氣及機械換氣。

(1) 自然換氣： 係利用風力、室內外溫差及空氣擴散等爲原動力，通過建築物之窗口、換氣孔或其它出入口自然進行換氣。

(2) 機械換氣：係指利用機械動力強制實施換氣的方法，又可分爲：排氣、供氣及供排氣並用三種不同的方法。

①排氣法：以機械動力實施排氣，入氣則利用窗口自然流入。

②供氣法：與排氣法相反，係利用機械動力供氣，排氣則由窗

口自然流出。

　　　③供排氣並用法：供排氣均利用機械動力實施的換氣方法，其效果應較前兩者爲大。

　　實施整體換氣應注意的事項主要有：（1）工作場所不應有超過容許濃度的污染物存在；（2）必須要有足夠的換氣量；（3）換氣應能均勻擴散於工作場所。

2. 局部排氣

　　係指某工作場所的污染空氣，在未擴散前，即利用吸氣裝置局部性地予以捕集，經過濾或淨化後再排放於大氣的換氣方法。局部排氣主要由氣罩、吸氣導管、空氣淨化裝置、排氣機、排氣導管及排氣口等部份所構成。

　　（1）氣罩：係指爲包圍污染物發生源所設置之圍避，或於無法包圍時在儘量接近發生源所設置之開口面，使其產生吸氣氣流，以吸引污染物進入導管的入口裝置。氣罩的設計應儘可能採用包圍式，或儘量設置於接近污染發生源，以充分捕集污染物。

　　（2）導管：分爲吸氣導管及排氣導管兩大部份，前者係指由氣罩經空氣淨化裝置至排氣機之管路，後者則指自排氣機至排氣口之管路。導管的設計除應充分考慮其排氣量外，亦應考慮污染物流經導管的壓力損失，以決定其橫斷面積及長度。

　　（3）空氣淨化裝置：係指自工作場所捕集含有污染物之空氣，在由導管排出室外前，以物理或化學的方法將污染物去除的裝置。空氣淨化裝置主要可分爲除塵及廢氣處理兩大類，應根據實際需要設置。

　　（4）排氣機：主要是在使經空氣淨化處理過的廢氣能迅速排出室外。排氣機的種類和型式很多，主要可分爲離心式和軸流式兩大類，裝置時主要應考慮其廻轉數與風量。

　　總之，凡以調節新鮮空氣、減低室內溫度，或對於毒性較低之氣體
溶劑、金屬氧化物，可以採用整體換氣的方式，維持空氣的品質。至於
有害物質的工作場所，則必須依照空氣中有害物質容許濃度及某特定化
學物質之有關規定，以局部排氣的方式設置適當的通風設備，始能維護
健康的工作環境。

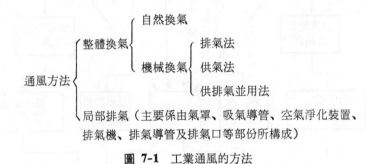

圖 **7-1**　工業通風的方法

（二）採光與照明

　　採光與照明的目的乃在提供工作場所適度的光線，以保持工作人員
視覺與視能的持久力。良好的廠房採光與照明，不僅可以減少員工的眼
睛疲勞與心理煩燥，確保其工作的安全，更可提高工作效率，增進產品
的品質與產量。

　　廠房的照明，一般可按其光源的不同，分為自然採光及人工採光：

　1.　自然採光

　　白晝太陽光的利用，是最自然、健康及經濟的光源。根據專家的研
究，利用白晝光的作業成績，較利用人工光線者為高。惟白晝光之利
用，需要注意：(1) 不可有妨害工作的眩目光線；(2) 照度之不均性不
可過大；(3) 採光的同時不可有熱的侵入；(4) 一天中應無劇烈的照度
變化。

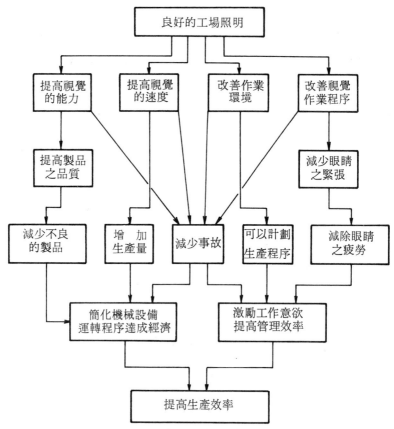

圖 7-2 良好照明的效益關係圖

2. 人工採光

係利用白熾燈泡 、 日光燈 、 水銀燈及鈉氣燈等各種適當的照明裝置 , 來補助自然光線不足的採光措施 。 人工採光要特別考慮光源的選擇是否適合工作性質與作業條件之需要。人工採光又可按照明燈具的配置,分為如下幾種不同的形式:

(1) 全面照明:廠房各部份均能全面獲得均勻的照度;

(2) 局部照明:僅以照明特定之工作範圍或對象物為目的;

　　(3) 全面及局部併用照明：上述兩種照明方式的合併使用，以增進其效果；

　　(4) 局部的全面照明： 僅在廠房內的某特定區域施予全面的照明。

　　如果按光線運用的路徑則可分為： 直接照明、間接照明、半直接照明、半間接照明及全面擴散照明等，其中以直接照明的效率最高，而間接照明的效率最低，其餘則介於這兩者之間。

　　由於人體的視力主要係受光線的「照度」、「對比」以及物體「大小」與其「動態」狀況之影響，因此良好的廠房採光，在設計上應注意下列各點：

　　1. 儘量利用自然光線，再輔以適當的人工照明；

　　2. 照度要能適合於各種作業的需要；

　　3. 光線投射的方向要適當；

　　4. 必須排除可能有的刺眼情況；

　　5. 光色要適合工作環境的需要；

　　6. 不要有閃爍的光線發生；

　　7. 照度亦不宜過高，以免造成浪費。

　　總之，良好的照明設計不僅要確實、舒適，亦要考慮其經濟性。如果廠房的照明設施，能夠充份滿足表 7-1 各項要求，那就是最佳的照明設計了。

　　由於工作性質及地區的不同，所需之光度亦有差異。根據我國「勞工安全衛生設施規則」，規定各工作場所及作業別所需的採光強度如表 7-2。

表 7-1 良好照明的要素

良 好 照 明 的 要 素	重要性比率（%）
1.照度：要有充分的光線、適宜的照度	25
2.亮度分佈：各部份的反射、亮度要均勻	20
3.眩輝度：不可有刺眼光源或反射光、閃爍光	15
4.影子：不可有妨害工作的過暗影子	15
5.光色分佈：光色要接近晝光且無熱無紫外線	5
6.氣氛：氣氛要好，天花板、牆壁要如晴朗的屋外感覺	5
7.美的效果：使用燈具及其配置要與廠房相互調和	5
8.經濟性：採用效率高及易於保養之光源燈具	5

表 7-2 人工採光強度表

場 所 或 作 業 別	最少照明米燭光數
室外走道及室外一般照明	20米燭光以上
1.走道樓梯、倉庫、儲藏室堆置粗大物件處所 2.搬運粗大物件如煤炭、泥土等	50米燭光以上
1.機械及鍋爐房、升降機、裝箱、精細物件、儲藏室、更衣室、盥洗室、廁所等 2.須粗辨物體如半完成之鋼鐵製品、配件組合、磨粉、粗紡棉布及其它初步整理之工業製品	100米燭光以上
須細辨物體如零件組合、粗車床工作、普通檢查及產品試驗、淺色紡織及皮革製品、製罐、防腐、肉類包裝、木材處理等	200米燭光以上
1.須精辨物體如細車床、較詳細檢查及精密試驗、分別等級、織布、淺色毛織等 2.一般辦公場所	300米燭光以上

須極細辨物體，而較佳之對襯如：精細組合、精細車床、精細檢查、玻璃磨光、精細木工、深色毛織等	500～1,000 米燭光以上
須極精辨物體而對稱不良，如極精細儀器組合、檢查、試驗、鐘錶珠寶之鑲製、菸葉分級、印刷品校對、深色織品、縫製等	1,000米燭光以上

註：上表採光強度為通常工作狀況下之最少量，應用對照計算光度至少增加
　　25%，如在易積灰塵之工作環境則須在計算光度時至少增加50%以上。

四、噪音及其防制

　　凡音調、音量過高，或不規則及不協調之音波在同一時間出現，使人聽到而感厭煩者即稱為噪音。可見所謂噪音不僅含有聲音本身的物理意義，亦有聽者的心理因素在。因此，要判斷一種聲音是否為噪音，常因個人的情況而異，即使就同一個人而言，有時亦會因時間及場所的改變而有所不同。

　　聲音是一種縱波，音波振盪的速率稱為頻率，以每秒週波數或赫來表示。頻率的倒數為週期，亦就是每週波所需的時間。每週波的距離稱為波長，波長乘以頻率就是音速。

　　聲音的大小是以音波振盪的強度或稱「音響」來決定，此音響對空氣所引起的振盪壓力即稱為音壓（Sound Pressure），單位為「巴」（Pa）或「微巴」（μ bar）。人耳所能感受的音壓範圍很廣，從可聽到的0.0002 微巴到令人不舒服的 2,000 微巴。為簡單計算起見，一般都使用「音壓階」（Sound Pressure Level）的分貝（dB）數來表示。

　　音壓階的分貝數係以欲測量之音壓與可聽到的最低音壓界限（0.0002 微巴）之比的對數值，可以下式表示之：

$$L_P \text{（音壓階 dB）} = 20 \log \frac{P \text{（欲測音壓）}}{0.0002}$$

根據有關研究，噪音除了會對人的聽力直接造成傷害外，亦會因爲刺激中樞神經，使內分泌產生變化而導致精神緊張，甚至可能引起頭暈、噁心及心臟疾病等效應。

噪音對耳朶聽力的傷害，主要有突發性外傷及感音性聽力損失兩種：

1. 突發性外傷：強烈的突發性噪音會使人的中耳結構受到嚴重的傷害，如鼓膜或內耳薄膜破裂、柯蒂氏器和基底膜分離等。

2. 感音性聽力損失：噪音的音壓如遠較引起上述外傷的音壓低，但如在某程度以上的音壓環境中長期曝露，則會引起感音性的聽力損失。這種聽力損失最初通常發生在 4,000 赫，然後鄰近此一頻率之聽力，亦會逐漸受影響。

根據我國現行勞工安全衛生法令之規定，勞工每工作日曝露於連續性或間歇性噪音工作環境的容許時間如下：

噪音分貝數（dB）	工作日曝露容許時間（小時）
90	8
92	6
95	4
97	3
100	2
105	1
110	$\frac{1}{2}$
115	$\frac{1}{4}$

如果勞工每天曝露於兩種以上不同音壓階的連續性或間歇性噪音環

境時，可用下式計算：

$$\frac{C_1}{T_1} + \frac{C_2}{T_2} + \frac{C_3}{T_3} + \cdots\cdots + \frac{C_n}{T_n}$$

$C_1, C_2, C_3 \cdots\cdots C_n$：指在某一噪音音壓階的曝露時間

$T_1, T_2, T_3 \cdots\cdots T_n$：指該噪音音壓階之容許曝露時間

當上式計算的結果，其和如大於 1 ，即表示已超過該工作日的曝露時間。

由於各人對噪音的感受完全不同，因此噪音對人體聽力的傷害或影響程度，往往需視下列幾種因素來決定：

1. 噪音的強度（即音壓的強弱程度）和頻率；

2. 個人的感受度；

3. 曝露的時間，包括某一時段的曝露時間及全部曝露時間；

4. 噪音的類型，屬衝擊性噪音，抑或連續性、間歇性噪音。

噪音的防制或消除相當複雜，選擇適當的噪音控制方法須根據許多現場的因素而定，但不外乎從音源、傳輸途徑及受音者等三方面着手。

（一）音源的控制

1. 建廠地點的選擇：噪音的控制首先應在建廠地點的選擇與廠房設計時，即加以考慮，以減少事後改善的許多麻煩及浪費。

2. 改善作業方法：改變作業方法，設法以較安靜的方法取代易生噪音的方法，即可降低很大的噪音程度，例如：

(1) 以焊接代替鉚接；

(2) 用高溫加工代替常溫加工；

(3) 以皮帶傳動代替齒輪傳動；

(4) 避免作業程序中硬物件的撞擊；

(5) 使用較低噪音的機械或輸送帶。

3. 設置消音裝置：在噪音發生源設置消音器或防音罩，以衰減噪音的流出。

（二）傳輸的防止

1. 增加距離：將噪音源設置於遠離作業場所之處，以利用距離衰減噪音的傳輸，即可減少噪音的危害。

2. 設立防音屏：在音源或受音點附件，利用吸音材料或堅固粗重的物料為屏障，以制止噪音的傳輸。

3. 變更音源方向：安裝機械或有關設備時，應使音的傳輸方向和受音點的方向相反，以減少暗音的影響。

（三）受音者的防護

經音源的管制、傳輸的防止，噪音有時仍無法完全消除，此時即應利用護耳設備，以減弱聲音到達人耳的強度。常用的護耳設備有二種主要的型態：一種為戴在外耳，使其密封的耳罩，另一種則為塞入外耳道的耳塞。

此外，對於在高噪音環境下的工作人員，應經常定期檢查其聽力，如發現有失聽現象時，應即將此人員調至噪音較低的環境工作，以減除噪音的危害。

五、熱的危害與防護

溫度亦是工作環境的重要條件之一，在很多工作場所中，熱的危害常被視為嚴重的問題。在溫度過高的熱環境下工作，常會因身體不適而助長心情暴燥、憤怒或其它情緒變故，致使勞工動作輕率、不謹慎而導致意外事故。如果在熱環境下曝露過度，亦會使勞工的體力、精力耗盡，而直接產生下列身體上的病變：

1. 中暑

當人體的體溫調節系統因為熱的危害而失去功能時，即會造成中暑。中暑者的皮膚熱而乾，通常會發紅或有斑點。由於人體的散熱功能失效，體溫會不斷上升，若非即時接受適當治療，嚴重時則告死亡。

2. 熱衰竭

引起熱衰竭的原因乃係人體因出汗過多而失水、失鹽所致。患者常會顯得極度軟弱、疲憊、頭暈和噁心，嚴重時亦會有嘔吐現象，甚或導致神志喪失。

3. 熱痙攣

在熱環境下因大量出汗和大量飲水，而未及時補充體內因出汗而損失的鹽份時，即會引發骨骼、肌肉的痛性痙攣。

4. 昏厥

不習慣於熱環境下工作之勞工，或在熱環境下直立不動的勞工，往往會因血液無法正常循回心臟，導致大腦缺血而突然昏倒。但只要躺臥休息，患者很快即可復原。

5. 汗疹

汗疹俗稱痱子，係在濕熱環境下工作，因汗液未能及時由皮膚表面蒸發，汗腺排泄管阻塞而發炎所致。汗疹將使勞工深感不適，影響工作效率。

6. 暫時性熱疲勞

暫時性熱疲勞係指曝露於熱環境而使身體感到不適或精神性過勞的現象，不僅會降低警覺性，亦會使工作效率減低。

管制熱環境以消除勞工遭受熱危害的方法很多，但一般而言，可從如下幾方面着手：

（一）管制熱源

1. 使用保溫材料隔離或絕緣發熱源，以減少熱量逸出，增高工作場所的溫度。

2. 封閉高熱水箱、抽熱水時加蓋，並經常注意各種汽門及管子接頭，使熱蒸氣無法逸出。

3. 隔離高溫製程，或將此種製程設備裝置於戶外。

（二）調節溫度

1. 在熱源的上方或適當部位，設置個別的抽氣通風裝置。

2. 做好各種通風設施，設法排出工作場所的熱空氣，並引進室外的冷空氣。

3. 打開所有窗戶及各種可資利用的電扇，或採取其它有效促進空氣流通的方法，以調節工作場所的溫度。

（三）調整工作

1. 以較年輕和體格結實之勞工接替較年老及體格較差的勞工。

2. 規定作息輪替，減少曝露時間。

3. 設置舒適的休息區，並提供充足的飲水，以維護勞工健康。

（四）配戴個人防護具

凡在高溫環境作業之勞工，為減低熱的危害，應要求隨時配戴所需之防護具如：防護衣、絕緣手套、紅外線反射面罩及加鋁的反射衣等。

六、安全衛生顏色與標示

（一）顏色的認識與運用

不同的顏色能夠使人產生不同的心理反應，例如白色就有純潔、和平、明快的感覺和象徵意義；藍色所代表即是冷靜、休息和沉默；而紅

色則易令人產生熱情和興奮的情緒。

　　顏色在工業安全衛生的使用上，已有國際標準化的特定意義，茲就幾種常用的安全衛生顏色所代表的意義，簡要說明如下：

　　1. 紅色：代表停止或防火，通常使用在下列狀況：

　　（1）危險性質或危險情況的指示；

　　（2）表示控制機具緊急停止的樞紐；

　　（3）消防設備與器具的指示。

　　2. 橙色：代表危險且具有警戒的意義，通常使用在下列狀況：

　　（1）指示機械設備引起割傷、軋傷等的危險；

　　（2）指示電氣或電擊的危險；

　　（3）標示人行道的界線。

　　3. 黃色：代表提醒注意，通常使用在下列狀況：

　　（1）指示當心高溫、高壓或易燃、易爆及酸、鹼等危險物料；

　　（2）指示容易引起撞擊、跌落等危害；

　　（3）營建機具的外表或危險物料的搬運設備。

　　4. 綠色：代表救護及安全。

　　（1）各種安全狀況的指示；

　　（2）除消防外的其它急救裝備之指示，如急救箱、急救擔架等。

　　5. 藍色：代表注意或待修。

　　（1）指示禁止他人開動，使用或移動正在修理中的設備；

　　（2）護柵、警告牌或設備本身的顏色；

　　（3）機械設備上的控制樞紐如：開關及閥等。

　　6. 紫色：　指示具有放射性危險的設備、污染物或其它稀貴物料等。

　　7. 黑色及白色：指示交通或內務標線的顏色。

除了上述七種單色外，在工業安全衛生方面，亦常會有如下幾種複色的運用：

1. 藍白二色：表示注意；
2. 紅白黑三色：表示危險；
3. 黑黃二色：表示小心；
4. 紅白二色：表示消防設備。

顏色在工業方面的運用，除了上述安全衛生使用上的特定意義外，尚可在下列幾方面作適當地應用，以改善工作環境，進而提高工作效率，亦減少意外事件的發生。

1. 廠房的配色：

廠房的適當配色，不僅可以改善空間及光線的視覺效果，亦能使人感到舒適，減少工作上的壓力與疲勞。一般而言，廠房的配色，應遵循如下幾項原則：

(1) 考慮光線的反射率；
(2) 減少疲勞；
(3) 創造良好的視覺效果；
(4) 符合美感的要求；
(5) 增強心理作用；
(6) 促進辨認以提高安全效果。

2. 管路系統的識別：

根據我國現行國家標準之規定，工業上的各種管路系統應使用特定的顏色予以標示，以利識別。

(1) 消防管路包括：自動灑水系統及其它輸送消防物料之管路系統，應以紅色標示之。

(2) 危險物料如：高溫、高壓狀態，或易燃、易爆、具毒性及腐

蝕性等物料之管路，應以黃色或橙色標示之。

(3) 針對上述危險物料提供安全保障或救助的防護物料（但不包含消防用物料）之管路，應以淺藍色標示之。

(4) 安全物料（指雖外洩亦對人員無害之物料）之管路，則以綠色標示之。

3. 材料的標識：

各種圓形鋼材亦可在其末端塗上相關顏色，標明其性質與用途等，以易於判別取用。

4. 工具管理：

工作場所的工具架上每一種工具吊掛的位置，可塗上顏色簡易標示其外型，以便於工具的清理。

（二）安全衛生標示

安全衛生標示係指以文字、圖形、符號及顏色等按一定規則配置而成的一種標識，用以提示或說明工作環境的有關狀況，以提醒人員注意或使其有所依循。安全衛生標示依其功能通常可概分為如下兩種主要的類型。

1. 對危險因素的提示：

(1) 揭示禁止：表示危險性甚高的狀況；

(2) 標示警告：表示中度危險性的狀況；

(3) 提示注意：表示危險性較低的狀況。

2. 為工作或行動便利而設之說明性標示：

(1) 標明物品、場所、機具等之名稱、作用或功能；

(2) 指示安全衛生措施；

(3) 說明重要的操作方法與程序；

(4) 指示通路、方向等。

試如前述安全衛生標示主要係由文字、圖形、符號及顏色等要素所構成，茲就這些要素簡要說明如下：

1. 文字

文字本身即具有明確的特性，乃係構成標示的最基本要素。書寫時或由上而下，自右而左；或由左而右，自上而下，前者爲直式書寫，後者則爲橫式書寫。

2. 圖形

安全衛生標示主要可以運用如下四種各具特定意義的圖形：

(1) 圓形：表示禁止；

(2) 正三角形（底在下者）：表示警告；

(3) 倒三角形（底在上者）：表示注意；

(4) 矩形：表示說明或提示。

3. 符號（或圖案）

爲維持標示的統一性，應盡量採用統一發佈之範例，或已通行者。如係自行設計的圖案亦應以明顯易懂爲原則。

4. 顏色

根據前述安全衛生顏色的特定意義加以運用，如果同時使用二種顏色時，面積較大者爲主要顏色，表示此標示的重點，另一種則係輔助顏色，乃爲進一步說明危險因素性質之用。

此外，設置安全衛生標示時，尚需注意下列各點：

1. 說明性者宜力求詳備；

2. 指示性者視複雜情形酌加設置；

3. 重要作業程序、方法有關安全者視需要設置；

4. 禁止、警告、注意標示之設置應求妥切，勿誇張，但亦勿低估

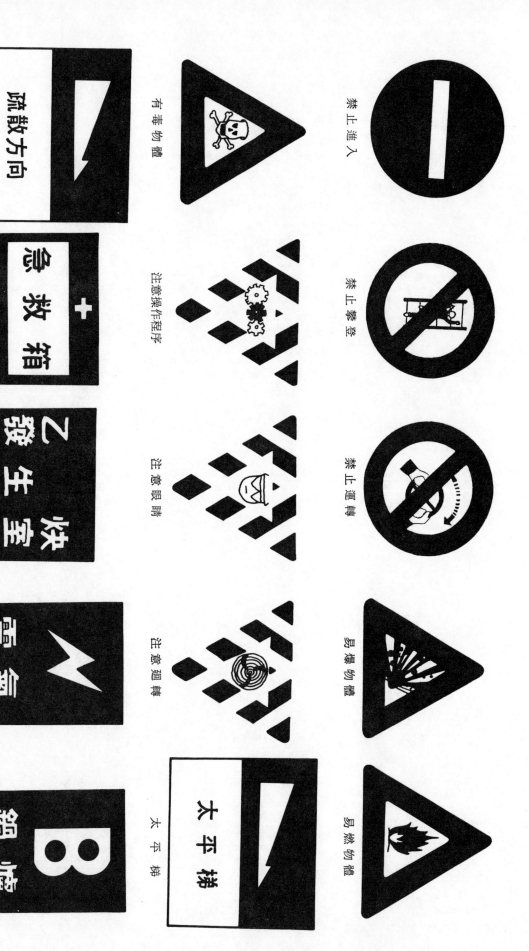

禁止進入　　禁止攀登　　禁止運轉　　易爆物體　　易燃物體

有毒物體　　注意操作程序　　注意眼睛　　注意廻轉

疏散方向　　急救箱　　乙炔發生室　　電氣　　太平梯　　鍋爐

圖 7-3　工業安全衛生標示範例

237——238

危害之可能性；

　　5. 定期檢查固定標示之適應性，臨時性的標示應在預定工作完成時即予撤收；

　　6. 標示本身應具安全性；

　　7. 毒性、腐蝕性及易燃、易爆等物料，不論其包裝大小，臨時抑永久，均應隨時保持其標示或說明。

七、工業整潔

　　工業整潔或稱廠場整潔，係指對工作場所的整理、整頓與清掃，以維持整齊清潔的工作環境，避免無謂事故的發生。

　　工作場所如果缺乏完善的整潔計畫，通常即會出現各種不安全的情況如：

　　1. 在工作區堆積過多的材料、廢料或碎屑；

　　2. 通道被阻塞；

　　3. 工具隨便留置於機器上；

　　4. 廢料容器過滿洩漏；

　　5. 電氣引線或其它管線等散落於通道；

　　6. 酸、鹼等強腐蝕性化學物質被隨意裝在開口的容器內。

　　而在這種整潔不良的環境下工作，很容易發生下列事故：

　　1. 人員被地面散置的物體所絆倒；

　　2. 物件自高處墜落使人員受傷；

　　3. 由於地面的油膩、潮濕或污穢使人員滑倒；

　　4. 人員撞到突出、堆積不良或放置錯誤之物料；

　　5. 人員受到突出的釘、鉤或棒等劃傷手部或身體其它部位。

工業整潔的推行必須有計畫，且經常、恆久地去做，才能眞正發揮其效果。茲就一般廠場整理、整頓及清掃、清潔之對象與要點，簡要說明如次，以供參考。

1. 整理、整頓：

應根據整理、整頓的目的及現場狀況，針對不同的對象，按下列要點，注意其排放位置與排放方法。

整理整頓對象	注　意　要　點
1. 材料、半製品、製成品	種類、形狀、數量、位置、高度、安定度搬運方法、容器、棚臺等。
2. 機械設備	必要面積、作業面積與配置等。
3. 工具、器具	使用頻率、使用場所、放置場所、容納場所及構造等。
4. 工作臺	寬度、表面狀態與光滑性等。
5. 通路	寬度、通行物、強度和光滑性等。

2. 清掃、清潔：

清掃及清潔的工作，主要可針對下列對象，分別就應注意的要點實施之。

清掃、清潔對象	注　意　要　點
1. 主要工作場所	作業現場、辦公室等，尤其是工作臺、機具、照明設備及窗子等。
2. 保健設施	廚房、餐廳、更衣室、浴室、洗手、洗臉臺及盥洗室等。

總之，廠場整潔雖然是非常瑣碎的工作，但確是維護安全衛生工作環境不容忽視的一環，雇主絕不能因爲其瑣碎，而不予重視，以致造成

一些無謂的損失和傷害。

八、工作環境管理

所謂工作環境管理係指不斷透過調查、分析，以確實掌握作業環境中可能存在的危害因素，並設法謀求改善，以維護安全健康工作環境的整個歷程。具體而言，環境管理的工作主要為：

1. 充分了解生產所使用之原材料可能產生之有害物質及其污染程度；

2. 掌握工作場所的一般設施及各種物理環境的狀況；

3. 全面了解職業疾病預防計畫，並經常檢討及評估此項計畫的妥適性；

4. 對於新使用之原材料或變更生產工程時，應在事前充分檢討。

實施環境管理可按下列四個步驟來推行：

1. 掌握問題

掌握問題癥結首先需對作業環境實施實態調查，分別就所使用之原材料、生產工程、機械設備，工作方法及環境條件等進行調查。特別是對有害物質應確實調查其散發情形，存留處所、有害程度及質量之變化情況等。

2. 採取策略

針對調查及平時觀察、記錄所獲之資料，作進一步分析檢討，找出問題的癥結，並按下列步驟確立改善的方案：

(1) 正確地記錄、分析；

(2) 報告上司，接受指示；

(3) 通告有關作業場所並作進一步聯繫；

(4) 聽取有關勞工及管理人員之意見;

(5) 探討各種可能的對策;

(6) 擬訂完善的改進計畫。

3. 計畫的實施

將上述研擬完成之計畫付諸實施。應同時兼顧環境與作業方法的改進,以擴大實施的效果。

4. 效果之確認

核對及評估工作環境的改善效果。爲了解環境改善或有害物質之抑制效果,一般得以下式計算或表示之:

$$\eta = \frac{W_b - W_p}{W_b}$$

η: 改善率(%)

W_b: 改善前的環境條件(或濃度)

W_p: 改善後的環境條件(或濃度)

九、結　　語

安全衞生工作環境的規劃與維護所牽涉的範圍甚廣,以上僅就廠房設施與佈置;通風、採光與照明;噪音與熱環境的管制;安全衞生顏色與標示; 以及工業整齊與環境管理等方面加以探討分析。 有關機械防護、電氣災害、工業火災與消防,以及有害物質的管制等將在後面分別立專章加以討論。

第八章 機械危害與防護

一、引　言

　　大部份的工廠意外事故均由機械設備所引起，尤其機械對人體造成的傷害往往相當嚴重，而常有使人導致殘廢的可能。因此，早在本世紀初，歐美一些工業較發達的國家，即相繼要求機械製造廠商，對每一種機械設備的生產均應做好安全防護（Safeguarding）的工作。隨後更有法令規定任何機械的危險部位都需加以適當的防護，以避免因意外事故而造成無謂的傷害與損失。

　　即使在今天，許多人談到工業安全時亦大多會直接想到機械危害的問題。對一般人而言，工業安全與機械防護似乎就是兩個同義詞。何謂機械防護？爲何要做機械防護？以及如何做好機械防護？乃是本章所要探討的主題。讀完本章您將了解：

1. 機械傷害的性質與種類；
2. 機械危害的部位與安全防護的目的；
3. 機械安全防護的類型與防護方法；

4. 手工具的危害與防範;

5. 機器人的危害與安全防護措施。

二、一般常見的機械傷害

機械設備的種類繁多,通常可概分為: 動力機械、作業機械和實用機械三大類。其中動力機械又可分為原動機和間接動力機械,前者如: 蒸汽機、渦輪機和引擎等,後者如: 電動機、液壓和氣壓機械等;作業機械則可分為: 生產機械和輸送機械,各種工作母機和製造機械均可稱為生產機械,而起重機、裝卸機、索道和各種輸送帶裝置等則屬輸送機械;至於實用機械種類更多,舉凡工程、量度、辦公室事務和一般家庭日常生活使用的各種機械均屬之。

由於機械類別繁多,其對人體造成的傷害亦有各種不同的型態,唯一般作業場所常見的機械傷害不外乎: 割傷和刺傷; 擦傷和磨傷; 撞傷、壓傷和夾傷; 切傷和剪傷; 扭傷和用力過度; 以及骨頭斷裂等, 兹簡要分述如次:

(一) 割傷和刺傷 (Cutting)

係指被鋒利或尖銳的刀具及物料所割裂或刺破,乃是機械工廠作業人員最常見的一種傷害。輕微的割傷和刺傷可能僅傷及皮膚或肌肉的表層,但嚴重時則會深至人體的骨骼,甚至使身體的某一部位斷裂而造成殘廢,實不可不慎。

(二) 擦傷及磨傷 (Tearing)

凡人體與旋轉或運動中的機件和物料接觸時, 常會造成擦傷與磨傷,這亦是機械工廠經常發生的一種傷害。

(三) 壓傷、撞傷及夾傷 (Crushing)

身體或其中的任何部位受到重物的壓迫、撞擊，或被夾軋在兩個運動物體之間，均會造成某種程度的傷害。常見的如：車子將人撞傷或壓至牆上、重物掉落打到腳上、手被齒輪或運轉中的皮帶夾傷等。嚴重的壓傷、撞傷和夾傷，往往會使身體的某些部位永久失能或導致殘廢。

（四）切傷和剪傷（Shearing）

操作割切或剪切機械如：剪床、動力裁紙機等，可能因疏忽或使用不當，而使身體的某些部位受到傷害。機械的切傷和剪傷經常會造成手部的殘廢。

（五）扭傷和用力過度（Straining）

肌肉扭傷或用力過度亦是機械操作人員經常會發生的一種傷害，通常是因為工作人員由於估計錯誤，而希望在瞬間舉起或扳動某一機件或重物所引起。

（六）骨頭斷裂（Breaking）

身體的某些部位往往亦會因為受到重物的強烈壓迫、撞擊或扭曲而造成骨頭斷裂。

總之，機械傷害嚴重時將使人完全喪失工作能力，或導致部份軀體的永久殘廢，即使較輕微的傷害，亦往往需要休息相當時日才能恢復工作。因此，如果未能做好安全防護，常常會造成工人心理上的陰影，亦間接影響工作的效率。

三、機械危害的部位

要做好機械的安全防護，首先必須了解機械危害的部位。一般而言，機械經常會對人體造成傷害的部位，主要為：操作點、動力傳輸裝置、捲入點、運動機件、以及飛屑、火花和斷裂的零件等。

（一）操作點（Point of Operation）

大部份的機械傷害都是發生在操作點。操作點又稱工作點，係指工作件或物料與機械上的加工裝置接觸的部位，如常見的切割(Cutting)、衝壓（Punching）、剪裁（Shearing）和彎曲（Bending）等動作均屬之，詳如圖 8-1 所示。

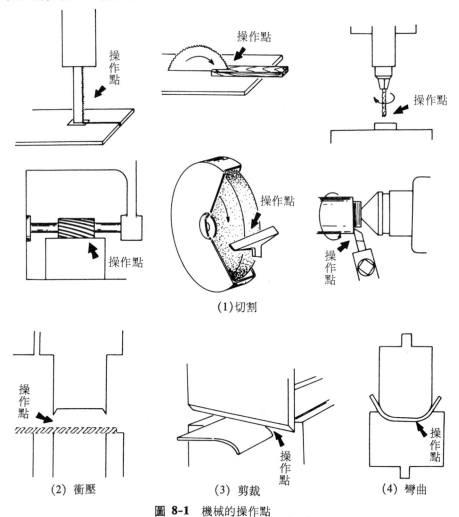

圖 8-1　機械的操作點

（二）動力傳輸裝置（Power Transmission Apparatus）

機械的動力傳輸裝置如滑輪、齒輪、鏈條和皮帶輪等亦是機械經常發生危害的部位。雖然這些部位比操作點較易做好防護工作，但亦不可不慎。

（三）捲入點（In-running Nip Points）

凡機械設備上旋轉或相對運動的機件如：相互銜接的齒輪、緊密接

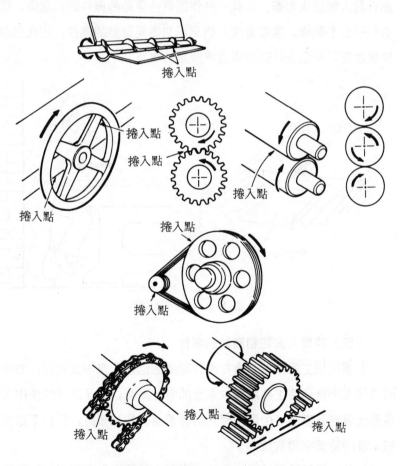

圖 8-2 機械的捲入點

觸的滾筒、動力傳動帶、鏈條和有輪輻或輪柄的手輪與飛輪等，均會形成捲入點。機械的捲入點不僅會直接傷害到人體的某些部位，亦極易夾進寬鬆的衣物或其它配件，而間接地造成一些無謂的傷害。詳如圖 8-2 所示。

（四）運動的機件

旋轉（Rotating）、往復（Reciprocating）和直線運動的機件本身，亦會對人體造成傷害。尤其一些作間歇性運動的機件最為危險，因為當它們停止不動時，常常會使人們忘記它亦是運動的機件，因此必須特別提醒注意，以免一時疏忽而造成嚴重的傷害。

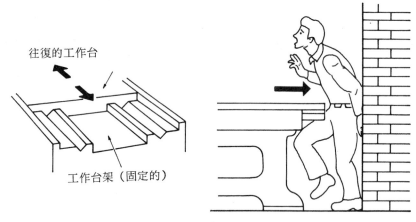

往復的工作台

工作台架（固定的）

圖 8-3　往復運動機件

（五）飛屑、火花和斷裂的零件

大部份加工的機械都會在操作點的部位產生飛屑或火花，有時亦會因為加工不當而使工件或機械本身的零件斷裂，傷及附近的操作人員。當然此種意外事故可由配帶個人的防護器具加以預防，但仍不如做好機械本身的防護來得有效。

此外，機械設備感電的部位亦會對人體造成傷害而需加以防護，惟

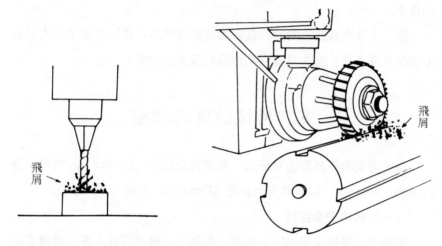

圖 8-4 機械操作產生之飛屑

因其涉及電氣安全的問題，將留待下章討論。

四、機械防護的目的

所謂「機械防護」（Machine Guarding）乃係針對上述機械設備可能發生危害的部位，設置適當的安全裝置，或在其週圍採取有效的防護措施，以減少意外事故的發生。

具體而言，機械防護的目的主要在於：

1. 防止人體的任何部位與機械設備的操作點、捲入點及運動機件等可能發生危害的部位或區域直接接觸；

2. 防止人員被機械操作產生的飛屑、火花或其他可能斷裂的物料與零件擊傷；

3. 防止機械失效或電氣失效時所可能造成的傷害；

4. 防止機械操作人員可能因爲個人的因素如疲倦或疏忽等而導致

的傷害。

除了上述直接的目的外，做好機械防護措施，亦可掃除工作人員的不安與恐懼心理，而間接提高工作品質與生產效率。

五、機械防護的類型

機械的安全防護措施可分為：機械安全設計（Design）、機械安全防護物（Guards）和機械安全裝置（Devices）三種主要的類型。

（一）機械安全設計

機械設計是確保機械安全的第一個關卡。機械設計人應該具備安全的觀念，使其設計生產的機械本身即具有相當的安全性，而不需要再讓使用者去針對其危險部位做安全防護的工作。機械設計的理想境地是：所有的機械設備不應讓使用者必須運用他們的經驗和技巧才能安全地工作，亦即使用者不論其對該項機械設備的了解或熟悉程度如何，均能操作而不致發生危害。

（二）機械安全防護物

所謂「防護物」係為防止人體與機械危害的部位或危險地區直接接觸而設置的各種障礙物（Barriers），包括護罩、柵欄、柵門和各種提醒注意的障礙物等。

（三）機械安全裝置

為防止人體進入機械的危害部位，除了可以設置各種障礙物予以防護外，還可利用感應、機械原理、遙控及改善進出料操作等方式的裝置，來確保機械的安全。機械的安全裝置不外乎有如下幾項作用：

1. 當人體有任何部位置於危險區或機械電氣失效時，可控制機械使其無法操作或立即自動停止；

2. 操作時限制人體的任何部位進入危險區，或將其從危險區迅速掃開或拉回；

3. 以遙控或自動進出料等方法，讓人體的任何部位不致進入危險區域；

4. 配合上述防護物的使用，將人體與機械的危險部位隔離。

由於機械設計不是工業安全衛生研究的範疇，因此一般談機械防護時，都僅就安全防護物及安全裝置兩方面加以討論。

六、機械防護的方法

機械設備的安全防護有各種不同的形式，一般常見的防護方法可歸

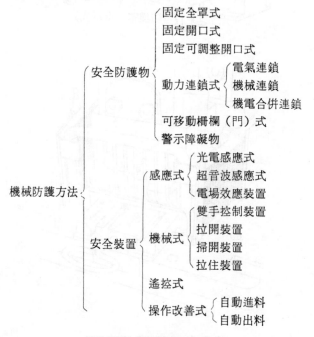

圖 **8-5**　機械防護的方法

納如圖 8-5 所示，茲簡要分述如次。

（一）安全防護物

1. 固定全罩式 (Fixed, Total Enclosure)

係將機械設備的危險部位利用蓋子或其它障礙物全部予以罩住，以避免身體與之接觸。機械設備上的馬達、齒輪及動力傳輸裝置等大多採用此種防護方法。

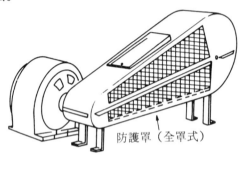

防護罩（全罩式）

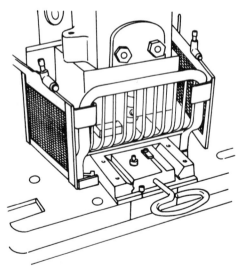

圖 8-6　防護罩及防護柵欄

2. 固定開口式 (Fixed, with Limited Access)

某些機械設備的危險部位為了進料或工作件進出的需要，防護物不能全部密封而必須有個開口。此一開口的大小如果固定而無法隨時加以調整，即為固定開口式的防護物。

3. 固定可調整開口式 (Fixed, with Adjustable Access)

上述防護物的開口，如果可根據物料和工作件的大小而隨時加以調整，以因應實際的需要，就是所謂的「固定可調整開口式」防護物。例如木工廠的帶鋸機、線鋸機和圓鋸機等為了鋸切各種不同厚薄的木料，

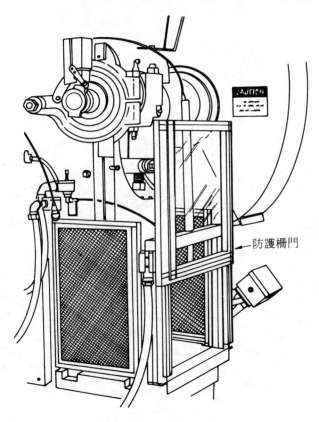

防護柵門

圖 8-7　防護柵門

通常都是採用可調整開口式的護罩，惟前兩者大多屬於手調整而後者則多為自動調整的裝置。

4. 動力連鎖式（Enclosure with Interlock）

此種防護物的裝置係利用電氣、機械或兩者合併的連鎖原理，當防護物一旦被打開或取下時，機械設備本身即自動切斷電源或機械動力，而停止操作。動力連鎖式防護物通常都具有下列特性：

(1) 防護物被打開或取下時，機械的起動機構即被鎖住而無法操作。

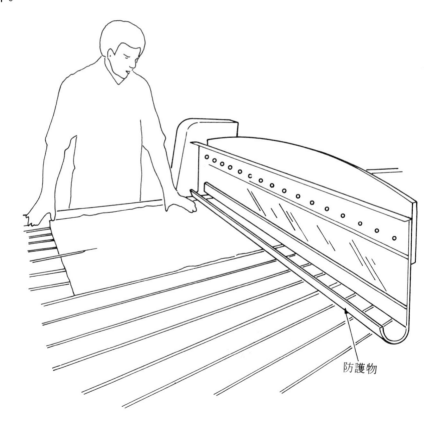

防護物

圖 8-8 機械連鎖式防護物

　(2)除非危險狀況消除，否則防護物無法打開或去除，亦即當機械運轉時，防護物即被鎖住而永遠關閉。

　(3)當連鎖裝置一旦失效，機械設備即無法再起動或操作。

5. 可移動柵欄（門）式（Movable Barrier or Gate）

　此種裝置的主要作用係當機械設備停止操作或危險狀況不存在時，柵欄（門）即自動移開，以便利上料或卸料工作的進行，而當機械開始操作或危險狀況出現之前，柵欄（門）又會自動關閉，以隔離人體和機械危害的部位接觸。

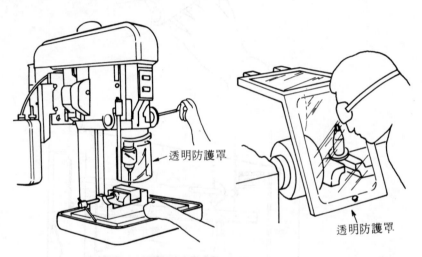

圖 8-9　透明防護罩

6. 警示障礙物（Awareness Barrier）

　係在機械設備危險區域的週圍或前緣，以鍊條、繩索甚或危險標示，以提醒工作人員注意。雖然此種設置並不符合機械安全防護的標準，但仍可視為是一種安全的防護物。

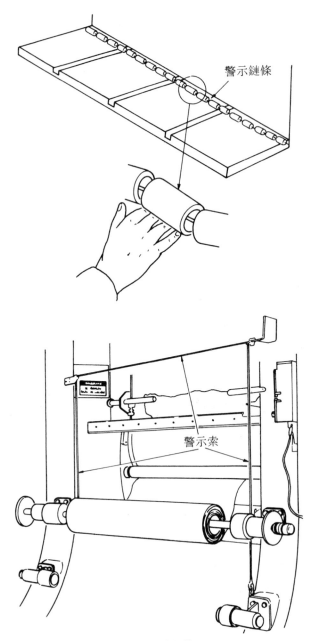

警示鏈條

警示索

圖 **8-10** 警示障礙物

（二）安全裝置

1. 感應式

在機械設備危險區的適當位置裝置感應器（Sensor），當人體的任何部位進入危險區時感應器即發生作用，使機械立即停止操作或無法起動。此種裝置按其作用原理，通常可分為如下三種不同的類型：

(1) 光電感應器（Optical Sensor）；

(2) 超音波感應器（Ultrasonics）；

(3) 電場效應裝置（Electrical Field-effect Device）。

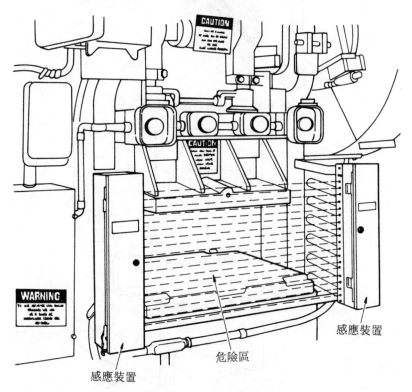

圖 8-11　光電感應裝置

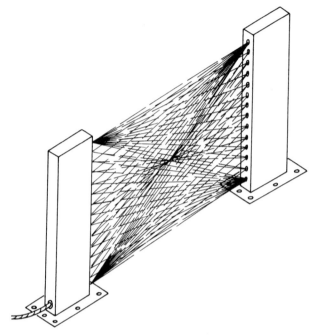

圖 8-12　形成掃描感應網的裝置

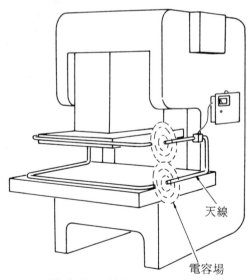

天線

電容場

圖 8-13　電場感應裝置

2. 機械式

藉機械連桿的拉開、掃開和拉住等作用，或以雙手控制機械起動按鈕的方式，防止操作人員的手部進入危險區的一種安全裝置。

(1) 拉開裝置(Pullout Device)：係利用一個套在作業員的手腕套，來控制操作者勿將手伸進機械危險區的一種裝置，圖 8-14 是一種拉開裝置的範例。

(2) 掃開裝置 (Sweep Device)：藉連桿作用的裝置，當機械開

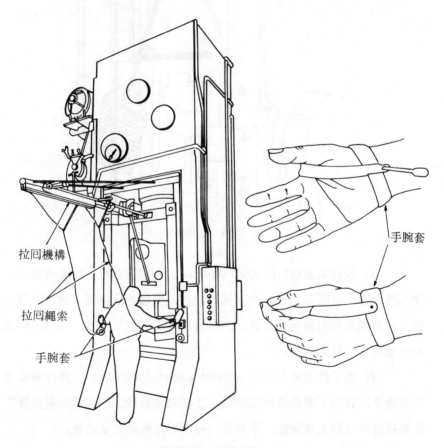

拉囘機構

拉囘繩索

手腕套

手腕套

圖 8-14 拉開裝置

始操作時即將作業員的手從危險區中掃開。這是一種傳統式的機械安全
裝置，由於可能在掃開過程中使作業員失去平衡，甚至受傷，目前此種
裝置已不符合機械防護的標準，而甚少被採用。

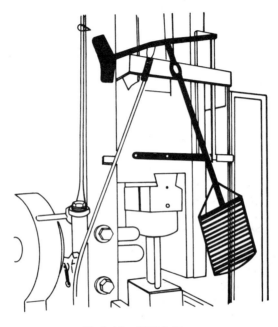

圖 8-15　掃開裝置

　　(3) 拉住裝置(Hold Out Device)：利用腕套拉住操作者的手，
使其僅能在安全區域活動，而永遠無法進入機械的危險區。運用此種裝
置時，若需將物料放至危險區，常需借助夾子等進料工具。圖 8-16 就
是一種拉住裝置的範例。

　　(4) 雙手控制裝置 (Two-hand Control Devices)：操作者必須
使用雙手同時按下兩個分開的按扭，才能起動機器。如此即可避免雙手
在機械操作時進入危險區，這亦是一種常用的機械安全裝置。

　　3. 遙控式

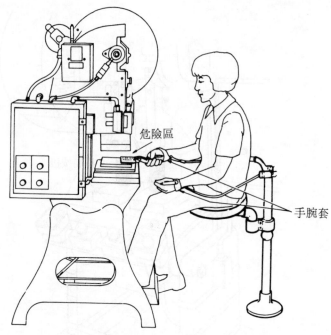

危險區

手腕套

圖 8-16　拉住裝置

　　遙控式安全裝置係指遠離機器的操作設計，此種設計雖然不是直接的機械防護設施，但同樣可以避免操作人員進入危險區，亦可達到防護或輔助防護的效果。

　　4. 操作改善式

　　係以改善進料和出料的方法，來防止機械作業人員的手部進入操作點而受傷的一種安全措施。

　　(1) 進料方法的改善：

　　　　①以鉗、鋏等工具代替手直接進料；

　　　　②採用半自動進料，使作業人員可以不必接觸機械的操作點；

　　　　③採用全自動進料，使作業人員完全離開機械的操作點而僅在
　　　　　旁監督。

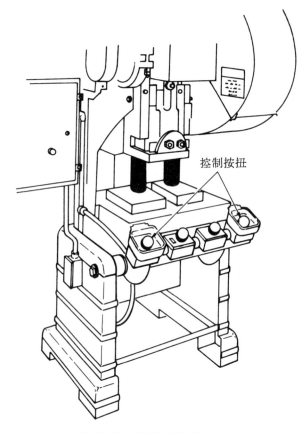

控制按扭

圖 8-17　雙手控制裝置

（2）出料方法的改善：

　　①利用機械振動方法使物料自動流出；

　　②使用壓縮空氣將物料吹出；

　　③利用地心重力讓物料自然流出。

　　儘管遙控式和操作改善式的設計或裝置，嚴格說來並不屬於機械防護的範疇，但由於它們的確具有達成維護機械安全的效果，故本節亦一併列入討論。

七、機械防護的設計

　　根據前節分析，機械防護物乃是爲防止人體的任何部位進入危險區而設置的障礙物。機械安全裝置則是一種控制機構，透過這種機構可以制止操作者身體的某個部位如手進入危險區；或在機械開始操作之前將作業員的手從危險區拉回或推開；或當人體有任何部位進入危險區時能使機械立即停止操作或無法起動，以防止意外事故的發生。

　　無論機械防護物或安全裝置的設計，均應該符合如下一些原則：

　　1. 任何情況下都必須安全，如果失效、被打開或取下時，機械設備能立即自動停止操作；

　　2. 當機械設備在運轉或操作時，必須能制止人體的任何部位進入危險區；

　　3. 不會妨礙機械本身的功能，亦不會讓操作者感到不適，或操作起來不方便；

　　4. 必須能自動作用或被裝置於固定位置；

　　5. 最好能與機器成爲一體，以免拆散或被任意取下；

　　6. 必須根據機械設備的特性、操作的形式，以及實際危害的性質加以設計；

　　7. 易於調整、維護和修理；

　　8. 經久耐用、防火防銹，不易變質；

　　9. 本身的結構必須安全而沒有任何的危險性；

　　10. 必須符合有關法令及國家標準的規定。

八、手工具的危害與防範

無論工廠機械化與自動化的程度如何，手工具及輕便手提電動工具的使用，仍相當廣泛而不可一日或缺。因此，如何做好其安全防範措施乃討論機械防護不容忽視的課題。

由手工具與手提電動工具引起的傷害，較常見的不外乎有如下幾種：

1. 由於手提電動工具的使用不當而發生電擊、爆炸和燒傷等；
2. 被衝擊、鏨裁、切削或研磨產生的飛屑戳傷眼睛，甚至失明；
3. 被尖銳的双口割傷、刺傷、或錘打工具擊傷；
4. 有關工具的不當使用而造成扭傷，甚或骨折。

導致手工具及手提電動工具，對人體造成上述這些傷害的原因固然很多，但可簡要歸納為如下數端：

1. 工具存放不當：

許多工廠事故都是由於工具儲存或放置不當所引起，常見的如：工具掉落打傷人，或將工具隨意留置走道使人絆倒，或未使用工具帶而隨意將尖端的工具放在口袋而造成傷害等不一而足。

2. 未做好充分的保養：

許多因手工具而造成的傷害，乃是由於未做好充分的保養所致，如：扳手磨損或破裂、榔頭形成毛邊、把手破裂或絕緣體損壞等。

3. 選用不適當的工具：

工具的設計都有其一定的用途，選用不適當的工具不僅易於造成傷害，亦會減少其使用的壽命。常見的如：以刀子當起子、將扳手當榔頭，或以銼刀做推桿等，均極為危險。

4. 不正確的使用方法：

對使用的工具不熟練或不知道如何正確使用，亦是造成手工具發生傷害事故的主要原因之一。例如使用電動工具不接地線、割切物體時將刀口對準自己、或使兩件堅硬的鐵工具相互敲擊等，都很容易造成事故。

5. 工具本身質料欠佳：

很多意外事故是由於使用的工具或其配件，因本身質料欠佳，極易破損所引起。

6. 未配帶適當的個人防護具：

使用手工具，特別是操作手提電動工具，常會有物料或碎屑飛射奔濺的情形，作業員如未按規定配帶適當的個人防護具，即很容易受到傷害。

針對以上這些原因，爲確保手工具及手提電動工具使用上的安全，必須採取下列的防範措施：

1. 視實際需要設置工具室、工具架，充分提供工具箱及個人使用的工具袋，並設置專人以集中的方式加強管理；

2. 工具應定期加以保養，一旦發現有磨損、變形或破裂等情況時則應立卽送修，對於不堪使用者亦應隨時淘汰換新；

3. 選購工具應注意其品質，並確實了解是否符合有關國家標準的規定；

4. 作業時工具應放在取用方便，但不會掉落的適當位置，完成作業後應隨時清理，不要讓工具散置各處；

5. 嚴格要求作業人員應配帶適當的個人防護具，並禁止工具作不適當的使用；

6. 使用手提電動工具時，應進一步遵守下面的安全守則：

(1) 使用前必須確實了解其操作與控制方法;

(2) 不應將電動工具的接地線任意切除;

(3) 工具上有安全護罩裝置者不可任意將其卸下或拆除;

(4) 接上電源或其它動力之前應將工具的起動開關放在「關」的位置;

(5) 清潔時應先切斷電源或其它動力裝置;

(6) 避免引線或接管與尖銳物體碰觸,或浸沉於油脂、熱表面及其它化學物品之中;

(7) 使用前應先檢查電線絕緣是否良好,有關接管有無裂縫或其它毛病;

(8) 操作時切勿將噴嘴或有關接管的出口對準任何人。

九、機器人的危害與防護

自一九六一年第一部工業用機器人在美國誕生,歷經二十餘年來的發展,機器人在工業上的使用已相當普遍。據估計至一九八六年時全世界機器人的總臺數已達13萬9千餘臺,未來將以更快的速度繼續成長。

雖然機器人可以替代勞工從事許多危險性的工作,對保護勞工的安全與健康具有相當大的貢獻,但由於其特殊的設計、安裝與操作方式,亦帶來了新的工業安全問題,值得重視。

根據分析,機器人發生意外事故的原因,主要有如下數端:

1. 由於機器人的安裝與工廠佈置的不當,或未設置機器人單獨工作區,使鄰近工作人員常會受到夾捲、撞擊或推倒的危險。

2. 由於人為的失誤如電腦送出不當的指令,使得機器人有突如其來的舉動或做出不完全的動作,而造成意外事故或傷害。

3. 勞工爲安放物料或清除切屑，在未停止機器人運轉之前，即突然進入機器人手臂的工作範圍而造成傷害。

4. 在高溫環境下工作的機器人，可能由於產生可燃性氣體，而有發生火災甚或爆炸的危險。

5. 由於平常保養不良，機器人的電氣絕緣失效，或接地不良，致使接近工作的人員有遭受電擊的危險。

6. 技術人員從事維護修理時，由於機器人本身殘留的氣壓，或因其它工人誤觸開關，而使機器人有意外的動作造成傷害。

以上對機器人可能發生危害的分析，可以作爲維護機器人安全的主要依據。一般而言，機器人的安全防護通常必須從設計、安裝、操作、管理與維護等方面着手。

（一）機器人的設計與製造

1. 設計時應盡量排除與移動機件有關的各種危害因素，或提供必要的防護裝置，如果在設計上無法完全排除危險性，則應提示危險的警告。

2. 機器人在設計及製造時，應注重遮蔽、過濾、遏止及接地等方面的工程品質，以避免因各種可能的干擾效應而產生危險動作。

3. 每一部機器人在工作區及控制盒處都應有緊急停止的裝置，且此種裝置均應具有執行控制指令的優先權。

4. 所有機器人上的電氣接頭均需採用特殊鍵合的連接裝置，凡可能因分開或脫落而導致危險動作的電接頭，製造時即需加保護裝置，以免鬆脫。

5. 機器人本身必須有適當的裝置，以避免機器人可能因電力損失、電壓衝擊，或機油、空氣壓力的改變，而出現危險動作。

6. 爲確保安全，製造廠商對每一部機器人應充分提供下列資料：

(1) 功能及所有控制裝置的位置；

(2) 規格，包括其作用範圍與負荷能力；

(3) 操作指令；

(4) 裝機及維修指引；

(5) 特殊環境條件，包括電磁干擾和無線電頻干擾等；

(6) 安全注意事項。

（二）機器人的安裝

1. 機器人的安裝應依據製造廠商的規格裝設。 且應避免與建築物、有關設施或其它機器設備的干擾。

2. 應考慮所有環境條件如溫度、濕度、灰塵、爆炸混合氣、電磁或無線電頻干擾等，並確認機器人能和預期的操作條件配合。

3. 根據需要在機器人週圍設置安全圍欄、連鎖柵欄或其它適當的警示訊號及標誌等。

4. 緊急停止裝置必須裝設在作業員的手能立即接觸的地方，且易於辨識，亦無任何障礙物阻擋。

（三）機器人的操作

1. 應遵守廠商對機器人測試及開機的有關指示，做好各種接上電源前檢查及接通電源後的檢點工作。

2. 在測試、開機期間，人員不得進入機器人或機器人系統的工作範圍。

3. 機器人電源未經切斷之前，作業人員勿冒然進入機器人的工作區安放或調整加工物料，或清除碎屑等。

4. 在機器人修改硬體或程式，或作有關修護後，重新開機之前，須先測試其功能是否正常，再正式操作。

（四）機器人的管理與維護

1. 製定維護檢查表，定期對機器人的各種裝置實施檢查，並作必要的維護工作。

2. 維護、檢查或修理人員在工作之前，應切斷機器人的動力來源，並利用上鎖、支撐等方法防止任何機件發生位移或運動。

3. 對機器人的操作、維修及程式控制等人員實施有效的訓練，使他們確實了解有關的安全規定，以及發生緊急狀況時的避難與搶救措施，以免受到無謂的傷害。

十、結　語

機械設備是各種生產工廠的主要設施，亦是一般勞工每天必須面對的伙伴，與工作的安全實有密不可分的關係。由於機械事故往往會對人員造成無可彌補的傷害，確實不能掉以輕心。本章首先就一般常見的機械傷害作一簡要分析，其次分別對機械危害的部位以及機械防護的目的、類型與方法作進一步探討，最後並就手工具、手提電動工具及機器人的危害與安全防範措施作摘要式的描述。期能提供一些有用的訊息，以供參考或遵循。

第九章　電氣災害與防護

一、引　　言

　　電是人類的偉大發明，它不僅改變了人們的生活型態，亦是促進現代科技與工業發展的主要動力。電力的有效運用，固然給人們帶來許多方便與福祉，但由於電力的使用不當所造成的嚴重災害與損失，亦不勝枚舉而時有所聞。

　　根據統計，每年發生的電氣災害事故中，約有四分之一均與工業生產有關。雖然大家都知道電擊會致人於死，由電氣所產生的火災亦常一發不可收拾，但由於電是一種看不到亦摸不著的東西，因此，往往爲一般勞工所疏忽，以致造成許多無謂的傷害與損失。本章即擬針對電氣災害與防護的有關問題作一探討。讀完本章您將了解：

1. 電力的來源與輸配方式；

2. 電氣災害的種類與性質；

3. 感電災害的成因與防止對策；

4. 雷擊災害及其預防方法；

5. 電氣火災與電氣爆炸的發生原因與防制策略；
6. 靜電災害及其防護措施。

二、電力系統簡介

要知道如何安全用電，首先必須了解電力的來源與供應方式。就整體言，電力的供應系統主要係由發電、輸電與配電三大部份所構成。

（一）發　　電

目前最主要的三種發電系統是水力、火力和核能。

1. 水力發電：

利用巨大的水流衝力推動水輪機，再利用水輪機帶動水力發電機發電。

2. 火力發電：

燃燒煤炭、石油或天然氣等燃料，使蒸氣鍋爐產生巨量且富巨大壓力之蒸氣，推動蒸氣渦輪機，再由渦輪機帶動發電機發電。

3. 核能發電：

由燃燒鈾料的反應爐形成巨大熱能，使反應爐週圍的冷卻水產生巨量且富巨大壓力之蒸氣，推動蒸氣渦輪機，再由蒸氣渦輪機帶動發電機發電。

經由上述三種發電系統產生的三相交流電(AC 3ϕ)，即由電廠本身的變電所將其升壓以後再送到輸電線路上。水力、火力和核能三種發電廠的發電原理，詳見圖9-1之示意圖。

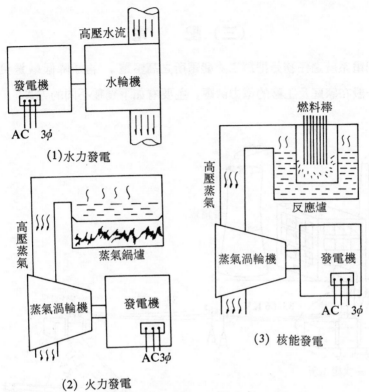

圖 **9-1**　三種發電廠的發電原理示意圖

（二）輸　　電

　　輸電系統的任務是把由發電廠所發出的電力，送往都市與工業區的變電所。在輸電線路上又可分爲一次及二次輸電線路。一次輸電線路電壓爲 161～345KV，二次輸電線路的電壓則爲 33～66KV。輸電線路在功能上僅是傳輸電力，中途並不供應用戶用電，唯近年來由於大用戶的需要，已有部份用戶自備變電所，由電力公司在二次輸電系統上直接送電。

（三）配　　電

配電系統之任務是把經二次變電所之高壓電，再予降低輸送到用戶。一般在家庭及工廠的電力供應，主要有如下幾種不同的方式：

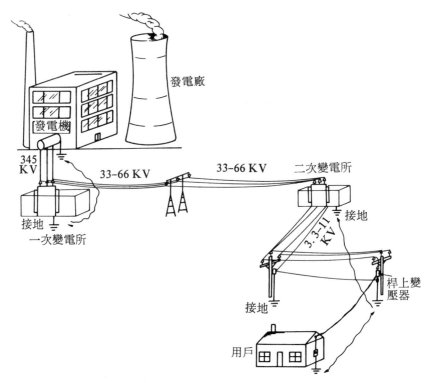

發電廠

發電機

345 KV

33–66 KV

33–66 KV

二次變電所

接地

一次變電所

3.3–11 KV

接地

接地

桿上變壓器

用戶

圖 **9-2**　電力的輸配

1. 單相二線式 (1ϕ 2W)：

單相二線式是一般最爲常見的配電方式，可直接供應 110V 或 220V 的電壓，因爲只有兩條線而無從選擇。

2. 單相三線式 (1ϕ 3W)：

　　此種配電從插座來看雖然與單相二線式並無差別，但實際上它是由三條線構成，可以同時供應 110V 及 220V 兩種電壓。唯一需要注意的是此種配電的中性線，在總開關的保險絲一定要以銅線替代，因為如中性線斷路，將會發生不平衡而將負載燒燬。

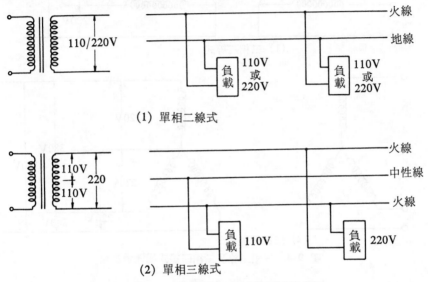

(1) 單相二線式

(2) 單相三線式

圖 9-3　單相二線及單相三線式的配電示意圖

　　3. 三相三線式 (3ϕ 3W)：

　　所謂三相係指電源系統中有三種不同時間相位的電壓，這三種不同相位之電壓乃就三條火線對中性線而言，且其相位彼此各相差 120°。三相三線式的配電有三條線，可供給 220V 電壓，是一種較大容量的供電方式。

　　4. 三相四線式 (3ϕ 4W)：

　　三相四線式的配線有四條線，不僅供電容量較大，且可供應 220/380V 或 110/190V 二種電壓。有關三相三線及三相四線式的配電詳見圖 9-4 之示意圖。

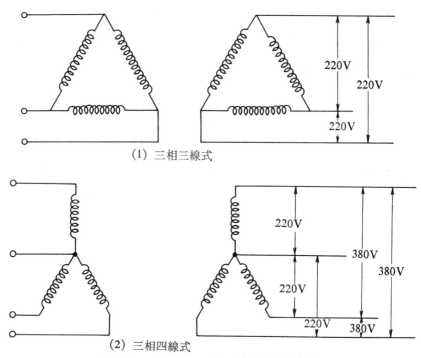

(1) 三相三線式

(2) 三相四線式

圖 9-4 三相三線及三相四線式配電示意圖

　　判斷電源供應的形式最簡易的方法是目測，在配電板上若輸入電源只有二條線，則可能為單相二線式；如果是三條顏色均相同的線可能是三相三線式；若三線中二條顏色相同一條不同，則可能為單相三線式；若有四條線則為三相四線式。為進一步確定則可用三用表測量其電壓，單項二線式的電壓為 110V；單相三線式中任二條之間的電壓有二組是110V（兩條火線與中性線之間的電壓），一組是 220V（兩條火線之間的電壓）；三相三線式則任二條線之間的電壓均為 220V；三相四線式則任兩火線之間的電壓為 380V，而火線與中性線之間的電壓為 220V。

三、電氣災害的種類與性質

　　由電氣所造成的災害主要可分爲：感電、雷擊、電氣火災、電氣爆炸及靜電災害等五種，茲簡要分述如次。

（一）感電災害

　　當人體成爲電路的一部份，且電壓足夠克服身體的電阻而有電流流通時，即會發生觸電或電擊。根據許多研究發現，電擊的嚴重程度主要係由下列因素所決定：

1. 通過人體電流的大小；
2. 電流流經人體的路徑；
3. 電流通過人體的時間；
4. 電流的頻率。

　　由於皮膚和身體亦有電阻，因此可以承受一定量的電壓。乾燥、堅硬皮膚的電阻往往高達數十萬歐姆，可是當皮膚受潮或流汗，電阻即會降至一千歐姆，甚或更低。一旦皮膚的電阻銳減而被克服，電流就可以很容易地通過人體的血管及其它內部組織，因爲這些身體內部組織的電阻通常均低於 600 歐姆。

　　當然，流經人體的電流大小，亦會受到下列一些因素的影響：

1. 人體接觸的電壓；
2. 人體接觸部位的電阻；
3. 人所處位置的絕緣性能；
4. 與導電體接觸的面積及壓力。

　　一個人大約在受到 1 毫安的交流電時，即會有輕微感電的感覺。當

表 9-1 人體的電阻

接　觸　的　狀　況	電　阻　值　（歐　姆　數）	
	乾	濕
皮膚接觸	100～600K	1 K
手指接觸	40～1,000K	4～15K
用手握住導線	15～50K	3～6 K
大拇指握牢	10～30K	2～5 K
用手握住鉗子	5～10K	1～3 K
手掌接觸	3～8 K	1～2 K
單手握住 $1\frac{1}{2}$ 吋的管子	1～3 K	0.5～1.5K
雙手握住 $1\frac{1}{2}$ 吋的管子	0.5～1.5K	250～750
手浸在水中	—	200～500
脚浸在水中	—	100～300
人體內部組織	—	200～1,000
手脚之間	—	400～600
兩耳之間	—	100

電流逐漸增大至 5 毫安左右，就會有驚愕的肌肉反應，至 10 毫安時則會產生肌肉痙攣。當 20 毫安或更高的交流電流經人體時，肌肉會產生嚴重的收縮，呼吸器官亦會有麻痺的現象，此時即有可能致人於死。如果流經人體的電流超過 70 毫安，心肌即會發生不規則的收縮，而擾亂心臟的規律跳動，通常會使人致命。

頻率從 20～100 赫玆的交流電對人體是最具危險性的，因為在這個頻率範圍內的電流比其它頻率的電流對心臟跳動的干擾最大。在 100 毫安以下的直流電對人體所造成的危害，就沒有同樣的交流電來得大。較

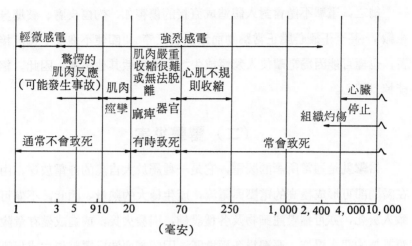

圖 9-5　人體對交流電的感應

高的電流，無論是直流或交流，都會使血壓增高，神經系統痲痹；同時，由於接觸的電阻，也會使皮膚或肌肉灼傷。因電擊而造成的灼傷往往都相當嚴重，而難以治癒。電擊之所以會造成傷亡，主要係因人體組織或器官對電流產生下列的反應所致：

1. 胸部肌肉收縮，呼吸困難，因接觸過久致窒息而死；

2. 神經中樞痲痹，致呼吸停止；

3. 妨礙正常心跳，使心室心肌纖維不規則收縮，血液無法循環而致死；

4. 感受大量電流後，心臟肌肉收縮，使心臟停止跳動；

5. 由大量電流產生熱，導致組織、神經和肌肉出血或破壞。

電流流經人體的路徑，亦是決定電擊嚴重程度的關鍵，如果電流不通過神經中樞或重要器官如：心、肺等，所引起的傷害較不嚴重。唯電擊本身有時雖然不致對人體造成直接傷害，但是卻可能由於電擊使人失去平衡或控制，而導致其它嚴重的事故，如自高處墜落等意外傷害。

總之，電擊不僅會對人體造成直接的傷害如：灼傷皮膚、破壞身體組織，甚至干擾心臟正常跳動而致人於死等。即使不造成上述直接傷害，也極可能因為電擊使人驚愕或失控，而導致其他事故。因此，絕不能掉以輕心。

（二）雷擊災害

雷擊就是通常所謂的閃電，它是一種屬於大自然的靜電放電，由於在瞬間即可形成極高的電壓與電流，產生極大的熱量。因此，不僅可以致人於死，亦可摧毀建築物及各種設備，引發火災，或造成儲存危險物質設施的起火爆炸。臺灣為多雨地區，因閃電而造成雷擊傷亡或損毀的不幸事故，時有所聞，不可不慎。

（三）電氣火災

根據焦耳定律，有電流通過的地方即會產生熱量，而所產生熱量的大小係以通過電流的平方、導體電阻及電流通過的時間成正比，可以數學式表示如下：

$$H = I^2RT$$

H：產生熱量的大小

I：電流

R：電阻

T：時間

因此，如果電氣使用不當產生高熱，如常見的電線走火，即會造成嚴重的火災。此外，像高壓線路產生的電弧、靜電放電發生的火花等，均可能引燃外物而造成災害。根據統計，工業火災約有四分之一是由電氣設備所引起，其對生命財產的危害絕不容忽視。

（四）電氣爆炸

上述由電氣設備引起的火災，如果是在存有危險物料的工作場所中發生，即會造成爆炸。電氣爆炸，不僅會損毀設備及建築物，亦會致使人員傷亡，應設法予以防範，以免造成巨大的損失。

（五）靜電災害

由靜電所造成的災害或損失主要包括：

1. 使作業人員遭受電擊；
2. 由靜電的放電火花引起火災或爆炸；
3. 因靜電而發生生產障害事故，妨礙正常生產工作之進行；
4. 作業人員因怕靜電電擊而影響生產效率。

因靜電產生的電擊，雖然不常造成直接傷亡，但卻極易引發間接事故，或影響生產效率，而靜電火花則是經常導致火災或爆炸的發火源，其潛在危害亦不可輕忽。

四、感電災害的成因與防止

（一）電擊的原因

一般而言，在工業上作業人員之所以發生感電事故或遭受電擊，可以歸納如下五項主要的原因：

1. 直接接觸裸露導線：

當身體的某一部位直接接觸裸露的導線，即會因為與人站立的地面構成廻路而觸電。

2. 絕緣失效:

為避免人體直接接觸帶電的導體或設備,其表面通常會有一層絕緣體。但是如果這層絕緣體由於本身材質不佳,或經長久使用,致使電阻降低,甚或失去原有的效能,則人體與之接觸時,亦會受到電擊。

3. 電氣設備漏電:

為確保使用上的安全,一般的電氣設備除了本身有良好的接地外,通常在人體可能接觸的部位還會有絕緣裝置。如果電氣本身的接地或絕緣裝置因某些原因失去效能時,則會因為漏電而使操作人員受到電擊。

4. 閃電:

閃電乃是因為累積在雲層上的電荷太多,瞬間對地面大量放電而形成強烈火花及巨大聲響。在放電的時候,當然要找最短的路徑,因此最接近雲層, 也即地面最高的物體, 就會遭殃。 閃電事實上亦是一種電擊,只是由於其電壓甚高,可以產生極大的電流與熱量,因此遭受雷擊的物體,通常都會遭到嚴重的破壞。

5. 靜電放電:

如前所述,當人體接觸積存電荷的物體時,即會因為瞬間的靜電放電,而有觸電的感覺,這亦是作業人員發生感電事故的一種原因。

由閃電及靜電放電所造成的感電事故之防制,將留待後面討論,此處僅就避免與裸露導線接觸,及防止絕緣失效或電氣漏電有關的預防措施,加以說明。

(二) 「停電作業」的防護

「停電作業」係指切斷電源後再從事有關線路施工的作業,按理此種作業方式應較安全,但卻亦常因聯繫不當或未作好適當的因應措施,而發生電擊事故。

　　根據我國現行勞工安全設施規則之規定，從事停電作業應採取下列防護措施：

　　1.　作業中的線路開關應上鎖或掛上「禁止送電」、「停電作業中」等標示，必要時應設置監視人員監視之。

　　2.　開斷的電路如含有電力電纜或電力電容器等，致電氣設備有殘留電荷可能引起危害之虞時，開始作業前應先以安全方法確實放電。

　　3.　消滅殘餘電荷後，應進一步以檢電器檢查，確認其是否已完全停電。

　　4.　另為防止該電路與其它電路之混觸，或因其它線路的感應而引起感電之危害，應使用短路接地器具確實短路並加接地。

　　5.　停電作業範圍如為發變電設備或開關場之一部份時，應將該停電作業範圍以藍帶加圍，並懸掛「停電工作中」標誌標示之，至於有電部份則以紅帶或紅網加圍，並懸掛「有電危險」標誌，以予警示。

（三）　「活線作業」及「活線接近作業」的防護

　　所謂「活線作業」係指在不能停電的線路上施工之作業，而在靠近高低壓活線施工之作業，則稱為「活線接近作業」。對於此兩種作業的安全防護，在我國現行的勞工安全設施規則中亦有如下的規定：

　　1.　從事高低壓線路之檢查、修理等作業時，應依規定配帶絕緣防護具或使用活線作業器具。

　　2.　從事接近高壓線路或高壓線路支持物之敷設、檢查、修理、油漆等作業時，應在該電路設置絕緣用防護裝備，以防止人員與高壓線路直接接觸。

　　3.　直接從事或接近特別高壓線路及其支持物之施工，作業者的身體或持用的金屬工具材料等導體，應保持下列的最小安全距離：

(1) 22.8 KV 及以下：60 公分

(2) 34.5 KV：70 公分

(3) 69 KV：80 公分

(4) 161 KV：170 公分

(5) 345 KV：300 公分

　4. 以上各種絕緣防護具和絕緣防護裝備，平時應加強管理，使用前亦應徹底檢查，如有損毀應即刻換新，以免造成意外。

（四）接地與安全裝置

　任何電路必須要構成一個完整的廻路，才會有電流流通。所謂「接地」（Grounding）就是使電路的一端透過大地作為廻路。接地可以保護人體免於受到電路或設備異常的電壓與電流觸擊之危險，此乃因為將人體可能觸及到的線路或設備，均使之與大地直接接觸構成最短的廻路，電流即不致再流經人體而發生所謂的感電事故。

　接地主要可劃分系統接地與設備接地兩種，唯前者又可分為低壓電源系統之接地與內線系統之接地。

　1. 低壓電源系統之接地：

　係指配電變壓器之二次側低壓線或中性線之接地。其目的乃在穩定低壓線對地之電壓及限制線路對地電位升高。電源系統若不加接地，電路中各導線對地的電位就無法穩定；反之，如經接地，則因接地導線之對地電位為零，其他非接地導線對地之電位即被穩定於某一數值。

　2. 內線系統之接地：

　係指屋內線路屬於接地導線之再行接地，旨在降低整個配電系統之接地電阻，以補電源系統僅有一處接地之不足。

　3. 設備接地：

係指電氣設備或負載裝置之非帶電金屬部份的接地，其目的乃在防止一旦當電氣設備漏電時，其金屬外殼對地的電位得以降低，以增進安全。如果設備不加接地，一旦發生漏電，操作人員即有被電擊的危險。

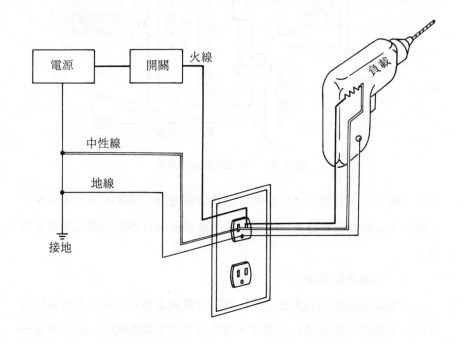

圖 9-6 手提電鑽的安全接地線路

接地只是電氣防護的一種，為確保電氣設備的操作安全，除了上述的系統接地與設備接地外，尚須有進一步的防護裝置。茲就較常被採用的一點接地、漏電斷路裝置及雙重絕緣等三種防護措施，簡要分述如次。

1. 一點接地：

一點接地又稱系統與設備共同接地，乃係將前述的內線系統與設備之接地線直接連接後再一起接地，如圖 9-7 所示。其目的即在降低設備

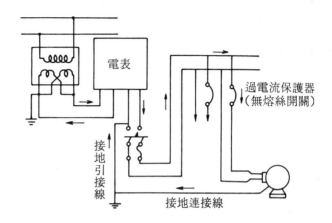

圖 9-7　一點接地線路示意圖

的接地電阻，一旦設備發生漏電，則漏電電流將直接經由接地連接線返
回電路中。此時負載線路上的過電流保護器即會自動跳開而立刻切斷電
源。

　2. 漏電斷路裝置:

　漏電斷路裝置是利用比流器，當發現電氣設備接地故障而有漏電現
象時，可即刻切斷電源，使操作人員不致有受電擊的危險。圖 9-8 是一

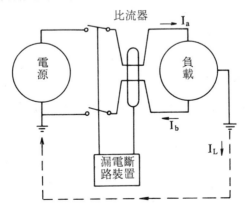

圖 9-8　二線式電路的漏電斷路裝置

典型二線式電路，裝置漏電斷路器的示意圖，在正常狀況下，負載沒有漏電時，$I_L = 0$，$I_a = I_b$，通過比流器的電流完全平衡，$I_a - I_b = 0$。一旦接地故障，負載發生漏電，亦即 $I_L > 0$ 時，因為 $I_a = I_b + I_L$，所以，$I_a \neq I_b$，此一不平衡的微小電流，很容易讓比流器檢測出來。此微小電流經放大後即可驅動線路的跳脫機構，而在瞬間切斷負載的電源。圖 9-9 則是三線式電路的漏電斷路裝置示意圖。0.5 安培的漏電電流，使流經火線和中性線的電流產生不平衡。此一不平衡電流即可驅動漏電斷路裝置切斷電源。

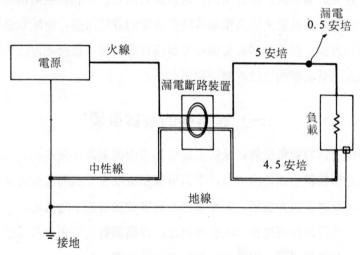

圖 9-9　三線式電路的漏電斷路裝置

　　漏電斷路裝置有手提式，亦有固定安裝式，應定時測試其作用機能，並保持記錄，通常只要按下其試測按鈕即可進行測試。

　　3. 雙重絕緣：

　　某些電氣設備為了確保使用上的絕對安全，通常亦會採用雙重絕緣（Double Insulation）的防護措施。以手提電動工具為例，除了外殼係由非導電的絕緣材料做成外，在其內部與電氣接觸的部位，還有一層絕

緣的裝置。採用雙重絕緣的電氣設備，製造廠商通常會在此種設備上直接標示「雙重絕緣」(Double-insulated)字樣，或以"□"圖案表示之。

五、雷擊災害的預防

誠如前述，所謂雷擊乃係積存在雲層上的電荷，循最短路徑放電的現象。因此，避免雷擊的方法主要有二，一是設法消除積存在雲層上的電荷，避雷針的裝設，卽以尖端放電效應的原理，中和在該處附近積存的電荷；二是儘量避免成爲雷擊時電荷放電的最短路徑，這雖然是屬於較消極的方法，但仍是預防雷擊時可以採行的措施。茲就如何防止建築物及個人遭受雷擊的方法，簡要說明如下。

（一）建築物的避雷裝置

安裝適當的避雷裝置，是防止建築物遭受雷擊最常使用的方法。建築物的避雷裝置主要係由突針，下引導線和接地極三個部份所構成。根據我國現行建築技術規則，對建築物的避雷設施有如下的規定：

1. 凡建築物高度在 20 公尺以上，或建築物高度在 3 公尺以上並作危險品倉庫使用者，均必須按規定裝避雷設備。

2. 避雷針之突針應用直徑 12 公厘以上之銅棒製成，尖端成圓錐體，如附近有腐蝕性氣體，則銅棒外部應鍍錫加以保護。

3. 突針保護範圍所形成的角度，普通建築物不得超過 60 度，危險品倉庫則不得超過 45 度。

4. 避雷針的下引導線須與電燈電力線、電話線和瓦斯管等離開 1 公尺以上，而距離下引導線 1 公尺以內的金屬落水管、鐵樓梯和自來水管等均應用銅線予以接地。

5. 接地電極之埋設深度應在地面下 3 公尺以上或地下水位以下，避雷系統的總接地電阻應在 10 歐姆以下。

6. 避雷設備每年需檢查一次以上，檢查時應測定接地電阻，地上各連接導線及其連接部位，確定有無損毀熔蝕等，且檢查記錄宜保存 3 年以上。

（二）個人避雷安全守則

1. 雷雨時儘量避免外出，如途中遇雷雨時，宜留在車內或儘速找尋房屋躲避。

2. 暴風雨中勿使用接上電源的設備，亦不要打電話或靠近打開的門窗、電爐等。

3. 雷雨中不要拿金屬物體，亦不要在打開的容器內處理易燃物品。

4. 不宜在山頭或空曠平坦之處逗留，以免使自己成為附近地區的最高點。

5. 萬一有電擊感覺，應立即撲向地面。

六、電氣火災與爆炸的防制

（一）電氣火災的起因與防制

工作場所發生電氣火災的原因，通常可分為真正原因與類似原因兩大類，前者是指學理上的一種現象，而後者則是因為用電不小心所引起。

1. 真正原因：

(1) 電線通過的電流超過額定安全電流，致使電線發熱着火；

(2) 線路接續不良，接點產生更大電阻而發熱；

(3) 線路絕緣不良，與外物接觸產生漏電現象而發熱；

(4) 高壓線路與外物接近，或不完全接觸而產生電弧，引燃外物；

(5) 保險絲熔斷或開關啟開瞬間發生火花，引起外物着火；

(6) 靜電因放電而發生火花亦會造成火災。

2. 類似原因：

(1) 易燃物質觸及電熱或燈泡等發熱的電氣設備而引起火災；

(2) 誤用發熱的電氣設備，或忘記關掉發熱電氣設備的開關而引起火災；

(3) 擅自使用銅或鐵線代替開關的保險絲，以致使電氣設備失去保安的作用。

從以上對電氣火災發生原因的分析，我們可以了解欲防止此種災害，除了在選用及安裝電氣器材時，應確實符合有關的標準及規定外，亦應注意正當合理的用電方法，絕不能有任何的疏忽，否則萬一發生事故，其後果往往不堪設想。

(二) 電氣爆炸的防制

欲有效防止電氣爆炸事故的發生，首先必須針對工作場所的危險性質與程度加以分類，然後再根據實際需要裝置適當的防護設備。

依據美國「國家電氣規章」(National Electrical Code)，將可能發生電氣爆炸的危險工作場所分為三級 (Class) 二區 (Division)，總共有六大類。前者係以危險物質的存在狀態分為 I、II、III 三級，凡屬可燃氣體和蒸汽稱為 I 級，可燃粉塵稱為 II 級，而可燃纖維及其它浮游物則

稱為Ⅲ級；後者乃係依據以上三類危險物質的起因或聚集場所，又分為
1及2區，如此前後組合共有六大類。有關危險工作場所的分級分區，
可依圖 9-10 所示的決定流程加以分類。

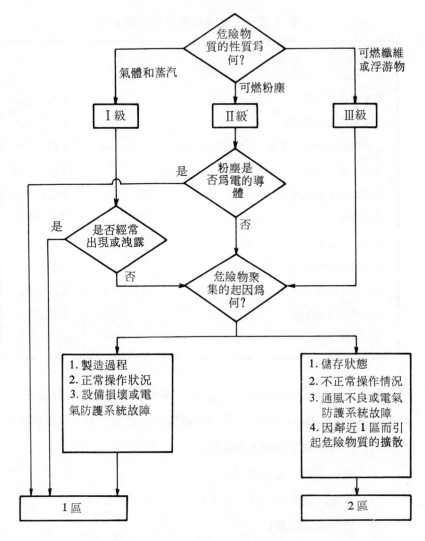

圖 9-10　危險工作場所分類的決定流程

　由於這樣的分類方法相當複雜，一般工業界大多以相關行業或類似的工作性質，來決定本身是屬於那一類工作場所，表9-2所列是一些實際的分類例子，可供作參考。

表 9-2　危險工作場所的分類範例

工　　作　　場　　所	分　　類
噴漆場所（易燃漆）	Ⅰ級，1區
噴漆場所的外圍區域	Ⅰ級，2區
以開口桶或槽存放揮發性易燃溶劑的區域	Ⅰ級，1區
可燃液體的儲存區	Ⅰ級，2區
穀物磨坊或製造廠	Ⅱ級，1區
穀物儲藏所	Ⅱ級，2區
煤炭的研磨場所	Ⅱ級，1區
粉狀鎂的研磨廠	Ⅱ級，1區
析出棉花籽的場所	Ⅲ級，1區
細絨棉花的儲存所	Ⅲ級，2區
裝有可燃液體的密閉管路	無法分類

　在以上危險工作場所的電氣設備，必須採用適當的防爆裝置（Explosion-proof Devices），惟選用此種裝置時必須注意下列幾項原則：

　1. 符合危險工作場所的區級；

　2. 適合週圍的環境狀況；

　3. 考慮防爆裝置本身的優劣；

　4. 易於測試維護；

　5. 考慮經濟效益。

　　當然亦可以採用隔離的方法，將可能產生火花引起爆炸的電氣裝置密閉，使和工作場所的危險物質完全隔離，亦可同樣達到防爆的效果。

七、靜電災害的控制與防護

　　對某些工作場所而言，靜電的產生是難以避免的，因此必須採取適

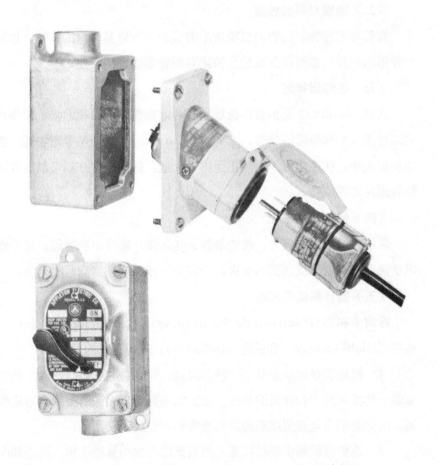

圖 9-11　適合 I 級 1 區危險工作場所使用的電氣防爆裝置

當的控制與防護措施，俾使靜電可能造成的災害減至最少。控制及防護
靜電災害的方法很多，較常被採用的不外乎如下幾種：

（一）選擇適當的材料

避免產生靜電的最簡便方法就是選擇使用適當的材料，例如穿着棉
質衣服比穿着毛質、尼龍或其它合成纖維的衣服，較不易引起靜電反
應。

（二）改變材料的性質

在低導電性物料的表面以噴塗的方式加上一層易導電的薄膜，以防
止靜電的累積，亦可減少或完全消除有關靜電效應的問題。

（三）連結與接地

連結（Bording）是指將兩種以上的導電物體以導線相連接，使構成
通路而達到中和靜電的效果。接地（Grounding）則是將導電物體直接
連接至大地，使產生的靜電能迅速排入大地。這兩種方法都可以有效降
低靜電災害的威脅。

（四）使空氣離子化

運用火焰或其它媒介，使空氣離子化之後，即可中和靜電，使不致
累積過多靜電而造成無謂的災害，這亦是一種有效控制靜電的方法。

（五）裝置靜電中和器

靜電中和器（Electrostatic Neutralizers）有輻射（Radioactive）、
高壓（High-voltage）和感應（Induction）三種主要的類型。

1. 輻射型靜電中和器：是利用放射性物質產生的 α 粒子，使空
氣離子化而達到中和靜電的目的。由於此種裝置對人體的組織會造成傷
害，因此必須完全遵照廠商的說明及有關安全規定使用。

2. 高壓型靜電中和器：是利用高壓電力使空氣離子化，而達到中
和靜電的目的。通常是使用一排帶有尖端的導線和小型的升壓變壓器連

接，並將其安裝在靠近靜電發生的地方。

　　3. 感應型靜電中和器：是以極化感應的原理，當靜電累積至某一數值時，即可使附近的空氣自動離子化，而達到中和的目的。感應型靜電中和器可以根據實際需要做成各種形狀，因此一些不適於使用高壓型靜電中和器的場所，都可利用這種中和器來取代。

（六）提高空氣濕度

　　以人工方式提高空氣濕度（Humidity），亦是防止靜電累積的一種有效方法。此乃因爲提高空氣濕度後，可以使物料形成一潮濕的薄膜，增加其導電性，而將累積的靜電迅速排至大地。

（七）穿戴靜電衣鞋

　　在富有靜電的作業場所，穿戴靜電衣或靜電鞋，即可減少遭受電擊的傷害。靜電衣是利用導電性的纖維，使累積的靜電不斷產生小量放電；而靜電鞋則有使人體接地的效果，可以使靜電直接排至大地。

八、結　　語

　　電是今日工業生產的主要動力來源，電氣的使用不可一日或缺，其可能造成的傷害亦絕不能輕忽。本章首先簡要介紹電力的來源與輸配方式，其次分析電氣災害的種類與性質，然後再針對感電、雷擊、電氣火災、電氣爆炸及靜電災害之成因與防護對策分別作進一步的探討。從電力的認識到有關電氣災害的防護，希望能提供完整的概念，以爲規劃及執行電氣安全防護之參考。

第十章 工業火災與消防

一、引 言

　　火災是常見的一種工業意外事故，亦是工業安全衛生討論的最古老課題之一。工業火災的發生，不僅很容易造成人員的傷亡，往往亦會使廠房、設備及全部生產財貨均付之一炬，甚至導致附近居民的不安與驚慌，其所造成的傷害和損失，經常很難加以估計。

　　根據美國「國家防火協會」(National Fire Protection Association)的統計，即使像美國一般建築大多均裝設有高級的防火及滅火系統，但每年因火災的死亡人數，在整個意外死亡事故中，仍然高居第三位。由此可見，儘管各種消防技術日新月異，但火災的事故仍不可避免。因此，這雖然是一個古老的課題，但仍不得不加以注意。本章即擬對工業火災與消防的有關問題進行討論，讀完本章，您將可了解：

　　1. 燃燒的基本理論與滅火的方法；

　　2. 火災導致損傷的種類與性質；

　　3. 工業火災的種類與發生原因；

4. 工業火災的防範策略與措施；

5. 消防系統及其基本操作原理與方法。

二、燃燒與滅火

（一）燃燒的要素

所謂燃燒係指當物質在空氣或氧氣中發生氧化作用，釋出大量熱能而使溫度上升，並發生強烈光的化學反應過程。

傳統上認為燃燒是由燃料、氧氣（或空氣）和溫度三種要素所構成，亦卽必須同時存在這三個要素才能形成燃燒的現象，只要其中有任何一種要素不存在，火卽自然熄滅，此乃一般所謂燃燒的三角形原理。

另一派理論認為物質燃燒除了應具備上述的燃料、氧氣和溫度三種要素外，還有第四個要素，亦卽連鎖反應（Chainreaction）。新近研究發現當燃料與氧氣結合後，必須經過一連串的反應，使燃料連續分裂成不穩定的中間產物，才會引起燃燒。根據此種理論，燃燒是由燃料、氧

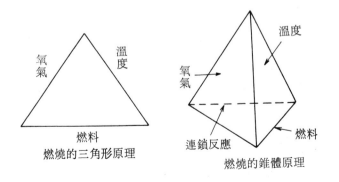

氧氣　溫度

燃料
燃燒的三角形原理

溫度

氧氣

連鎖反應　　燃料
燃燒的錐體原理

圖 10-1　燃燒的要素

氣、溫度和連鎖反應四個要素所構成，是為燃燒的錐體原理。

1. 燃料：

燃料即指可燃性材料，通常均含有易於氧化的物質。一般而言，氧化性不強或反應熱較小的物質，均較不易引起燃燒，已經與氧氣化合過而不能再進一步化合的物質，亦不易引起燃燒，例如二氧化碳是一種飽和的氧化物，在空氣中不會再發生氧化作用，因此不是可燃性物質。一般可燃性物質大多係屬有機化合物如：木材、煤炭、橡膠、紙張、布料、石油和液化石油氣等是。

2. 氧氣：

普通燃料燃燒時，需要有充分的氧氣。除了空氣（約含 21% 的氧氣）外，在化合物中若其本身即含有多量的氧分子如：硝酸鹽、高錳酸鹽及氯酸鹽等氧化劑，或燃料本身已含有氧元素如：硝酸脂類、纖維素類等，燃燒時即不需再另外供給氧氣。

3. 溫度：

溫度係指供給燃料燃燒所需的點火熱能。供給燃燒溫度的熱源有各種不同的型態，除了明火之外，尚有：電弧或放電火花、熱表面、機械或化學火花，以及能造成自然着火的氧化熱等。

4. 連鎖反應：

可燃性物質與氧作用而產生燃燒，係經過一連串的中間反應，使燃料分子活性化形成游離子，如氫離子（H^+）與氫氧離子（OH^-）等。這些游離子是決定火焰速度的主要因素，其存在壽命雖然相當短暫，但由於其產生遠比消失快，因此得以持續擴展而促進火的延燒。以甲烷的燃燒為例，表面上似乎非常簡單，然事實上卻必須經過如下一連串複雜的連鎖反應過程：

連鎖反應的步驟
$$2CH_4 + 火源 \longrightarrow 2H + 2CH_3$$
$$2H^+ + 2O_2 \longrightarrow 2OH + 2O \quad (1)$$
$$CH_4 + OH \longrightarrow H_2O + CH_3 \quad (2)$$
$$O_2 + CH_3 \longrightarrow CH_2O + OH \quad (3)$$
$$CH_2O + O_2 \longrightarrow HCO + OH \quad (4)$$
$$HCO \longrightarrow H + CO \quad (5)$$
$$CO + OH \longrightarrow CO_2 + H \quad (6)$$
$$2OH \longrightarrow H_2O + O \quad (7)$$
$$2O \longrightarrow O_2 \quad (8)$$

完整的反應 $CH_4 + 2O_2 \longrightarrow 2H_2O + CO_2$

（二）燃燒的方式

一般可燃性固體、液體和氣體的燃燒，有如下幾種不同的方式。

1. 表面燃燒：

某些固體燃料如木炭、焦炭等，因其幾乎為全部碳元素，而碳元素無論在多麼高的溫度亦不分解，又很難溶化。此種燃料之燃燒乃氧氣或含氧氣體迫近固體碳元素的表面與之化合，燃料本身既不分解，亦不蒸發而保持原狀，這就是所謂的表面燃燒。除木炭、焦炭外，箔狀或粉狀的金屬如：鋁箔或鎂緞帶等之燃燒，亦是屬於這種燃燒。

2. 分解燃燒：

煤、木材、紙、石臘等固體燃料或脂肪油等高沸點液體燃料，係先經熱分解產生可燃性氣體，再引起燃燒，此種方式的燃燒即稱為分解燃燒。此種燃燒由熱分解產生的可燃性氣體，必須一直維持在燃燒範圍的濃度下，燃燒才得以繼續進行。

3. 蒸發燃燒：

某些液體和固體燃料如酒精、汽油、煤等，係先蒸發為可燃性蒸

氣，再引起燃燒， 此種由燃燒蒸氣發出來的燃燒方式， 即稱爲蒸發燃燒。此種燃燒並非燃料本身在燃燒，而是由燃燒所蒸發出來的蒸氣在燃燒。

4. 擴散燃燒：

氣體燃料或由固體與液體燃料蒸發、分解所得的可燃性蒸氣，與空氣逐漸混合後產生的燃燒現象，即稱爲擴散燃燒。如瓦斯、氫及乙炔等可燃性氣體，經由管口擴散至空氣中所引起的燃燒，均屬於此類燃燒。惟可燃性氣體與空氣混合，必須要有適當的濃度，才會引起燃燒，此種可能着火的濃度即稱爲「燃燒界限」。

（三）滅火的方法

由於物質的燃燒必須具備： 燃料、氧氣、溫度和連鎖反應四個要素，缺乏其中任何一個要素，燃燒現象即會逐漸停熄。因此，只要設法破壞或移除燃燒四要素中的任一要素， 即可達到滅火的效果。 針對燃料、氧氣、溫度和連鎖反應，一般採用的滅火方法即有： 隔離、窒息、冷卻和抑制四種。

1. 隔離法：

隔離法係指移開、斷絕燃料，或以物理、化學方法將燃料與氧化劑及高溫隔絕的滅火方法。例如：

（1）油管漏油引起的火災，可關閉或停止油料的輸送，或將燃燒物移至安全地點。

（2）油田火災可利用炸藥爆炸驅散可燃性蒸氣，使其濃度降至燃燒範圍之下限值以下，亦可達到滅火的效果。

（3）森林火災時， 將可能發生延燒之樹木砍伐、斷絕延燒而滅火。

(4) 以不燃性液體稀釋可燃性液體，或乳化可燃性氣體，均可降低其濃度而達到減火的效果。

(5) 利用化學反應在燃料上產生泡沫，隔絕燃料與氧氣之間的作用。

2. 窒息法：

窒息法係以隔絕氧氣之供應或稀釋氧氣濃度的方式，使燃燒物因缺氧而達到減火的效果。能產生窒息減火的媒介有：泡沫、蒸發性液體、不燃性氣體及不燃性固體等。

(1) 以化學或機械泡沫覆蓋燃燒物，隔絕空氣以致減火。

(2) 利用蒸發性液產生不燃性蒸氣覆遮燃燒物，隔絕氧氣之供應或稀釋其濃度以致減火。

(3) 利用二氧化碳或惰性氣體等稀釋或隔絕氧氣，使其降低至某一濃度，燃燒即可窒息。

(4) 利用不燃性固體如乾化學劑、砂石、泥土或蔴袋等覆蓋燃燒物，亦可隔絕氧氣而達到減火的效果。

3. 冷卻法：

冷卻法係指去除熱量，使燃燒物的溫度降至着火點以下的減火方法。幾乎所有的減火劑均具有冷卻的效果，惟其中以水的冷卻作用最爲經濟有效。

4. 抑制法：

所謂抑制法係以化學反應，中和或消除燃燒過程中所產生的游離氫離子與氫氧離子，亦即破壞燃燒的連鎖反應而達到減火的目的。鹵化烷減火劑就是運用此種原理的最典型例子，其化學反應過程如下：

$$Ha + X^- \longrightarrow HX + a^-$$

$$OH^- + HX \longrightarrow H_2O + X^-$$

Ha：表示含有氫的燃燒物

X：表示鹵族元素

從上式觀之，由鹵化烷分解的鹵離子（X⁻），可以先奪取燃燒物中的氫離子（H⁺）形成鹵化氫（HX），然後再與氫氧離子（OH⁻）中和析出鹵離子（X⁻）。藉此鹵離子（X⁻）的循環作用即可抑制燃燒的連鎖反應而使火勢熄滅。

三、火災的傷害

火災可能造成的傷害，可以從人和物兩方面來加以說明。

（一）火災對人體的傷害

1. 灼傷

當人體直接與燃燒物、熱表面、火焰等接觸，或暴露於燃燒中的燻煙及高熱空氣中，即會被灼傷（Burns），嚴重時將使人致命。一般將人體灼傷按肌膚的反應分爲如下三級：

(1) 一級灼傷（First-degree Burns）：係指較輕微的燒傷，通常僅導致皮膚紅腫或發炎。

(2) 二級灼傷（Second-degree Burns）：比一級灼傷嚴重，不僅皮膚表面起水泡，皮膚裏層亦嚴重紅腫並滲出且聚集許多流質的東西。

(3) 三級灼傷（Third-degree Burns）：又比二級灼傷嚴重，皮膚、皮下組織、紅血細胞、毛細管甚或肌肉等均遭到破壞，被燒傷的部位則可能變白、變灰甚至形成焦黑。

亦有人對人體的灼傷按其嚴重程度分爲：嚴重灼傷(Critical Burns)、中度灼傷（Moderate Burns）和輕微灼傷（Minor Burns）三種。

(1) 嚴重灼傷：

①人體遭受二級灼傷的部位超過 30%；

②人體遭受三級灼傷的部位超過 10%；

③呼吸道、主要的軀體組織或傷口被灼傷；

④電氣灼傷；

⑤人體的重要部位如臉、手或腳遭受三級灼傷。

(2) 中度灼傷：

①人體遭受表層二級灼傷的部位超過 15%；

②人體遭受深層二級灼傷的部位在 15～30% 之間；

③除了手、腳和臉外，遭受三級灼傷的部位少於 10%。

(3) 輕微灼傷：

①一級灼傷；

②人體遭受二級灼傷的部位少於 15%；

③人體遭受三級灼傷的部位少於 2%。

2. 中毒

發生火災時由於各種物料的燃燒，通常會產生一些有毒的氣體或燻煙，而對人體造成傷害。

(1) 一氧化碳（CO）：一氧化碳是火災中最常見的殺手，幾乎每種有機物質在燃燒過程中，如果氧氣不足燃燒不完全，都會產生一氧化碳，而空氣中只要有輕微的一氧化碳含量即會使人中毒，甚至致命。

(2) 二氧化碳（CO_2）：有機物質完全燃燒時通常會產生二氧化碳，而使空氣中氧的含量減少。只要二氧化碳含量略為升高，即會因缺氧而使人呼吸困難，嚴重時將窒息而死。通常在空氣中如果二氧化碳的含量超過 5%，就會對人體造成傷害。

(3) 氰化氫（HCN）：燃燒塑膠、皮革、橡膠、毛料或木材時，

往往會產生一種比一氧化碳更具毒性的氰化氫。當這種物質在空氣中的含量達到 100 ppm 時，即會使人在 30～60 分鐘內致命。由於氰化氫比空氣輕，因此，如果在密閉的環境中，將會對人體造成更大的傷害。

(4) 氯化氫 (HCl)：當含有氯元素的物質燃燒時，通常會產生氯化氫，雖然它的毒性不及氰化氫，但如果長時間暴露，亦會對人體造成傷害。

(5) 硫化氫 (H_2S)：當燃燒含有硫的物質如：橡膠、毛髮、皮革或木材等，即會產生硫化氫。而這種物質在空氣中的含量達 400～700 ppm 時，亦可能會使人在 30～60 分鐘內致命。

(6) 二氧化硫 (SO_2)：當硫化氫進一步燃燒或含有硫元素物質完全燃燒時，會產生二氧化硫，它比硫化氫更具毒性，其在空氣中的含量只要達 150 ppm，即會使人在 30～60 分鐘內致命。

(7) 氮的氧化物：燃燒木材、木屑、塑膠、硝化纖維或一些油漆及天然漆時，往往會產生包含一氧化氮、二氧化氮和三氧化氮等氮的氧化物。當人們暴露在含有這些物質的空氣中，即使其含量僅達 100 ppm，亦會使人 30 分或稍長的時間內致命。

(8) 氨(NH_3)：燃燒木材、毛料或其它含有氮和氫的化合物時會產生氨。雖然這種物質不像前述各種氣體那麼具有毒性，但是因爲它有強烈的刺激性，即使輕微的含量亦會使呼吸道和眼睛受到傷害。

(9) 金屬烟(Metal Fumes)：電氣設備燃燒時往往因爲高熱而使鋁、錫或銻等金屬熔解或蒸發，產生的金屬烟，亦會對人體造成傷害。

(10) 燻煙 (Soot and Smoke)：由於燃燒不完全而產生的大量燻煙，不僅本身有毒，亦會阻礙逃生及營救。根據有關研究，燻煙往往是火災中使人葬生火窟的眞正元兇。

（二）火災對建築物及設備的傷害

一旦發生火災，往往由於燃燒產生的高熱，而使建築物結構受損，其它設備亦會因燃燒或燻煙而損毀。此外，在救火過程中所使用的滅火劑，亦會使建築物及有關設備受到傷害，水損就是最常見的例子。

四、工業火災的種類與起火原因

（一）工業火災的分類

一般將工業火災按其燃燒性質的不同分為如下幾類：

1. A類火災

係指由木材、紙張、煤炭、橡膠及垃圾等可燃性固體物質所引起的火災，通常此類燃燒都會產生熾熱的灰燼或焦炭。

2. B類火災

係指可燃性氣體、液體及固體油脂類物質所引起的火災。通常可燃性液體或油脂類物質須先蒸發後再燃燒，且此種燃燒會浮在水面，只要它們能與空氣接觸，燃燒即不會停止。

3. C類火災

係指由電氣設備本身或靠近電氣設備的可燃性物質，因為電力的使用不當而引起的火災，亦即一般所謂的電氣火災。

4. D類火災

係指由鎂、鋁、鉀、鈉、鈦及其它容易氧化的金屬物質所引起的火災。此類金屬物質燃燒所產生的溫度或熱能通常均較一般碳水化合物的燃燒為高。

5. 特殊類火災

係指由活躍的氧化劑、發射火藥及混合燃料如：可燃性物質與氧、硝酸及過氧化氫等混合物所引起的火災。

（二）工業火災的火源

引起工業火災的火源很多，但較常見的可以歸納爲如下幾類：

1. 電弧或放電火花

電弧或放電火花是一般常見的引發工業火災的火源之一，此種火源的產生方式很多，底下是一些可能的例子：

(1) 馬達、發電機或其它電力運轉設備產生的火花；

(2) 電力開關啟開或切斷電源瞬間產生的電弧；

(3) 靜電累積至相當數量後的放電；

(4) 雷擊；

(5) 電容器的放電；

(6) 造成短路的不當接觸；

(7) 導線接點不良；

(8) 電焊產生的電弧。

2. 熱表面

熱表面（Hot Surfaces）亦是經常引起工業火災的一種火源，下面是形成此種火源的一些常見例子：

(1) 電熱器或其他熱器皿；

(2) 操作中的引擎或壓縮機，尤其當此種設備的排氣系統故障時，更會使其溫度上升；

(3) 過載的電源、馬達或其它設備；

(4) 鍋爐的表面、管路及烟囪；

(5) 蒸汽爐及其管路與有關設備;

(6) 燃燒中的香煙;

(7) 金屬磨擦生熱如剎車輪鼓與軸承;

(8) 因太陽或其它火源照射而產生的熱表面;

(9) 焊接中的金屬;

(10)會產生熱的工業生產設備。

3. 機械與化學火花

機械與化學火花的產生有各種不同的方式,例如:

(1) 工具、鏈條及設備零件等與其它金屬或堅硬物體的撞擊;

(2) 運動的金屬零件與其他金屬或堅硬物體的磨擦,如在鐵軌上滑動車輪的剎車即會產生火花;

(3) 運轉中的金屬件與其他金屬或堅硬的物體表面接觸;

(4) 各種金屬或堅硬物體的研磨;

(5) 焊接及割切產生的熔渣;

(6) 鋁與氧化鐵的撞擊;

(7) 內燃機排出的含碳廢氣;

(8) 燃燒木材及紙張時飛散的火種。

4. 自然發火

有些物質經長久沉積或與其他物質起化學反應,由其本身散發的熱能如達到燃點,則不需外來的火種或熱源,亦會自然發火引起燃燒,常見的如:

(1) 烟囱或其它管道中的沉積物;

(2) 油布、油渣及其它廢料或垃圾等;

(3) 暴露於空氣中的活性碳;

(4) 乾草及其它有機物質的發酵;

（5）金屬鈉及相關物質與水接觸；

（6）強氧化性物質與有機酸、油脂、磷、硫磺等強還原性物質混合時，亦極易引起燃燒。

五、工業火災的防範

（一）基本策略

為防止工業火災的發生，或當火災發生時使可能造成的傷害減至最少，一般可以採取如下四項基本策略：

1. 預防

係指在未發生火災之前，針對可能起火之物質或產生火災的火源，採取適當有效的管理，以設法加以防範，如：

（1）易燃性物質應使其不直接與空氣接觸，並與其他物品隔離儲存；

（2）禁水性物質應禁止與濕氣或水接觸，以免產生反應而發熱；

（3）危險性物質應予明確標示，或採取嚴禁煙火之管制措施；

（4）隨時檢點製造或處置危險物之設備及附屬設備，一有異常應採取必要的措施。

2. 局限

係指當着火時，為防止火源延燒之擴大，所採行的有關措施，如：

（1）儘量避免可燃性物質的大量堆積；

（2）建築物或設備本身使用不易燃之材料；

（3）保持適當空地（即安全距離），或設置防火牆、防火門及防油堤等；

(4) 將危險物埋藏於地下，或採取適當的隔離措施。

3. 滅火

係指提供或設置適當的滅火裝置或消防設施，以便當火災發生時，能迅速採取有效的滅火措施，如：

(1) 依防火性質配置適當的滅火機或固定的消防系統；

(2) 滅火機應確實標明其適應火災之種類與滅火效能值，並定期保養檢查，以保持堪用；

(3) 在危險工作場所設置火災自動偵測及警報系統，俾便當火災發生時，採取緊急的滅火措施；

(4) 在危險工作場所自行配置消防車。

4. 避難

係指在火災發生後，能使有關人員迅速避至安全場所的方法，如：

(1) 事先指定安全避難之區域與避難路線；

(2) 於避難梯道設置防火門、避難方向指示燈及緊急照明設備等。

(二) 防火計畫

根據工廠或工作場所之性質，找出可能發生火災的場合及因素，並配合上述工業火災防範的基本策略，擬訂一套完整的防火計畫，試圖從下列幾方面控制火災的發生：

1. 保持廠房的整潔

工作場所如不隨時加以整頓、清理，而任物料隨意堆置，各種危險物品亦未作適當處理，則不但易於發生火災，且如發生火災，亦會因物料放置雜亂，擴大火災的蔓延，並使人員行動不便，妨礙逃生及有關的

救援行動，以致造成更大的損失及災害。

2. 注意廢棄物的處理

廢棄物的處理不當，亦是火災發生的主要原因之一，不可不慎，通常可採下列措施作適當的處理：

(1) 對加工中的可燃性廢料，應作有計畫的清除；

(2) 於各工作場所放置加蓋的安全廢料桶，以便利廢棄物的收集；

(3) 可燃性液體廢料，應儲放於加蓋的儲槽或桶內，定期予以銷燬；

(4) 散佈可燃性粉塵之場所，應以防爆型或真空吸塵器隨時收集或定期加以清除；

(5) 各種可燃金屬粉末，亦應經常收集、清理，並避免與黃油或機油混合。

3. 加強危險物的管理

加強危險物管理，是防範工業火災的必要措施。根據我國現行「勞工安全設施規則」，對於可能引發火災的危險物之處置，必須採行下列主要措施：

(1) 各種易氧化或爆炸性物質，以及發火性及引火性液體均應遠離火源，不得加熱、摩擦或撞擊，並嚴禁煙火；

(2) 從事危險物之製造或處置作業時，應指定專人隨時檢點有關設施，發現異常即應採取必要之措施；

(3) 使用可燃性氣體及氧氣從事熔接、熔斷或金屬之加工作業，應確實檢查嚴防此類氣體的外洩；

(4) 存有引火性液體之蒸氣、可燃性氣體或可燃性粉塵，致有引發火災之場所，應採取通風、換氣、除塵及去除靜電等之必要措施；

(5) 可燃性液體應儲存於密閉容器中，且在工作場所不宜放置大量的可燃性液體；

(6) 對於不同物品接觸有可能引起發火或爆炸危險者，不得將此等物品靠近儲存或使用同一搬運機械載運。

六、消防系統

為防止工業火災而設置的消防系統，一般可分為：警報系統及滅火系統兩大部分。警報系統是由火災偵測器、受信總機及警報器三者所構成；而滅火系統又可包括：手提滅火器、固定滅火裝置及消防車（或救火車）三種不同的類型，茲簡要分述如次。

（一）警報系統

1. 偵測器（Detector）

火災偵測器係利用熱感應、光感應及煙感應等原理，在起火瞬間及早偵測出火源的位置。偵測器的種類很多，較常見的有下面幾類：

(1) 熱脹偵測器（Thermal-expansion Detectors）：係屬典型的熱感應偵測器，又可分為雙金屬片式（Bimetallic Type）及流體控制式（Confined-fluid Type）兩類。前者是使用兩種不同膨脹係數的金屬片，當溫度升高至某一程度時，會使其中的一個金屬片彎曲，開啟或切斷電源，而使警報器發生作用。後者則係藉液體或氣體隨溫度上升所產生的膨脹作用，操作電源開關，發出警報訊號。

(2) 熱電感應偵測器（Thermoelectric-sensitive Detectors）：係利用一個低熱容量的熱電偶（Thermocouples）裝置，當溫度升高至某一程度時，其所產生的電壓足以使感應繼電器發生作用，即可傳出火

警的訊號。

(3) 熱電導偵測器（Thermoconductive Detectors）：係藉兩個彼此使用不同絕緣材料的導體，當溫度突然升高或升高至某一程度時，會使這兩個導體的電阻快速下降而接通，警報系統隨即發生作用。

(4) 輻射能偵測器（Radiant-energy Detectors）：是一種光感式的偵測器，係利用一個光電板，當有燃燒火焰發生，而使紅外線或紫外線產生變化時，光電板即發生作用傳出火警的訊號。

(5) 光干擾偵測器（Light-interference Detectors）：此種偵測器亦有各種不同的型態，較常見的是利用一個維持固定光度的裝置，當有燃燒現象發生時，其光度即會因受到煙或其它粒子的干擾，而使光電板產生作用，發出警報訊號。

(6) 電離偵測器（Ionization Detectors）：係在精密的煙室內（Smoke Chamber）裝置一個非常小的放射性物質，使空氣離子化後形成通路。一旦有燃燒現象發生，而有粒子進入煙室即會干擾偵測器的電流，只要干擾超過某一限度，警報器即發生作用。這是一種煙塵感應型的偵測器。

2. 受信總機

係指接受火警訊號的總體顯示裝置。當上述裝置於各工作場所的火警偵測器發生作用時，設置在值日室、管制室或警衛室的受信總機，即會接受此一火警訊號，標示出火災發生場所，火警警鈴亦會同時發出鳴響，以提醒有關人員迅速採取必要的行動。

3. 警報器

係指警報火警的設備或裝置，通常可分為：聲響警報器及標示警報器兩類。前者包括手動警報設備如：銅鑼、警鈴、三角鐵等，以及自動警報裝置。後者則多使用警示燈，以提醒注意。惟一般最常用的還是自

動警鈴。當偵測器偵測有火災發生時，一面將火警訊號傳至受信總機，此時警鈴亦自動發出鳴響。

（二）滅火系統

1. 手提滅火器（Portable Extinguishers）

手提滅火器的種類很多，一般可按其所使用的不同滅火劑（Extinguishants），分爲如下四大類：

（1）水溶劑滅火器：按其構造及作用形式的不同，又可分爲：幫浦式、儲壓式、氣罐式及酸鹼式四種，其中前兩種已很少使用，而酸鹼式滅火器，在美國亦自一九七六年以後規定不能再使用。此種手提滅火器使用時必須倒轉，使硫酸液流出和含碳酸氫鈉的水溶液起化學作用，產生水及二氧化碳，而達到滅火的效果。其化學反應式爲：

$$2NaHCO_3 + H_2SO_4 \longrightarrow Na_2SO_4 + 2H_2O + 2CO_2$$

以上四種水溶劑滅火器的構造，詳見圖 10-2。

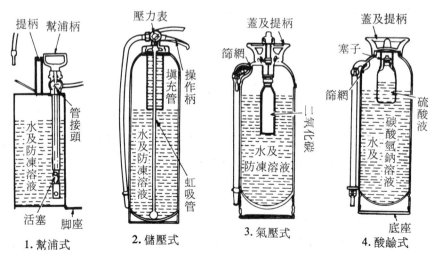

圖 **10-2** 水溶劑手提滅火器

(2) 二氧化碳滅火器：係將液化的二氧化碳裝在高壓鋼筒內，操作時壓縮釋出壓桿，液態的二氧化碳卽會變成氣體噴出。另有一種手提滅火器係以液化的二氯二氟代甲烷（Freon）取代上述的二氧化碳，通常將此種滅火器稱爲液化氣體滅火器。這兩種滅火器的構造詳見圖 10-3 及圖 10-4。

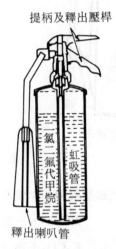

圖 **10-3**　二氧化碳滅火器　　　圖 **10-4**　液化氣體滅火器

(3) 泡沫滅火器：一般可按其泡沫產生的方式分爲：機械泡沫滅火器及化學泡沫滅火器兩種主要類別。前者係採機械方法，以壓縮氣體（通常爲：空氣、氮氣或二氧化碳）將濃縮於水溶液的泡沫自滅火器的鋼筒中壓出。後者則是藉化學反應產生的氣體及泡沫，從滅火器中自然噴出。常見的化學泡沫滅火器是以硫酸鋁和碳酸氫鈉爲基本原料，其所產生的化學反應式如下：

$$Al_2(SO_4)_3 + 6NaHCO_3 \longrightarrow 2Al(OH)_3 + 3Na_2SO_4 + 6CO_2$$

(4) 乾化學劑滅火器：又稱乾粉滅火器，按其構造的不同，通常可分爲：氣罐式及儲壓式兩類，詳見圖 10-5。常見的一種乾化學劑滅

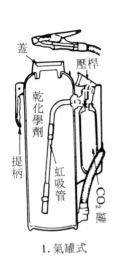
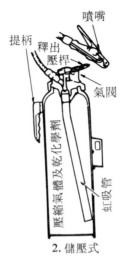

圖 **10-5** 乾化學劑滅火器

火器係以碳酸氫鉀為主要原料,其在滅火過程中的化學反應如下:

$$2KHCO_3 + 熱 \longrightarrow K_2CO_3 + CO_2 + H_2O$$

$$K_2CO_3 + 熱 \longrightarrow CO_2 + K_2O$$

$$K_2O + H_2O(蒸氣) \longrightarrow 2KOH$$

$$KOH + H^+ \longrightarrow K^+ + H_2O$$

$$KOH + OH^- \longrightarrow KO^- + H_2O$$

以上各種手提滅火器均會明顯標示其所適用的火災種類,並以圖示簡單說明: 操作、 檢查及維護方法 。 配置及使用時必須根據火災的種類,作適當的選擇。各種手提滅火器的標示及其滅火作用,詳見表 10-1 及表 10-2。

2. 固定滅火裝置

對於某些容易發生火災的危險區域及工作場所,通常按規定必須裝置固定的滅火系統 (Fixed Extinguishing Systems)。此種滅火裝置在

表 10-1　手提滅火器適用火災種類的標示方法

適用火災種類	標　示　方　法	適用的滅火劑
A　類	綠色 一般燃燒	水、泡沫、蒸氣、多用途乾化學劑
B　類	紅色 可燃液體	二氧化碳、泡沫、蒸氣、乾化學劑、鹵化烷
C　類	藍色 電氣設備	鹵化烷、二氧化碳（非金屬喇叭管）、乾化學劑
D　類	黃色 可燃金屬	特殊粉沫、泥沙

表 10-2　滅火劑的滅火作用

滅　　火　　劑	滅　火　作　用			
	冷　　却	窒　　息	抑　　制	隔　　離
水溶劑　柱狀	√			
霧狀	√	√		
二氧化碳	√	√		
泡　沫	√	√		√
乾化學劑　BC, CDC 乾粉	√	√	√	
ABC 乾粉	√	√	√	√
鹵化烷			√	

操作上可以分爲自動及人力控制兩大類。自動的固定滅火系統，當發生火災時，只要其週圍溫度升高至某一程度，卽會使特殊噴嘴裝置溶化或

自行操作,而自動噴灑滅火劑。

固定滅火裝置按其所用滅火劑的不同,可分為如下幾種系統:

(1) 自動噴水系統 (Automatic Water Sprinkler System)

(2) 化學劑噴射系統

①泡沫系統 (Foam System)

②二氧化碳系統 (Carbon Dioxide System)

③乾化學劑系統 (Dry Chemical System)

④蒸汽系統 (Stream System)

⑤惰性氣體系統 (Inert Gas System)

3. 消防車

係指裝有輪子可以移動的較大型滅火設備。此種滅火裝備不僅容量大,操作時亦可保持較大的安全距離,而且機動性強,能因應需要,爭取時效。消防車通常具有兩根噴管,可同時噴灑輕水及乾化學劑兩種不同的滅火劑。

七、結　語

近年來我們經常可以從電視及報紙上發現許多有關火災的報導,而每一次火災的發生,亦往往會有人員傷亡及龐大的財務損失。誠如我們在前言中所說的火災雖然是工業安全衛生討論的一個古老課題,但時至今日卻仍不能掉以輕心。本章我們首先說明燃燒與滅火的基本原理;其次分析火災對人員及財物可能造成的損傷;然後再分別對工業火災的種類、發生原因及防範策略等加以探討;最後並就消防系統的有關裝備與設施,進行簡要分析。以上從理論到實務,期能加強對火災的認識,俾進一步設法防範工業火災的發生,以減少不必要的災害及損失。

第十一章　工業毒物與中毒預防

一、引　言

　　隨着科技與工業的快速發展，許多化學合成物質不斷被研究、製造及廣泛使用。人們無論在工作或日常生活環境裏，隨時都會接觸各種化學物品，或暴露在不同的化學物質之中。雖然大部分的化學合成物質，在正常情況下，對人體健康不致構成危害，但若其濃度或進入人體之劑量超過某一限度時，卻往往具有潛在危險性，甚或造成嚴重的傷害。有些化學物質一與人體接觸後，會即刻引起傷害或中毒的現象，易於讓人提高警覺。然亦有些化學物質則需在長期暴露後，始會引起病變，由於不易爲人查覺，往往因疏忽而造成極大的傷害。讀完本章，您可以了解：

　　1. 工業毒物的意義及其種類；

　　2. 工業毒物進入人體的過程與效應；

　　3. 常見的一般中毒及職業病；

　　4. 工業毒物的管制與中毒預防策略。

二、工業毒物的意義及其種類

毒物學係研究物質的毒性及其作用，亦卽研究各種物質對人或其它生物可能引起的反應，以及造成此種反應的機轉與條件，進而利用解析及定量等技術，預估或確定其安全使用或暴露的範圍。毒物學的研究通常可概分爲：環境毒物學（Environmental Toxicology）、經濟毒物學（Economic Toxicology）及法醫毒物學（Forensic Toxicology）三大支派。

工業毒物學實係環境毒物學的一個分支，主要是在研究工作場所存在的物質可能對員工產生的危害，並評估其暴露量劑和人體反應的關係，進而以控制和預防的手段來保護員工的健康與安全。

從以上對毒物學及工業毒物學的簡要分析，我們可以了解凡在工作場所中能引起人體之不正常反應，或使其器官功能受到傷害甚至對生命造成威脅的所有物質，均可稱爲工業毒物。

由於工業毒物的種類繁多，存在的型態各異，實很難加以有系統的歸類。茲僅就較常見的幾種分類方法，說明如下。

（一）按物質的毒性分

物質的毒性正如沸點、融點等性質一樣，可視爲物質的一種特性，通常是以「半致死量劑」（LD_{50}）或「半致死濃度」（LC_{50}）。前者係指在一次口服中，使實驗動物百分之五十死亡所需的量劑；後者則指在某時間內，使百分之五十實驗動物致死所需之濃度。依半致死量劑或半致死濃度，可將一般工業毒物分爲：劇毒（Extremely Toxic）、高毒（Highly Toxic）、中毒（Moderately Toxic）、輕毒（Slightly Toxic）、

實際無毒 (Proctically Nontoxic) 及相當無害 (Relatively Harmless)
六類，詳見表 11-1 毒物毒性之分級。

表 11-1 毒物毒性之分級

毒　　性	單一口服 LC_{50} (g/kg)	四小時吸入 LD_{50} (ppm)	人體可能致死量
劇　　毒	<0.001	<10	嚐一下（約0.0648g）
高　　毒	$0.001 \sim 0.05$	$10 \sim 100$	一茶匙（約4c.c.）
中　　毒	$0.05 \sim 0.5$	$100 \sim 1,000$	一盎司（30g）
輕　　毒	$0.5 \sim 5.0$	$1,000 \sim 10,000$	一品特（250g）
實際無毒	$5.0 \sim 15.0$	$10,000 \sim 100,000$	一夸特（500g）
相當無害	>15.0	$>100,000$	$>$一夸特（$>$500g）

LC_{50}：半致死量劑
LD_{50}：半致死濃度

　　有人則根據物質的毒性作用，將工業毒物分爲：急性毒物、亞急性
毒物和慢性毒物，詳見表 11-2 物質毒性作用之分級。此外，亦有人依

表 11-2 物質毒性作用之分級

	急　　　　　性	亞　急　　性	慢　　　　　性
1.暴　　露 持續時間	<24小時 單一劑量	通常 2，4 或 6 星期	>3 個月
2.典型作用	單一致死劑量 臨床毒性症兆	累積性劑量，主要由 代謝途徑去毒或排泄	延滯性作用 具潛在致癌性
3.例　　子	氰化鉀，可立即 破壞器官組織	四氯化碳，累積性暴 露數星期，對肝臟作 用。	汞中毒，由食物鏈 受污染，長期累積 導致慢性中毒。

據毒物的危害程度，將其分為：極度危害性毒物、高度危害性毒物、中度危害性毒物和輕度危害性毒物等四級。

（二） 按物質的型態分

美國標準協會（American Standards Institute） 將工業毒物依其存在的型態分為：粉塵（Dust）、薰煙（Fume）、霧沫（Mist）、蒸氣（Vapor）和氣體（Gas）等五類。

1. 粉塵：係指由固態微粒所組成之物質，如木屑、石棉及二氧化矽粉塵等。

2. 薰煙：一種由氣態凝結而成的固態微粒物質，通常係由金屬熔液蒸發所產生，如鉛、鎘等薰煙均屬之。

3. 霧沫：為懸浮空氣中之微小液滴，通常係由氣態凝結或經噴射作用所產生，如電鍍場所之酸霧屬之。

4. 蒸氣：一種在常態下為液體或固體的氣態物質，如汞、有機溶劑及碘等蒸氣。

5. 氣體：一種能藉擴散而均勻地佔有所有空間的一種物質，如一氧化碳、二氧化碳及二氧化硫等。

（三） 按人體反應或中毒現象分

工業毒物亦可依進入人體後之反應或引起中毒的現象加以區分。此一分類的優點，易於藉由某一毒物與症狀之關係，了解可能導致中毒之物質。按此一分類通常可將工業毒物概分為：呼吸器官的毒物、全身性的毒物及人體特殊反應的毒物三大類。

1. 呼吸器官的毒物：又可分為肺刺激物、窒息性物質、引起塵肺之粉塵及發熱物質等四類。

2. 全身性的毒物：又可分爲肝中毒、腎中毒、神經中毒及破壞造血系統物質等四類。

3. 人體特殊反應的毒物：又可分爲致過敏、致變異（指使細胞內的遺傳基因突變）及致癌物質等三類。

亦有人按此一分類方法，進一步將工業毒物細分爲如下九大類：

1. 刺激性毒物：係指使人體接觸部位常可產生一種非特異性的組織發炎或破壞的有毒物質，如對胃腸引起嘔吐、噁心及不正常蠕動，對呼吸道引起發炎、咳嗽、攣縮及氣硬等。

2. 窒息性毒物：主要係干擾組織的氧化作用所致，又可分爲單純性的窒息性毒物、化學性的窒息性毒物等。

3. 麻醉性毒物：有些芳香族碳氫化合物及其衍生物對人體具有麻醉作用，在一般濃度下雖無嚴重的全身性不良反應，但可抑制中樞神經系統的作用。

4. 塵肺性毒物：石棉、游離矽及一些矽酸鹽等物質經吸入人體後，會導致纖維化的塵肺症。

5. 致熱性毒物：有些金屬在高溫下的蒸氣經氧化後可形成很小的氧化物微粒，經人體吸收後，可導致類似感冒的不適反應。

6. 系統性毒物：某些工業毒物進入人體後，如量劑或濃度足夠，即可造成全身性的傷害。如汞對呼吸、造血、消化、肝、腎及神經系統均有害；鉛對造血、消化、腎及神經系統有害；四氯化碳對肝及腎系統有害等。

7. 過敏性毒物：常見的過敏性物質有甲苯二異氰酸鹽、鎳、鈷、鉻、砷、臭氧、甲醛及有機磷殺蟲劑等。

8. 致癌性毒物：會導致皮膚癌、膀胱癌、肺癌、腦癌、惡性贅瘤及白血病等的有毒物質，通常又可依其作用模式的不同分爲：基因性致

癌物及漸生性致癌物兩大類。

9. 引起生殖效應的毒物：有些工業毒物會對人體的生殖系統造成傷害，如染色體變異、單一遺傳因子缺陷、干擾胚盤正常發育、先天畸型及生育力改變等。

此外，工業毒物亦有按其化學性質分類者如分爲：芳香炭氫類、氯化炭氫類、硝基胺化合物等，不一而足。

三、工業毒物進入人體的過程與效應

有毒物質進入人體，通常有三條主要的途徑，卽吸入 (Inhalation)、皮膚吸收（Skin Absorption）及攝食 (Ingestion)。有些物質只能經由其中一種途徑進入人體，但亦有許多物質可經由多種途徑進入人體。

（一）吸入：是最常見的一種毒物進入人體的方式，所有氣態、液態和固態的空氣污染物均可快速被吸入肺部，直接對呼吸器官造成傷害；或經由血液循環，對人體造成全身性的傷害。

（二）皮膚吸收：工業毒物亦可經由皮膚接觸、吸收而進入人體。當物質與皮膚接觸後，通常會引起下列四種不同的反應：

1. 皮膚本身形成可防止物質穿透之有效防線；
2. 該物質與皮膚表面起反應，造成局部性刺激使皮膚發炎；
3. 該物質與皮膚組織蛋白結合而引起皮膚過敏；
4. 該物質可穿透皮膚進入血管，隨血液循環而造成系統性中毒。

（三）攝食：在日常生活與工作環境裏，一般人可能因誤食或誤飲有害的化學物質。這些毒性物質或溶於消化液，經胃腸吸收進入血液；亦可經由腸道直接排出體外。一般而言，經口攝食毒物的機會較少，而其毒性亦較吸收器官吸入者爲輕。

　　毒性物質進入人體後，對一個器官產生傷害通常是藉着降低或提高器官正常之代謝功能來完成的。事實上許多毒性物質若少量可以提高器官的功能，但大量時即會防礙甚至破壞其功能。一般而言，毒性物質對人體的傷害主要係由下列三種效應所造成：

　　（一）器官活性的酵素受到干擾：

　　酵素是一種複雜的蛋白質，可催化體內的代謝活動，通常需要一些輔助因子或稱活性劑的物質，來幫助酵素完成作用。當毒物進入人體後即會干擾某些器官的酵素輔助因子，使其不活性化，而降低該器官的正常功能。

　　（二）與細胞組成分子直接結合：

　　例如一氧化碳被吸入人體後，可穿透肺泡組織由血液吸收，再與血球細胞中之血紅素結合，取代氧在紅血球中的位置，並干擾氧氣進入組織內，因而導致缺氧現象。人體的某些器官如腦及心臟組織，對缺氧特別敏感，亦最先受到傷害。

　　（三）存留在某些器官系統內產生二次作用：

　　有些毒物進入人體後，亦可能存留在某些器官系統內與生物的活性金屬物質相結合，而逐漸降低器官有的正常功能，此即所謂的「二次作用」。

　　一般而言，毒物進入人體後的分布及代謝途徑，詳如圖 11-1 所示。

　　至於工業毒物對人體造成傷害或中毒的嚴重程度，往往受到下列幾種主要因素的影響：

　　（一）毒物本身的因素：

　　毒物本身的物理性，化學性及其純度是決定該物質毒性的主要因素。

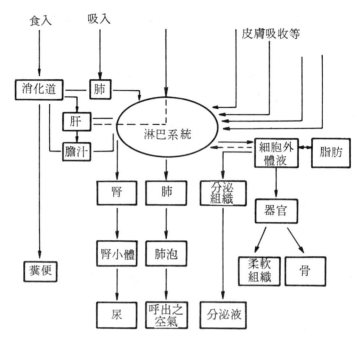

圖 11-1 毒物進入人體吸收、分布及代謝之途徑

（二）毒性進入人體的途徑：

由於進入人體的不同， 毒性物質在體內的作用亦有差異。 以鉛為例，鉛經由消化系統進入人體，約僅 5～10％會被吸收進入血液；但如經呼吸系統進入人體，則會有 30～40％被吸收進入血液。

（三）暴露時間及量劑大小：

人體的中毒反應一般可分為急性及慢性兩種，只要係由暴露時間及量劑大小來決定。急性中毒乃短期在大劑量或高濃度暴露下之反應；慢性中毒則多屬在小劑量或低濃度下經長期暴露的結果。

（四）連續或間歇性暴露：

通常間歇性的暴露比連續性的暴露有較低的疾病發生率。此乃因間歇性的暴露，體內可產生抵抗力來減輕傷害或中毒的嚴重性。

（五）年齡及健康狀況：

暴露者的年齡及其健康狀況，亦是決定物質毒性發作及傷害程度的重要因素。通常新生兒、小孩及老年人由於抵抗力弱，較易受毒性物質侵襲，往往受到傷害亦較嚴重。而且每個人體內系統亦都以不同的方式來抵抗毒性物質的侵襲或污染，因此個人的體質及健康狀況常會影響毒性物質在人體內的作用。例如呼吸性刺激物對曾罹患肺部疾病的人，可能造成比一般人更嚴重的傷害。

（六）暴露的外在環境：

人體對有害物質的反應會受到外在環境如：溫度、濕度、壓力、噪音、輻射及其它化學因子等的影響。一般而言，生物體對毒物的毒性反應多隨溫度的上升而增加；壓力不同對毒物毒性反應之影響，在太空醫學上常被討論；近年來有些研究報告指出噪音及濕度往往會使某些毒物的毒性增強。此外，當有其它化學因子存在時，亦很可能導致人體對毒性之反應，例如抽煙的石棉工人，其肺癌的發生率遠較不吸煙者高出甚多就是一個最好的例子。

總之，工業毒物的毒性主要受到毒物本身、暴露情況、暴露者的身體狀況，以及外在環境等多項因素的影響，因此，往往很難一概加以定論。

四、常見的一般中毒及職業病

誠如前述，工業毒物的種類繁多，對人體造成的傷害亦極為複雜，甚至還有許多具有潛在危害的物質，至今尚未為人所發現。茲僅就常見的一般中毒及職業病列舉說明於後。

（一）金屬與非金屬毒物

1. 汞中毒

汞或稱水銀是一種銀白色金屬，常溫時呈液態，低溫時亦有汽化現象，加熱則蒸發更快。在工業上汞所造成的傷害，主要來自汞蒸氣和含汞的微粒。雖然職業性的汞中毒，很快就會顯出症狀，但多數均屬慢性，係長年暴露於含汞的工業環境中逐漸形成。汞中毒的特徵是嘴唇紅腫、口腔乾燥、齒齦變成海棉狀、牙齒脫落及肌肉顫抖等，同時亦有可能引起消化系統的疾病。

一般人亦常因食用受汞污染水域中的魚或其他生物而引起汞中毒，以前國內報紙上報導的秋刀魚含水銀事件就是其中的例子。日本亦曾在一九五〇年代發現因食用含汞量過高的魚而導致水俣病（是一種神經系統的病）。由於日本的不幸事件引起全世界的注意，在瑞典及加拿大等國均做了魚中汞含量的檢驗，含汞量過高的魚即禁止食用。

2. 鉛中毒

鉛是一種多用途的金屬，但同時亦是一種對人體有害的毒物。鉛中毒是鉛礦業、油漆、蓄電池製造及印刷等業工人常見的職業病。其症狀包括：腹痛、便秘、嘔吐、貧血及體重減輕等。由於人體對鉛及其化合物的吸收能力很低，因此它亦是屬於一種慢性中毒，而往往不易為人所查覺。

日常生活上接觸的食物或物品如：皮蛋、飲料(尤其是各類水果酒)、黑色染髮劑、電壺的鉛銲接頭、鍍銀器具、香煙及兒童玩具等亦常含有鉛，尤其女性化粧使用的眼線液通常含鉛量很高，使用時不可不慎。

3. 砷中毒

砷主要用來製造殺蟲劑、除草劑或使用在玻璃、染料及肥皂製造等

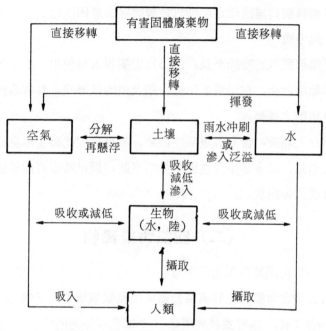

圖 11-2　有害固態廢棄物進入人體之途徑

工業。其危害主要係在操作中吸入砷化物粉塵或直接與皮膚接觸所造成。

砷中毒可分爲急性及慢性兩種，在工業上急性砷中毒並不多見，通常係因吸入高濃度的砷塵所致。初期症狀爲咳嗽、胸痛及呼吸困難。如因自殺食用砷或其化合物，劑量過大可能於二十分鐘內卽會虛脫而死；若食入量較少，則僅發生嘔吐、腹瀉、腹痛和肌肉痙攣。慢性砷中毒主要出現在皮膚病變，砷化合物會使皮膚發生脫脂或脫水現象。砷塵亦會引起鼻炎、咽炎或結膜炎等症狀。

民國五十五年我們曾在臺南縣學甲鄉發現「烏脚病」病例，患者四肢初期血液循環不良，漸至壞死。後經調查發現病因似與患者飲用含有砷的地下水有關。由於長期飲用含砷之地下水而導致砷中毒。惟烏脚病

的眞正病源目前尚無法確定，砷只是被懷疑的原因而已。

4. 鎘中毒

鎘雖然被發現的時間不長，但已爲工業界大量使用。如作各種汽車及機器的軸承合金，在電鍍上作鐵、鋼及銅的保護膜，具有取代鋅而成爲鋼鐵防銹劑之趨勢。

不慎食入鎘後，會有嚴重嘔吐現象，亦可能因此發生休克或虛脫。若吸入鎘蒸氣，則會發生急性肺刺激的症狀，嚴重時亦可能導致肺水腫及腎皮質壞死等症狀。

（二）空氣污染毒物

1. 一氧化碳及二氧化碳中毒

一氧化碳會與體內血紅素結合造成組織缺氧現象；二氧化碳則會沖淡空氣中的氧氣，亦導致缺氧現象。一氧化碳中毒的症狀，通常是頭暈、呼吸短促，嚴重時通常即會休克而致死亡。當大氣中二氧化碳濃度超過 3％時，會感覺呼吸困難，超過 10％ 即會有神智喪失的危險。

2. 瓦斯中毒

瓦斯即甲烷，常在煤氣層的礦坑內形成。當煤被開採時瓦斯即溢出。瓦斯對礦工有兩種危害，一是因窒息而死，另一則因瓦斯與空氣形成混合物爆炸而致死。一般家庭因疏忽或使用不當造成瓦斯中毒事故，亦時有所聞，不可不慎。

3. 二氧化硫中毒

二氧化硫是因燃燒硫化物而產生，具有一種特殊燻臭味，對眼睛和呼吸道黏膜具高度刺激性。低濃度可引起咳嗽、流淚和結膜炎；長期暴露則會造成呼吸道疾病和肺病。

4. 氧化氮中毒

氧化氮在毒物學上有氧化亞氮、一氧化氮、二氧化氮及四氧化氮四種。其毒性主要是對呼吸器官黏膜的刺激性和腐蝕性。由於這種刺激初期並不顯著，因而常被大量吸入而致中毒。

5. 氯化烯（NCM）中毒

二十世紀是塑膠製品充斥的時代，隨着塑膠工業的發展，氯乙烯中毒已成爲不可忽視的問題。此種中毒事故常見於塑膠製造業工人。高濃度的氯乙烯具麻醉作用，低濃度的長期暴露則會導致間歇性胸膜疼痛及肝功能異常等病變。

6. 戴歐辛中毒

戴歐辛的正式學名是多氯二苯二氧芑（Dioxin），是一羣化合物的總稱，由二個苯環藉着兩個氧原子聯結在一起，當它的苯環上不同位置的氫原子被氯所取代時，就產生不同的戴歐辛。

戴歐辛的毒性較傳統的劇毒化合物氰化物強一萬倍，亦較多氯聯苯強數百倍，有人稱之爲「世界末日之毒」。在動物實驗中發現戴歐辛對許多器官會造成傷害。經過長期對戴歐辛受害者之追踪研究，發現它會造成許多可怕的慢性病，最常見的是氯坐瘡（Chloroache），嚴重的病例在十五年後都無法消除。另外對神經系統、肝、肺、腎的機能都會破壞，亦會使人的免疫系統失效，而喪失對疾病的抵抗力，更可怕的是它有致畸胎性及致癌性。

戴歐辛含在許多種化合物裏，凡是含有多氯酚的化合物，經由熱壓力、光刺激和催化作用，皆可能產生這種世紀之毒。前些日子報載燃燒電纜、電線外皮形成的濃黑煙霧中，亦可能含有戴歐辛。

（三）有機溶劑的危害

有機溶劑的用途相當廣泛，無論在日常生活或各類工業均經常會接

觸或使用。有機溶劑在使用過程中經皮膚直接吸收進入人體，亦可能由呼吸器官吸入其揮發所產生的蒸氣。常見的有機溶劑中毒有下列幾種：

1. 甲醇中毒

甲醇是一種無色透明具芳香的液體，能使人失明或致死。常見的甲醇中毒是將甲醇當飲料飲用。各人對甲醇的敏感性不盡相同，最敏感的人，二盎司的甲醇即可致命。職業性的甲醇中毒大多由於在封閉的空間內長期吸入甲醇蒸氣，日漸累積而成。症狀與直接攝食甲醇中毒相同，同樣可以使視力喪失，或感到頭痛、噁心。甲醇亦能刺激皮膚而引起皮膚炎，有時亦會經皮膚吸收，發生組織系統的中毒。數年前部份人因誤食假酒造成兩眼失明，就是甲醇中毒的結果。

2. 四氯化碳中毒

四氯化碳是一種清澈、無色且具特殊芳香味道的液體，其蒸氣最易被呼吸道與胃腸所吸收，若超過 3～4CC 即可能致命。長時間與皮膚接觸，亦會造成局部皮膚發炎。四氯化碳進入人體後的主要作用是麻醉中樞神經系統，其次會在肝和腎臟中產生病變，嚴重時會致人於死。急性中毒時會有嘔吐、昏沉、麻痺等症狀，甚或死亡。長期暴露於不安全濃度中，亦會有頭痛、疲倦或視覺障礙等症狀，嚴重時會造成急性腎炎、毒性肝炎、尿閉與黃疸，甚至使肝腎衰竭而死。

3. 苯、酚中毒

苯可經由人的肺和皮膚吸收，存留在人體脂肪組織內。苯的急性中毒在工業上並不多見，若有，大多係由於意外暴露於極高濃度之苯蒸氣中所致。苯是主要作用於骨髓之慢性工業毒物，首先出現的症狀是易疲倦、輕度胃腸障礙及昏沉，繼之為黏膜出血及皮膚發疹。嚴重時會導致再生不良性貧血或白血病，而使人致死。

酚接觸到人的皮膚，會使皮膚起強烈腐蝕作用，如未立即洗滌，則

會產生嚴重的腐蝕性燒傷。長期接觸低濃度的酚溶液，會引起慢性皮膚炎。若經呼吸道進入體內，則會產生嘔吐、腹瀉等病症。

4. 四乙基鉛中毒

四乙基鉛爲帶有甘味的揮發性液體，不僅能經呼吸道吸入，亦可經皮膚進入體內。因其與脂肪的親合性強，所以易發生腦神經及背髓之障害，暴露過量引起死亡之例亦不少。其慢性中毒則以中樞神經系統的刺激爲主，初期常會引起不眠、食慾不振、嘔吐及精力減退等現象。精神障害明顯者，會有興奮、不安、幻覺及妄想等症候。

（四）有毒懸浮微粒之危害

年前發生的新竹化工廠公害事件，主要元兇即爲懸浮微粒中之苯吡啉等多環芳香烴化物及二氧化矽，來源爲該廠之煉焦爐及矽鐵爐。苯吡啉是有悠久歷史的皮膚癌兇手，同時會傷害呼吸系統。二氧化矽則會引起矽肺病，患者初期只有乾咳，漸至呼吸困難，肺部呈纖維化。

石棉纖維的懸浮粉塵對人體健康亦具有相當的危害性。石棉的主要成份爲矽酸鹽，具有耐熱、耐酸、耐磨、耐腐蝕及接近鋼鐵的張力強度等特性，廣爲工業界所使用。石棉經呼吸道吸入肺部後會造成肺沉着症或導致肺癌，如經口攝食則會引起胃腸癌。石棉對人體的危害並不限於從事石棉業工作者，近年來隨着工商業的廣泛使用，已有許多證據顯示一般民眾亦可能遭受非職業性石棉暴露的危害，此乃由於大氣中散佈的石棉纖維塵所致。由於其危害相當廣泛，美國許多業別已明令禁止使用石棉。我國近年來石棉的使用量亦有日漸增加的趨勢。唯至目前對石棉塵粒安全限度的管制，似尚未有法令規定。如何解決國內可能的石棉污染問題，亟待研究與重視。

（五） 農藥的危害

農藥的使用雖可提高產品的產量，但同時亦會帶給人類相當的危害性。早在一九六〇年代， 美國卡爾遜 （R. Carson） 女士在「寂靜的春天」（*Silent Spring*）一書中即曾指出：農藥之普遍使用，不僅自然界許多鳥蟲會被消滅，使蝶飛蟲鳴的自然美景不再，而且不時引起農藥中毒及食品中農藥殘留的問題，所發生的影響並不亞於糧食危機對人類的威脅。近年來，我國有關農藥危害的問題，亦日益嚴重，頗值得重視。

農藥對人體的傷害， 可分為急性中毒及慢性中毒兩方面來加以討論：

1. 農藥的急性中毒

農藥急性中毒的受害者主要包括：農藥製造工廠的工人及直接噴灑農藥的農人。當然亦有可能因誤食或使用農藥自殺，而受到傷害者。農民的中毒大多因不了解農藥毒性，未注意農藥使用安全守則，或未適當穿戴防護衣物所致。而農藥製造工廠工人中毒，亦大多因工廠作業環境不佳，工人接觸農藥原體頻繁所引起。常引起中毒的農藥主要包括：有機磷劑、有機氯劑及有機水銀劑三大類。

（1） 有機磷劑：如巴拉松，侵入人體後會氧化成一種比原農藥更具毒性的化合物。 其中毒過程更是神經異常興奮， 接着運動失調、 痙攣、麻痺，嚴重者則會窒息死亡。

（2） 有機氯劑：如 DDT、安特靈等，經皮膚、呼吸道進入肝、腎及中樞神經，由於分解較慢，通常會累積在脂肪組織內，達一定劑量時即會引起肝硬化等病變之中毒現象。

（3） 有機水銀劑：進入人體後會與擔任代謝作用之酵素結合，使其活性受到抑制而中毒。受害器官以腎臟最多，其次為肝臟、血液及腦

部組織。

2. 農藥的殘留與慢性中毒

　　農藥噴灑於農作物上，會有部份殘留在作物體內。如施用不當，殘留於食用農產品之藥量過多，食用者在連續攝取下即會造成危害，這亦就是所謂的農藥慢性中毒。

　　一般農藥慢性中毒除了會刺激中樞神經系統及內分泌系統外，對肝、腎、皮膚亦會有病變現象發生。長期與某些農藥接觸，常會增加生殖不正常或癌症的發生率。

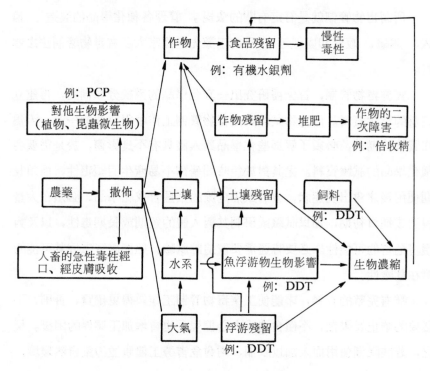

圖 11-3　農藥的殘留與中毒

五、工業毒物的管制與中毒預防

在化學品普遍使用的今天，像戴歐辛、多氯聯苯等中毒事故，隨時都有發生的可能，我們應共同努力設法防止工業毒物污染的擴大。為有效控制工業毒物，減少中毒事故發生，應從下列幾方面着手。

(一) 加強工業毒物的管制

所謂毒物管制就是訂定有關的法規，管理各種化學品的製造、輸入、運輸、販賣和處理等，目前工業先進國家大多有毒物管制法之制訂。

實施毒物管制，首先需研究出一套化學品的系統分類制度，再建立完整的毒物資料。而毒物試驗則是毒物管制工作中很重要的一環，因為在實施管制前，必須了解那些化學品對人體具有不良影響，於是需要各種化學品的試驗資料。尤其對於短時間暴露不易產生明顯毒性，而須長期使用後才會出現症狀，或有致癌危險的某些合成化學品，必須在大量製造或進口初期，加以試驗或研判其對人體的短期或長期毒性，以及對環境危害的可能性。必要時還需要做追踪試驗，始能確實掌握其可能的潛在危險性。

唯有完整的資料，才能使工業毒物管制工作做得更確實，否則，不必要的禁止及限制，不僅會造成人心惶惶，也會增加工業界的困擾。反之，若該限制使用而未加以限制，則會危害勞工健康並污染自然環境，實不能有任何的疏忽。

而對於使用有毒化學物質之工廠，則應嚴格採取下列措施，以防制毒物的擴散及污染：

1. 要求工廠自行建立記錄制度，對各種毒物的來源及使用情形，均應加以追踪列管。

2. 毒性化學工廠必須設立回收設施及預警系統，以保持正常運作，減低危害性物質的排放。

3. 政府有關部門應積極輔導業者改換製程，尋求替代方法，以期能達到「零污染排放」之目標。

4. 對於處理不當之工廠應依有關法令加強取締，不予改善者限制或停止其原料來源，而造成嚴重污染者則處以高額罰金或勒令停工。

（二）重視有害廢棄物之管理

凡帶有毒性、腐蝕性的固體或半固體化學品廢棄物，其濃度或數量足以危害人體健康或環境者，均可稱之為有害廢棄物。有害廢棄物如任意棄置、排放，可能會污染河山、湖泊和海洋；如果任意掩埋則可能污染到土壤及地下水源；如果任意燃燒也可能污染空氣。受到污染的河川、土壤、空氣和水源，經人們直接或間接的接觸及攝取，可能即會造成許多無法彌補的傷害。

為加強有害廢棄物的管理，政府方面應訂定有關的法令，對廢棄物的貯存、運輸、處理或處置情形，加以管制及追踪評估，以配合毒物管制辦法，建立完整的管理體系。企業方面對其所排出之廢棄物，亦應不斷進行檢驗，以判定其危害性，並遵照有關規定，選擇適當的處理方法。

一般工業先進國家，對於各種工業產生的有害廢棄物之管理至為重視。通常要求有關業者遵循操作規範及管理規則，建立紀錄申報制度，同時亦常委託學術單位或工程公司進行有關廢棄物收回及處理的試驗與研究，提供業者改善之參考。

總之，一個有效的廢棄物管理制度，通常必須具備下列一些要件：

1. 建立一種大家能確實遵行的法律，並賦予主管機關充份的管理能力。
2. 足夠能力的成份鑑定、資料處理及監測設施。
3. 公佈環境污染物的限量標準及檢驗標準。
4. 建立有害廢棄物的處置、處理、貯存及運輸許可證核准程序。
5. 建立一完整的有害廢棄物追踪系統。
6. 遂行監督及執行任務的能力。

（三） 加強毒物學研究

毒物學係研究物質毒性之科學。過去對毒性物質之研究，多半着重於急性毒物及其中毒預防對策。現代工業毒物學則更重視環境污染毒物的研究。此乃由於環境污染物多半屬於慢性毒物，需較長時間的暴露、攝取才會造成傷害，因此往往爲人們所忽視。尤其環境毒物的危害係全面的，其影響甚爲深遠，目前工業先進國家對工業毒物學之研究均極爲重視，大多設有專責機構並投入相當的人力及經費，進行有關的研究工作。我國在這方面的推動，尚不夠積極，仍有待繼續努力。

（四） 強化工業衛生教育

加強工業衛生教育使一般勞工認識工業毒物，了解其危害嚴重性及預防中毒的方法，並培養良好的飲食與衛生習慣，以減少被污染或受傷害事故的發生，以確保身體的安全與健康 。

（五） 重視一般勞工職業病的預防

事業單位本身應從加強作業環境的測定、評估、控制與改善，推動

勞工健康教育，以及實施勞工健康管理等方面，作好勞工職業病的防治工作，以使員工中毒事故的發生減至最少。

六、結　　語

　　工業毒物與勞工健康及生活品質息息相關。防止毒性物質污染的擴大，早已廣受一般工業先進國家之重視。欲有效制止工業毒物的危害，實有賴政府、社會、企業界及一般勞工與國民的通力合作。在政府方面，應建立完整的管制體系，並協助推動工業毒物學的研究；社會方面則應加強衛生教育與宣導，使一般民眾認識工業毒物及其潛在的危害性；企業單位更需遵照規定，主動改善工作環境做好勞工健康管理，以防止職業病的發生；一般國民亦應養成良好的飲食與衛生習慣；有關業別之勞工則應遵守作業場所的安全衛生規定，必要時配帶所需的個人防護器具，以免受到有害物質的侵襲。近年來國內受工業毒物污染和傷害的事故時有所聞，亟待大家共同努力，做好防制工作，以確保勞工健康，提高一般國民的環境與生活品質，始能真正享受科技與工業發展的甜美果實。

第十二章　核能科技與輻射安全

一、引　言

　　隨着經濟與工業的發展、人口之成長以及人民生活水準之提高，人類社會對能源的需求不斷增加。目前世界能源的供應，約有百分之六十仍依賴石油及天然氣，而這兩種能源之蘊藏，不僅數量有限，分佈亦不均勻，早已形成供需不平衡的現象。大規模開採煤，不但成本高且會引起環境問題。而太陽能、風力和地熱等新能源之開發，據估計在未來十至二十年內仍難有重大突破。因此許多工業先進國家大多致力於核能的發展與運用。我國亦不例外，臺灣電力公司爲降低營運成本，達成能源多元化之目標，已先後完成三座核能電廠的興建，共有六個核能發電機組，其設備容量爲 514 萬 4 千瓩，成爲臺灣電力系統中的主力。最近三年，臺灣的核能發電約佔半數。在全世界一百多個國家中，我國核能發電的比重，亦名列前茅，僅次於法國及比利時。

　　早在一九五三年美國艾森豪總統宣告原子能和平用途及一九五七年美國席賓堡（Shippingport）核能發電廠開始營運之際，全世界都認爲

解決能源問題已經透露了新的曙光，亦展現了一幅美麗的遠景。曾幾何時，自一九七九年美國發生三哩島事件及一九八六年蘇聯又發生了徹諾比事件之後，已嚴重打擊了公眾對核能安全的信心，使若干國家的核能開發計畫，一再遭受挫折。

事實上，核能的應用並不僅於發電一途，然由於核能電廠事故的發生及所造成的心理恐懼，使我們不得不關心核能科技與輻射安全的問題。讀完本章您將了解：

1. 核能產生的基本原理及其應用；
2. 我國核能科技的研究與發展情形；
3. 輻射的種類及其可能造成的危害；
4. 核能電廠的安全問題及防護措施。

二、核能的產生與應用

核能係由某些物質藉原子核之分裂或融合反應而產生。

原子核是由質子和中子所組成，核外有電子圍繞。質子帶正電，通常用「⊕」表示；中子不帶電，通常以「●」表示；電子帶負電，通常以「⊖」表示。原子的構造和太陽系非常相似，不同數目的質子、中子及電子就組成了各種不同元素的原子。同一元素的原子核有相同數目的質子，但中子數目就不一定。同一元素中的原子，如中子數目不相同時，稱為此一元素的同位素，或稱核種。

根據愛因斯坦的定律，能量和質量是可以互相轉換的，亦就是能量等於質量乘以光速的平方，用公式表示即為：$E = MC^2$。由於光速大得驚人，每秒 3×10^8 公尺，因此，大小的質量即可轉變為巨大的能量。原子核經分裂或融合反應，常會損失部份質量，而以能量的型態釋放出

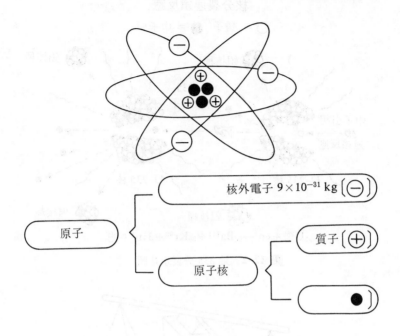

圖 12-1 原子構造圖

來，這就是所謂的「核能」。

（一）核 分 裂

原子核中所含的質子和中子數目越多，原子的構造就愈複雜，且較不穩定，容易受外來的力量擊破，分裂成構造較簡單的原子。目前已知容易發生核分裂之核種有鈾 235、鈽 239 及鈾 233。現階段的核能發電多係利用鈾 235 為燃料。鈾 235 的原子核本身就不大穩定，一有中子撞擊即可分裂為二，但分裂後的總質量較小，而轉換成能量被釋放出來，同時還會放出二至三個不等的中子，這些中子又可撞擊其他鈾原子，使其分裂，放出能量和中子，如此連續分裂，即造成所謂的「連鎖反應」，詳見圖 12-2 及圖 12-3 示意圖。

核分裂連鎖反應

○ ＝ 質子　● ＝ 中子

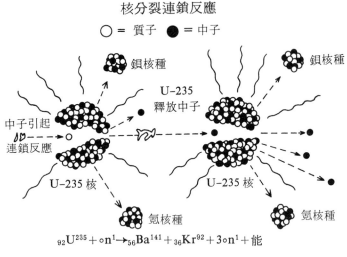

$$_{92}U^{235}+_{0}n^1 \longrightarrow _{56}Ba^{141}+_{36}Kr^{92}+3_{0}n^1+能$$

圖 12-2 鈾 235 分裂示意圖

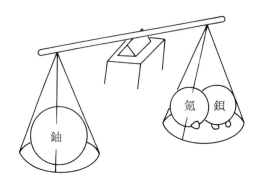

圖 12-3 鈾 235 分裂後的質量較分裂前爲小

　　核分裂所產生之熱能卽可用來發電。核反應器相當於鍋爐,至於熱能的利用,核能發電和火力發電並沒有什麼不同,都是利用熱量使水加熱產生蒸氣,再由蒸氣轉動汽機帶動發電機來產生電力。

(二) 核 融 合

　　所謂核融合就是把兩個較輕的原子核合成爲一個原子核。通常核融

合所使用的原料是廣佈於地球的氫同位數氘（重氫）和氚。當一個氘原子和一個氚原子核融合可產生一個氦原子核及一個中子。融合後的質量減少，此減少的質量即轉換成熱能釋放出來。核融合只有在將近一億度高溫才能發生，因此又稱爲「熱核融合」。

　　目前世界知名的幾個研究機構正致力於核融合技術之研究，此技術若開發成功，則能源短缺的困境將可大爲舒減。因爲核融合使用的燃料即氫的同位數，可從廣布於地球的水中大量取得。

$$_1H^2 + \ _1H^3 \longrightarrow \ _1He^4 + \ _0n^1$$
氘　　　氚　　　　氦　　中子

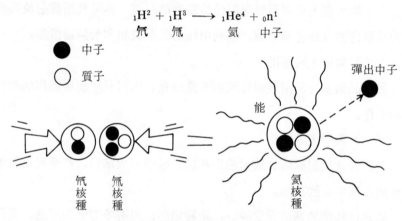

圖 **12-4**　氘氚核融合示意圖

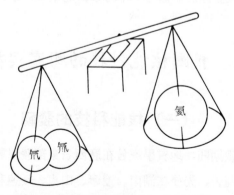

圖 **12-5**　氘和氚融合後的質量較融合前爲小

當原子核受外來中子撞擊發生分裂時，除有小部份的質量損失轉變成能量，並釋出快速的自由中子外，還會分裂出各種不穩定的新原子核或核種。這些不穩定的核種會不斷有輻射現象，使原子核逐漸蛻變而趨於穩定，這就是所謂的放射性。

核能除用於發電外，因核反應而產生的各種放射性同位素，藉輻射現象在農、工、醫等方面的應用亦極為廣泛，茲簡要說明如下：

（一）工業上的應用

在工業生產上可利用輻射照像檢驗產品品質，亦可利用輻射使高分子物質聚合而改變材料結構，或利用輻射保存食物和消滅毒菌等。

（二）農業上的應用

農產品通常可利用放射線照射改良品種，亦可利用放射線作病蟲害防治工作。

（三）醫學上的應用

主要包含放射診斷、放射治療和核子醫學三大部份，都是利用放射線達成診斷治療的目的。

總之，核能的應用非常廣泛，除發電外，尚有多方面的用途，實為近代工業與科技整體發展過程中不可或缺的重要一環，值得吾人重視。

三、我國核能科技的研究與發展

（一）核能科技的發靭

我國在抗戰期間，地質學家曾在廣西省東部發現數種含鈾礦物和獨居石。抗戰勝利後，先後在湖南、遼寧、山東、綏遠和新疆等省較大規模的探勘，不幸因大陸淪陷而停頓。政府遷臺後於民國四十年六月，在

經濟部成立臺灣獨居石探勘處，全面進行臺灣獨居石的探勘及有關研究工作。民國四十四年春，政府爲提高核能科技，並響應聯合國「國際合作發展原子能和平用途」之倡議，乃由當時的教育、國防和經濟等部合作共同延聘核能專家籌組原子能委員會。行政院於同年五月三十一日正式頒佈「行政院原子能委員會組織規程」，六月二日成立原子能委員會，着手擬訂我國核能的研究與發展計畫。

　　我國核能第一階段的發展，係以國內各項初期策劃及國際聯繫爲主。

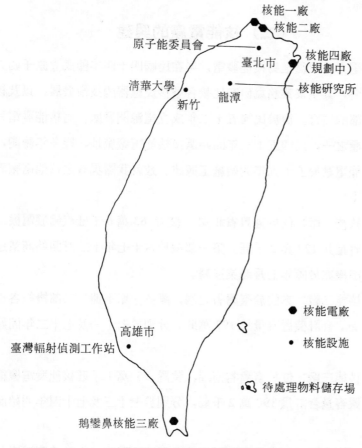

圖 **12-6**　臺灣現有的核能設施

除加強人才培育及有關法規之擬訂外，並對外參加國際原子能總署大會，簽定中美原子能和平用途協定。民國五十年十二月，第一座核反應器正式落成，使核能科技的發展邁向新的里程。

為配合經濟建設及科技發展政策，第二階段的核能科技注重原子能和平用途之研究，不僅簽訂聯合國防止核武器蓄衍條約，更着手籌建研究用和發電用的核反應器製造廠，使我國成為亞太地區主要核能國家之一。我國現有的核能設施如圖 12-6 所示。

（二）核能電廠的興建

臺灣電力公司為推動核能發電，早在民國四十四年即成立原子動力研究委員會，其主要業務為研究比較各型核反應器的技術發展，以及核能發電幹部的培育。復於民國五十二年成立電源開發處，將核能發電列為主要目標之一，民國五十三年開始選擇核能電廠廠址，經多年籌劃，第一座核能電廠於五十九年開始施工興建。茲就我國現有之核能電廠簡要介紹如下：

1. 核能一廠：位於臺灣省北端，裝置 63 萬 6 千瓩汽輪發電機二部，發電容量共 127 萬 2 千瓩。第一部機於六十七年十二月開始商業運轉，第二部機亦於隔年七月商業運轉。

2. 核能二廠：亦位於臺灣省北端，離核一廠不遠。二部機組各為 98 萬 5 千瓩，合計裝置容量為 197 萬瓩。分別於七十一及七十二年開始運轉。

3. 核能三廠：位於臺灣省南端，裝置 95 萬 1 千瓩核能發電機組二部，裝置容量合計為 190 萬 2 千瓩，分別於七十三及七十四年開始商業運轉。

核能四廠亦已規劃多時，預計在臺北縣鹽寮興建，由於受到民意代

表及反核人士的反對，整個工作已暫緩下來，將來何時能興建完成，尚
在未定之天。

（三）核能科技的研究與發展

我國近年來核能科技的研究與發展成果，可分爲：基本及應用研
究、資源開發、核能發電、同位素生產、輻射應用，以及核能安全與管
制等方面，簡要說明如次。

1. 基本及應用研究：

我國核能科技研究發展的主要單位包括：原子能委員會及其所屬核
能研究所、清華大學原子科學院，以及臺電公司。近年來的研究內容除
物理及化學的相關基本研究外，尚有核反應器、核燃料、同位素生產及
廢料處理技術等應用方面之研究。

2. 資源開發：

主要係對核能資源的探勘與開採，以及磷酸提鈾技術的開發等。

3. 核能發電：

核能發電是我國核能應用最重要的成果，目前臺灣地區已擁有三座
核能電廠六部核能機組，至七十五年時，全年的淨發電量已達27,545,506
MWH，佔全系統之 52.4%。各核能發電機組歷年累計總發電量已超過
1,000 億度，使我國在世界各國核能裝置容量排行第九名，在開發中國
家首屈一指。

4. 同位素生產：

核能研究所及清華大學爲我國生產放射性同位素之主要單位。清華
大學的清華水池式反應器，早在民國五十一年即開始運轉，所生產的同
位素以碘 121 和碘標誌化合物爲主，另外也生產醫學及工業上所需之其
他同位素。核能研究所同位素館目前則有完整的化學熱室與鉛室系列，

以生產伽瑪（γ）放射線同位素，另有氣密手套箱以生產其他（β）放射線同位素，專供國內其他相關研究機構使用。

　　5. 輻射的應用：

　　至於輻射的應用，近年來開發成功的主要包括：

　　（1）中國石油公司最早利用輻射照相檢驗金屬管路的焊接是否良好，目前此一檢驗技術，已列爲非破壞性檢驗中之重要檢驗方法。

　　（2）中國鋼鐵公司創設之初，卽利用輻射和輻射線接收設備，構成自動控制系統，以控制產品品質。目前國內工廠使用同位素自動控制設備已日漸增多。

　　（3）聯合工業研究所曾利用伽瑪射線照射竹、木材，使形成良好的竹塑材及木塑材，同時進行蔗板塑合材、煤灰渣、廢紙漿渣、木屑等塑膠結合體之研製。

　　（4）臺灣省農業試驗所，利用放射線照射小麥、豌豆、水稻種子，進行誘變育種研究；也有單位利用放射線對甘薯、西瓜、花卉等進行品種改良研究。在病蟲害防治方面，最具成效的是利用放射線照射培育不孕之果蠅，每年可減少果蠅蟲害 95% 以上。

　　（5）在醫學方面，放射診斷、治療及核子醫學等亦均有相當成效。

　　（6）此外，由於輻射測定極爲靈敏，所以在化學分析上常利用活化法測定極微量元素的存在。清華大學卽常利用活化分析法協助臺灣、華夏、國泰等塑膠公司及臺灣鹼業公司測定電解槽中水銀的含量，以提高並確定產品品質，亦可藉以控制排放水中的水銀污染。

　　6. 核能安全與管制：

　　核能安全管制係以核能設施及核子原料、燃料爲主要對象。原子能委員會近年來已對核能安全管制採取多項措施，管制方式可分發照及視

察兩項，前者係就現有靜態資料進行審查、分析之管制手段；後者則確實掌握核能電廠在建造、運轉期間的動態資料之追蹤。此外，並加強放射性落塵及環境輻射的偵測，期能積極做好輻射環境的保護工作。

四、輻射的種類與危害

輻射乃是一種能量的發射與轉移。輻射的能量如果高到可以使受照射的物質發生游離作用，稱為「游離輻射」；如輻射能量較低而無法使物質發生游離現象，則稱為「非游離輻射」。游離輻射和非游離輻射，都可能由自然界或人為的方法產生。自然界所產生的輻射，又稱「天然輻射」，如宇宙射線、太陽的光和熱，以及來自土壤、礦物等放射性物質所釋放出來之射線均屬之。人為方法產生的輻射又稱「人為輻射」，其種類繁多，通常可將其歸納為如下六類：

（一）醫學上的輻射

醫院檢查、診斷及治療過程中所使用的X射線、伽瑪射線等均屬之。

（二）加速器和反應器的輻射

科學研究、動力開發及醫療應用等所使用的加速器及反應器均會釋出各種輻射。

（三）原子落塵輻射

多半來自核武試爆，原子落塵可隨氣流飄至各處，其中以鍶 90 和銫 137 所造成的輻射為最多。

（四）核武器的輻射

核子武器爆炸後的直接輻射，二次大戰投擲於日本廣島、長崎的原子彈所造成的傷害，至今仍令人餘悸。

（五）核能設施意外事故的輻射

核能設施如防護不當或因意外事故，亦會釋出大量的放射性氣體、液體或廢料，傷害生物及污染環境。美國三哩島及蘇聯徹諾比核能電廠意外事故，給人們帶來的驚慌並不下於原子彈的爆炸。

（六）其它輻射

其它一般人在日常生活所接觸的夜光錶、電子管、電視機、微波爐及含鈾的陶瓷器等，亦均有輕微的輻射現象。

計算輻射的量和單位頗多，比較重要而常用的有如下四種：

（一）暴露——侖琴

係指輻射線具有游離空氣中的原子和分子的能力，其專用單位是「侖琴」，乃為紀念於一八九五年發現X射線的德籍科學家侖琴先生而得名。1侖琴係使每千克空氣產生萬分之 2.58 庫侖的正（或負）電荷之輻射量。我們日常做胸部X光檢查的輻射量約在 50～200 毫侖琴之間，一毫侖琴等於千分之一侖琴。暴露率的單位是以每小時的侖琴數計算。

（二）吸收劑量——雷得

吸收劑量係指每單位質量從輻射所吸收的能量，其專用單位是「雷得」。1雷得等於每千克吸收 0.01 焦耳的能量。如每千克吸收 1 焦耳即稱為「格雷」，仍為紀念英籍科學家格雷而得名。1格雷等於100雷得，通常計算吸收劑量是以每小時的雷得數或每秒的格雷數來表示。

（三）等效劑量——侖目

相同吸收劑量的輻射，可能由於型式的不同而產生不同的生物效應（亦即對生物體可能造成的危害），因此在討論輻射安全時需要以等效劑量的觀念，才能真正了解某一輻射量對生物所可能造成的危害。等效劑量是吸收劑量和生物效應因素的乘積，其專用單位是侖目，100 侖目

又稱為西弗，是為紀念瑞典籍科學家西弗而得名。通常等效劑量是以每年的侖目數或每秒的西弗數來表示。

（四）活性——居里

活性係指一定量的放射性核種，其原子核在單位時間內發生變化的次數，其專用單位是居里，乃為紀念法籍科學家居里夫人而得名。1 居里等於放射核種每秒有 370 億次的蛻變，或以 3.7×10^{10} 蛻變／秒 來表示。

以上不同輻射量的計算，事實上係分別針對輻射本身的能量、生物的吸收及其可能產生的效應，以及放射核種的蛻變等四種不同的着眼點來加以量度，因此而有不同的單位。

根據我國原子能委員會訂頒的游離輻射防護安全標準，規定的職業及一般人員在可控制暴露下，身體各器官的輻射劑量限值如表 12-1 所示。凡放射性物質的生產、使用、儲存、運送、廢棄、放射性廢料處理，可能發生游離輻射設備的操作與運用，均應遵守此一標準的規定。

表 12-1　原子能委員會規定的輻射劑量限值

單位: 侖目

危　急　器　官	職　業　人　員				一般人
	正常暴露		計畫暴露		
	一年	一季	一次	一生	一　年
生殖腺、紅骨髓及均勻照射下之全身	5	3	10	25	0.5
皮膚、甲狀腺、骨骼	30	15	60	150	3*
手、足、前臂、足踝	75	38	150	375	7.5
其它單一器官	15	8	30	75	1.5

* 16 歲以下的兒童甲狀腺每年不得超過 1.5 侖目

　　從以上分析，可以了解事實上人們在日常生活中，並不能完全避免輻射的照射，即使暴露的劑量超過上述的法定數值，亦並不一定表示立即會有生理的危害。但如連續接受輻射，當暴露或人體吸收劑量超過個人所能承受的恕限量時，即會造成傷害。

　　非游離輻射由於本身能量較低，無法穿透人體之皮膚，通常僅會對人體未加保護的皮膚或眼睛造成傷害，如過度照射亦可能形成皮膚癌。至於游離輻射，因其穿透力甚強，除傷害人體皮膚及眼睛外，並會危害人體內部的組織，造成嚴重的病變。游離輻射對人體的傷害可從軀體病變及遺傳效應兩方面來加以說明。

　　(一) 軀體病變

　　係指對受照射個體所造成的直接傷害而言，通常又可分為下列三種症狀：

　　1. 放射線傷害 (Radiation Injury)：多為局部性傷害，主要係由過量接觸穿透力強之輻射而引起，如手部灼燒、畸變或毛髮脫落等。

　　2. 放射線疾病 (Radiation Sickness)：是由全身暴露於大量輻射線而引起，通常的症狀是：白血球減少、對疾病的抵抗力降低；骨骼製造血球的能力降低，發生嚴重貧血；或嘔吐、疲乏、下痢等現象，嚴重者亦可致死亡。

　　3. 放射線中毒 (Radiation Poisoning)：係由於放射線物質經呼吸或吞食進入人體，到達一危險劑量時所引起，會導致貧血及癌症等。

　　輻射如何導致癌症，至今醫學上並不完全了解。有一種理論認為輻射活化了身體內存有的病毒，由於這些病毒活化後即侵襲正常細胞，並導致細胞快速成長的結果。另一種理論則認為由於輻射減少了身體對現存病毒的抵抗力，致使病毒快速繁殖而傷害細胞；輻射亦能直接傷細胞的染色體，而使細胞朝向異常的成長模式發展，因而導致癌症。

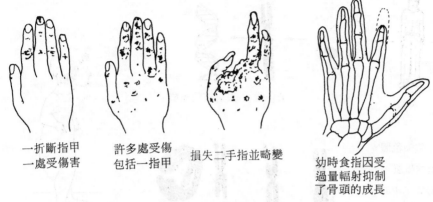

一折斷指甲 一處受傷害　　許多處受傷包括一指甲　　損失二手指並畸變　　幼時食指因受過量輻射抑制了骨頭的成長

圖 12-7　放射傷害的範例

（二）遺傳效應

遺傳效應係因為性腺的性細胞受到輻射傷害所引起。通常人體性細胞被輻射線照射後，可能會發生下列情形：

1. 性細胞死亡：係指失去維持再生過程的能力。雖會因此降低生育能力，但在遺傳上並沒有什麼影響。

2. 染色體受到傷害：包括斷裂、部份位移，或在正常染色體的組合上有所增減，這些都會影響後來的細胞特性，而對遺傳造成影響。

3. 基因突變：係指細胞染色體內的去氧核糖核酸，在結構上產生微觀變化。由於染色體內的去氧核糖核酸是負責傳遞遺傳特性的化學物質，因此會降低人口的遺傳品質。

有關染色體及去氧核糖核酸受輻射傷害的情形，詳見圖 12-8 的示意圖。

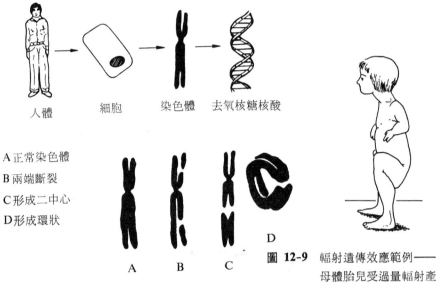

人體　　細胞　　染色體　去氧核糖核酸

A正常染色體
B兩端斷裂
C形成二中心
D形成環狀

A　　B　　C

D

圖 12-9　輻射遺傳效應範例——
母體胎兒受過量輻射產
下的畸形後代

圖 12-8　染色體及去氧核糖核酸受輻射的傷害

五、核能電廠安全問題的爭議

　　核能發電安全嗎？這似乎是個見仁見智的問題，世界各國早有許多爭論。贊成核能發電的人士包括有諾貝爾獎得主，著名的物理學家，以及其它各方面的專家。但反對核能發電的人士當中，同樣有諾貝爾獎得主，著名的物理學家，以及其它各方面的專家。贊成與反對雙方都提出許多言之成理的說法，只是彼此間的看法卻有相當大的差距。

　　反對核能發電的人士認為由於核能燃料的分裂，製造了許多原來自然界不存在的劇毒放射性物質，如鈾235分裂後所產生的鉋137、鍶90、碘 131 及鈽 239 等均是。以鈽 239 為例，只要百萬分之一公克的量即可使實驗室的動物得到癌症。吸入千分之一公克即可引起肺臟全面化的纖維化，而在數小時內死亡。

核能發電廠最可怕的就是反應爐事故，萬一反應爐的冷卻劑流失，或其它人為因素的錯誤一旦發生，數秒鐘內反應爐的高溫即可能使四週嚴密厚重的防護屏障熔解穿透使高度放射性物質瞬間外洩，可怕的輻射線即廣佈四處。根據美國核能專家的研究，估計一旦離都市 30 哩的 500 MW 核電廠（我國核能一廠為 638MW，核能二廠為 985MW，核能三廠為 951MW）的反應爐熔解，輻射線外洩，立即會造成 3,400 以上的人死亡，45,000 人會在十至四十年中因癌症而致死，244,000 人將患甲狀腺症，且會有 5,100 種遺傳病狀產生，以及 140 億以上美元的財產損失。

一九八六年蘇聯徹諾比核電廠事故，就是反應器爐心熔化，大堆石墨起火燃燒，爐心裏的核燃料微粒被昇騰的大火送入高空，隨風飄浮到東歐、西歐、北歐乃至東亞，形成放射性的落塵，而引起全世界震驚。

除了反應爐外，核能電廠產生的放射性廢料，亦均是劇毒的物質。這些廢料如鈽 239 的半衰期即長達 24,700 年。如果廢料未加適當處理，外洩出來的話，每年將導致成萬的癌症患者。因此，如何妥善處理核能電廠的放射性廢料，使不致遺害萬代子孫，乃是科技界最感頭痛的事，也是各國反對設置核能電廠者所堅持的主要理由。

通常核能電廠會產生四種不同的廢料：（一）為分裂後廢料；（二）為高、中、低度輻射液體廢料；（三）為高、中、低度輻射固體廢料；（四）為氣體廢料。反對核能發電的人士均認為科技界至今尚未尋出一種能夠安全處理各種廢料的方法。現行的一些處理辦法都僅是暫時性而已，因此充滿着許多潛在的危機。

此外，反對核能發電者對核能發電的經濟性亦感到懷疑。他們認為與其在核能科技尚未成熟，即貿然去冒險而不顧其潛在危害性，倒不如致力於無潛在危害的太陽能、地熱、水力及海洋能等之研究開發。

贊成核能發電者則認為雖然核分裂會製造許多劇毒的放射性物質，但由於科技的進步，許多潛在的危害均可在週密的考慮下予以有效地控制。美國三哩島事件雖震驚世界但卻無任何一人死亡，這正說明核能電廠的安全設計和措施，具有相當的實效性。瑞典籍的核能專家艾克隆博士（Dr. Sigvard Eklund）於一九八〇年接受讀者文摘訪問時即指出：「事實上，利用核能發電，二十多年來並沒有一個人因輻射而死或重傷，也沒有發電廠曾散發出大量的放射線。三哩島是歷年來最嚴重的意外，但是它的系統終於支撐住了，放射線也受了控制。」

有「氫彈之父」之稱的泰勒博士（Dr. Edward Teller）亦於一九七九年七月三十一日在華爾街日報刊載的「我是三哩島事件唯一的受害者」一文中說：「三哩島事件使我們學到了核反應器比我們想像的要安全。三哩島事件雖已耗費了五億美元，但並沒有損失任何一條生命。為了安全，我們必須要付出代價，即使把我們付出的代價算進去，核能仍然是最便宜的電力來源。」

瑞士科學院亦曾於一九八二年發表一本厚達一百頁有關核能電廠安全的報告，認為使用核能和人類的任何行為一樣，總是具有危險性。只是該報告肯定地指出地震、大火災或飛機失事等，均比核能電廠事故更具死亡和災害的危險度。這份報告當時所估計的核能發電危險度，不但包括了核能電廠的運轉，而且涵蓋整個燃料循環和廢料儲藏等過程。報告中並由技術觀點，摘述核能電廠如何應付這一類的危險度。

總之，贊成核能發電者，均認為科技的進步已可以有效控制核能電廠的潛在危害，實不必因噎廢食而阻礙核能科技的發展。

六、核能電廠的防護措施

為確保核能的安全使用，核能電廠採行的防護措施，通常可從核電廠本身的防護及核電廠對員工所提供之防護，兩方面來加以說明。

（一）核電廠本身的防護

核電廠本身採行的安全防護措施，主要包括：放射性物質的保存、反應爐意外的避免 、 核能電廠四週環境的評估 ， 以及核能廢料的處理等，茲簡要分述如次：

1. 放射性物質的保存：

輻射本身雖然看不見亦摸不著，而且具有極強的穿透力，但只要有足夠的屏蔽，仍可以有效地予以抵擋。因此核電廠的放射性物質，均被圍封在一層又一層的屏蔽裏面。首先是將鈾燃燒成高密度的陶瓷鈾燃料丸，再把它放入鋯金屬的燃料棒內。然後將數小根的燃料棒有秩序地排列成燃料束，再將燃料束置於 8 吋厚的鋼製反應爐中，並加滿水（水也是良好的輻射屏蔽物）。反應爐外面再圍上 5 呎厚由鋼筋水泥做成的圍阻體，在圍阻體裏面還襯一層鋼板，最後還由密閉的核能電廠廠房包圍住。由於有一層層嚴密的屏蔽，放射性核燃料的輻射，乃不得外洩。

2. 反應爐意外的避免：

核能電廠均有針對各種可能狀況的安全設計，尤其對反應爐的防護更是嚴密。只要核電廠有任何一部份出毛病，反應爐均可由控制中心立即停機。通常是利用含有硼元素的控制棒插入爐心，中和促進核分裂的中子數，而使原子核分裂的速度立即減緩。萬一控制棒無法即刻插入爐心，亦可將備用的硼液迅速打入，而使連鎖反應停止。當爐心反應過熱

時，亦有緊急冷卻設施，可將幾十萬加侖的水，迅速打入反應爐內，使其在最短時間內急速冷卻，而不致造成任何的傷害。

3. 核能電廠四週環境的評估：

為了解核能電廠對週圍環境及可能造成的影響，通常核電廠均設有長期的環境監測系統，定期或不定期地進行四週生物的觀察試驗，並檢驗鄰近的海洋或河川，以測試核電廠所排放廢水是否會影響其生態。此外，還有對蔬菜、水果、土壤的檢驗，及進行空氣的測試，以確實掌握核能電廠四週的環境品質。

4. 核能廢料的處理：

核電廠的廢料除了放射性較強的鈾廢料外，尚有放射性較低的固體、液體及氣體廢料。鈾廢料大多可經再處理後製成新的燃料，惟因其含有可轉移製造核子武器的鈽 239，因此，頗為國際原子能總署的關切，不但列有詳細的帳冊，且定期派員清點稽查。目前鈾廢料的處理是將用過的燃料棒自反應爐吊出，然後直接貯藏在冷卻池中。固體廢料的處理，如受污染的手套、工具及廢機件等，是將其灌水泥後直接壓縮裝桶，先在電廠內的儲存庫中存放二至三年，讓放射性充分衰退後，再運往國家待處理廢料儲存場，存於地下鋼筋混凝土建築物內，等待作終期處理。大部份的液體廢料都經淨化處理後，收回再使用，僅有極少部份係經取樣分析確認無害，再用海水大量稀釋，並在儀器監測下排出廠外。至於氣體廢料的處理，首先設法使水份移除，再利用低活性炭吸附，使其放射強度衰退，並經多重過濾，最後仍在儀器監測合於規定之後再排放。由此可見核能電廠對廢料的處理均極為慎重，以避免有任何的放射性物質外洩，而對生物及環境造成傷害。

（二）核能電廠對員工提供的防護

為使員工均能在安全的環境下工作，核能電廠亦會對員工提供嚴密的防護措施，以避免因過度暴露而發生任何的傷害。核電廠對員工提供的防護，主要包括如下數項。

1. 標設管制區

設置輻射管制區的主要目的乃在標示核能電廠內的環境特質，以提醒注意或管制有關工作人員，使其不致遭受輻射的污染。通常核能電廠依其環境的不同，分為如下五種示警區，而在每一示警區均張貼有明顯的輻射示警標誌，這些標誌除黃底紫紅色圖形外，尚有文字說明注意或危險字樣，以及該輻射區可能造成的危害與應注意事項。

(1) 輻射區：凡是輻射量大於每小時 5 毫侖目的區域即列為輻射區，進入此一區域，按規定應配帶個人的劑量佩章和筆型劑量計。

(2) 高輻射區：凡是輻射量大於每小時 100 毫侖目之區域，則列為高輻射區，進入高輻射區亦需配帶個人的劑量佩章及高劑量的筆型劑量計。

(3) 放射物質區：處理或儲存放射性物質的區域，即列為放射物質區，通常亦會有輻射的污染。

(4) 污染區：凡是已知或可能具有輻射的地區，均列為污染區，這些地區通常會以黃紅相間的繩索加以圍籬，並貼上污染區的標誌。

(5) 放射性空浮區：凡在空氣中含有高濃度放射性物質的地區，即列為放射性空浮區，在此區域內工作均需配帶呼吸面具。

人員進入以上各種示警管制區內工作，必須遵守如下的一些規則：

(1) 進入管制區即不得飲食、抽煙或嚼口香糖，以減少吃入放射性物質的危險性；

(2) 進入示警區工作前，應先詳細閱讀懸掛於進口處的輻射工作許可證（即 RWP），並確實按照其規定穿戴防護衣物，遵守有關的注意事項及特別指令等；

(3) 開始工作前必須在 RWP 上登記時間，並依據工作區之輻射狀況，預估可以在該地區停留的時間；

(4) 在示警區內工作應隨時查看個人攜帶的筆型劑量計，且避免觸摸各種物品；

(5) 工作時如受污染或輕傷，離開輻射區後應到管制站接受保健人員的偵測及療傷。

2. 控制輻射暴露

核能電廠為減少工作人員受到輻射的污染，通常會採取如下三項基本措施，儘量加以防範。

(1) 縮短在輻射區工作的時間；

(2) 設法將工作移至非輻射區；

(3) 在放射源四週加上屏蔽，以減少輻射強度。

3. 採取適當的緊急行動

核能電廠為確保工作人員的安全，均有各種緊急情況警報系統的設置，當有任何緊急事故發生時，警報系統會自動發出警示信號，或直接通知現場人員如何採取緊急行動。

4. 提供安全防護器具

核能電廠提供的防護器具，主要有個人防護衣及呼吸器官防護具。

凡進入輻射污染區工作，均需按規定穿上個人防護衣包括：頭罩、手套及鞋套等，且在接縫處必須使用膠布黏妥，以防污染由此滲入。

如果在放射性空浮地區工作，則除防護衣外，尚需配帶呼吸器官防護具，以濾去空氣中所含之放射塵埃及微粒，或直接供給新鮮空氣，以

免受到污染。

七、結　語

　　從本章的分析，可以發現核能科技的發展和應用，已是現代工業社會不可或缺的重要一環。但輻射會對人體造成嚴重的傷害，亦是千眞萬確的事實。尤其放射核種的輻射，不僅對人類軀體造成直接傷害，亦會遺害後代子孫，其危險性絕不容忽視。核能發電雖是可以利用的能源，但推展時必須審愼行事，絲毫不能掉以輕心。如何做好各種全安評估、有關防護措施及緊急危害控制等，確實值得我們關心和重視。

第十三章　個人防護

一、引　　言

　　設法以工程或技術方法改善工作環境，固然是確保操作人員安全健康的最根本辦法，亦一直是工業安全衛生專業人員共同努力的目標。但事實上，我們都曉得工作環境中的許多潛在危害因素，往往是無法以工程或技術方法完全加以控制或消除的。因此，如何有效使用防護具，做好個人防護工作，以確保身體免於受到傷害，亦是工業安全衛生必須討論的課題。本章即將針對此一主題加以探討，讀完本章，您將了解：

1. 個人防護的意義與防護具的種類；
2. 頭部的防護具及其使用方法；
3. 耳部的防護具及其使用方法；
4. 眼睛及臉部的防護具及其使用方法；
5. 手部的防護具及其使用方法；
6. 腳部的防護具及其使用方法；
7. 身體的防護具及其使用方法；

8. 呼吸器官的防護具及其使用方法;

9. 預防墜落的防護具及其使用方法。

二、個人防護的意義

個人防護係指讓在具有潛在危害作業環境中之工作者,配帶適當的個人用防護具 (Personal Protective Equipment),以直接保護身體的某些部位甚至全部,使其免於與有害的因素接觸而受到傷害,或使可能受到的傷害盡量減至最小。由於工作環境之改善,往往無法完全根除所有的潛在危害因素,因此,個人防護亦就成為確保工作人員安全健康的最後一道防線。

個人防護具的使用,不僅實質上可以達到保護身體的任何部位免於受到傷害,同時亦可增進工作者心理上的安全感。通常在比較危險的工作環境中,操作者在心理上難免會產生恐懼,如果能使用適當的個人防護具,必然會使其產生安全感,進而可以提高工作效率。

表面上看來,個人防護應該是一件非常簡單的工作,因為只要正確使用適當的防護具,即可達到預期的效果。惟事實上,真正實施起來,還是會遭遇到一些困難,最常見的如:

1. 一般工作者大多缺乏警覺性與危險意識,而不按規定配帶個人防護具;

2. 有些人可能會因為不好意思,或認為配帶防護具不美觀,而拒絕使用;

3. 亦有人可能會因為配帶防護具使人感覺不舒適,或影響工作效率,而不喜歡使用;

4. 更有一些人可能會認為是否配帶防護具乃係個人的事,實用不

着領班、安全衛生人員或雇主去操心。

　　以上這些都是在推展做好個人防護工作時，經常遭遇的問題，必須設法加以克服。

三、個人防護具的種類

　　個人防護具的種類很多，從人體的頭部到腳部都有各種不同的防護具，以因應實際需要。如圖 13-1 所示，工作上較常使用的防護具，可概分為如下幾類：

1. 頭部防護具：安全帽
2. 耳部防護具：耳塞、耳罩
3. 眼睛及臉部防護具：安全眼鏡、防護面罩
4. 手部防護具：安全手套
5. 腳部防護具：安全鞋
6. 身體防護具：防護衣、防護圍裙
7. 呼吸器防護具：口罩、防毒具
8. 預防墜落防護具：安全帶、防護索

以上各種個人防護具及其使用方法，我們將在以後各節中分別加以討論，此處僅就個人防護具的一般配帶原則列述如下：

1. 依照環境及工作性質之需要，選用最適當的防護具；
2. 防護具的配帶應以方便舒適爲宜，對工作的干擾越少越好；
3. 防護具必須合乎安全規格的要求，選用名廠出品或經國家檢定合格者；
4. 使用者必須了解防護具的性能、規格與清潔維護方法。

眼睛及臉部防護具:
● 安全眼鏡
● 防護面罩

頭部防護具
● 安全帽

呼吸器防護具
● 口罩
● 防毒具

耳部防護具
● 耳塞
● 耳罩

手部防護具
● 安全手套

身體防護具
● 防護衣
● 防護圍裙

預防墜落防護具
● 安全帶
● 防護索

脚部防護具
● 安全鞋

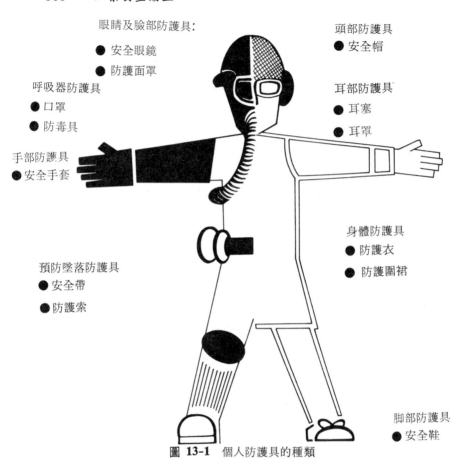

圖 13-1 個人防護具的種類

四、頭部的防護

頭部是人體的神經中樞,負責各種訊息的傳送與司令,係人身體的最重要部位,應該加以防護。頭部的防護具就是俗稱的安全帽,其種類主要可分為:一般用安全帽、電氣用安全帽及裝卸用安全帽。

1. 一般用安全帽:主要在防止頭部被外物擊傷,適用於有物體飛來或掉落危險的工作場所。

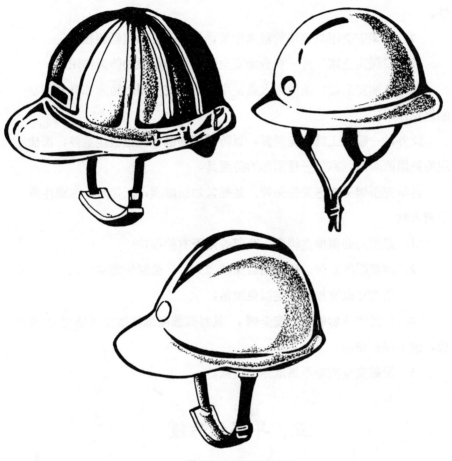

圖 13-2　各型安全帽

　　2. 電氣用安全帽：是以防止頭部遭受電擊爲主要目的，適用於高
壓活線作業或活線接近作業。

　　3. 裝卸用安全帽：適用於貨物裝卸及搬運作業，可避免堆積物滑
落時，頭部受到傷害。

　　亦有人將一般工作場所使用的安全帽分爲A、B、C、D四類：

　　1. A類安全帽：適用於一般工作，可防撞擊，並具有相當的絕緣

性。

2. B類安全帽：適用於電氣作業，具有高度的電壓絕緣性。

3. C類安全帽：是一種金屬安全帽，並無電壓的防護作用。

4. D類安全帽：係消防人員使用的防火安全帽，通常亦具有相當的絕緣作用。

此外，一般女工爲遮掩頭髮，以防被轉動機件纏捲發生意外，而使用的便帽或頭巾，亦是一種頭部的防護具。

各種安全帽平時應妥善保管，並經常加以維護，配帶時，亦應注意下列各點：

1. 戴用前必須檢查帽殼、套帶等是否有損傷；

2. 調整帽內套帶，使與帽殼保持 25～35 公厘的間隙；

3. 頤帶應確實扣緊固定以免脫落；

4. 曾受墜落物衝擊之安全帽，其材質強度或絕緣性可能遭到破壞，應不得再使用；

5. 配戴安全帽時不斜戴亦不歪戴。

五、耳部的防護

耳部的防護主要在防止噪音，以免聽力受到傷害。耳部防護具通常可分爲：覆蓋式的耳罩和插入式的耳塞兩種。

1. 耳罩：其形狀如聽音響或電話接線生的杯型耳機，是以覆蓋耳朵外部的方式，阻隔或減少噪音。耳罩的阻音效果與其大小、形狀及襯墊材料有關，通常液體或油質填充的襯墊比一般的塑膠或海綿爲佳。

2. 耳塞：是一種特製的耳朵塞子，以插入耳道的方式阻隔噪音，其形狀有一般型及三片型，如按功能則可分爲：全遮音和半遮音兩種，

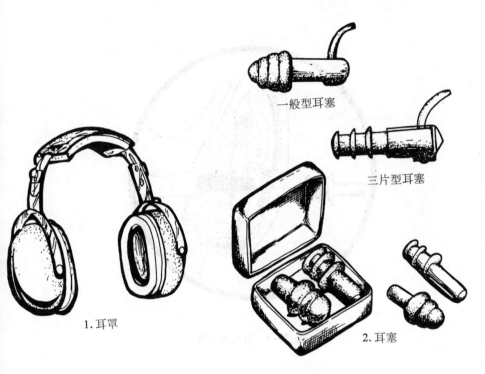

一般型耳塞

三片型耳塞

1.耳罩

2.耳塞

圖 13-3　耳部的防護具

前者可阻隔各種高低頻之聲響，後者則僅阻隔高頻之噪音，而一般談話的聲音仍清晰聽見，使用起來較為方便。

使用或配帶耳塞時，應注意如下事項：

1. 由於個人耳孔大小不同，因此應選擇合適者配帶；

2. 儘量選用材質優良及對皮膚無刺激作用者；

3. 避免使用別人的耳塞，以防止細菌的可能感染；

4. 耳塞應經常以清潔劑清洗，以保持乾淨；

5. 噪音大的工作場所，可先戴耳塞再加戴耳罩，以增進其防護效果。

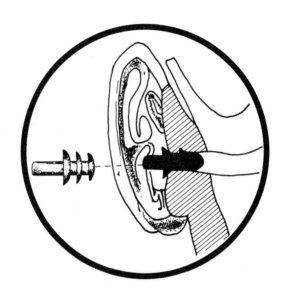

圖 13-4 耳塞的配帶

六、眼睛及臉部的防護

眼睛是人的靈魂之窗，亦是人體中非常脆弱的器官，稍一不慎，可能即會造成無法彌補的傷害。在一般工作場所中，危害眼睛的因素較常見的有如下幾種：

1. 有害光線；
2. 飛屑、微粒或粉塵；
3. 有毒的化學濺液或氣體；
4. 熱金屬熔液。

針對以上的危害因素，眼睛的防護具通常可分爲：防塵眼鏡、遮光眼鏡及防化學物質的眼鏡三種。

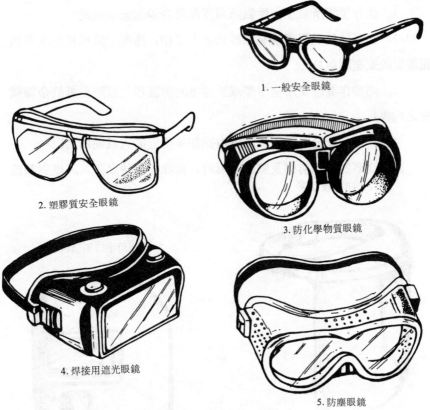

1. 一般安全眼鏡

2. 塑膠質安全眼鏡

3. 防化學物質眼鏡

4. 焊接用遮光眼鏡

5. 防塵眼鏡

圖 **13-5**　各種安全防護眼鏡

1. 防塵眼鏡：主要用於研磨、切削及鑿岩等作業，以防止飛屑或粉塵傷及眼睛。

2. 遮光眼睛：主要用於焊接及熔爐等作業，以防止紅外線或紫外線等有害光線傷及眼睛。

3. 防化學物質眼鏡：是一種密閉的杯型防護眼鏡，主要是在防止有毒化學物質因噴濺而傷害眼睛。

安全防護眼鏡又可依其形狀分為：普通眼鏡型、眼罩杯型、一眼型和風鏡型等多種。使用眼睛的防護具時應注意下列事項：

1. 依作業場所或工作性質選用或配帶合適的安全眼鏡；

2. 從事除銹、研磨或有酸鹼飛液之工作，應配帶眼罩杯型或有側面護板的安全眼鏡；

3. 焊接作業應使用全帽型或手持型的防護罩，以防止飛散金屬微粒之灼傷；

4. 一般型安全眼鏡應以靠近有關作業附近的人員使用為限。

如果從事的作業有傷及臉部之虞時，則除了眼睛之外，亦應對臉部

1. 一般用防護面罩

3. 焊接用手持型防護面罩

2. 焊接用配帶型防護面罩

圖 13-6　常見的防護面罩

加以保護。臉部的防護具通常即稱爲防護面罩，爲因應實際的需要，防護面罩有各種不同的型式，較常見的如圖 13-6 及圖 13-7 所示。

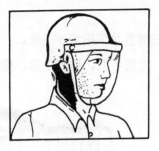 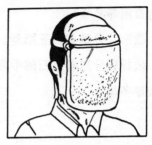

圖 13-7　防護面罩的配帶

　　一般而言，爲確保眼睛及臉部免於受到傷害，在從事下列作業時應按規定配帶適合的防護面罩：

　　1. 有熔融金屬液或火花飛散的作業；

　　2. 暴露於強烈輻射熱的作業；

　　3. 有酸鹼液或其他有毒化學物質飛濺的作業；

　　4. 有金屬飛屑或其他物體可能傷及眼睛及臉部的作業。

七、手部的防護

　　手部的防護具通常稱之爲安全手套，可按其功能、形狀及材質分爲

各種不同的類型：

　　1.　依功能分有：一般作業用、焊接用、耐熱用、防止感電用和處理輻射物質用等多種；

　　2.　依形狀分則有：五指型、三指型及二指型等三種；

　　3.　依材質分亦有：石綿手套、皮質手套、棉質手套、橡膠和乙烯樹脂手套等多種。

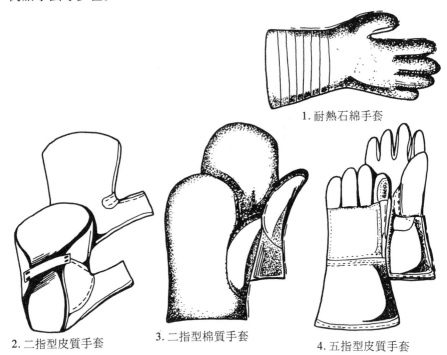

1.耐熱石綿手套

2.二指型皮質手套　　3.二指型棉質手套　　4.五指型皮質手套

圖 13-8　各型安全手套

　　使用安全手套應該注意的事項主要有：

　　1.　配合工作需要選用合適的安全手套；

　　2.　配帶手套之雙手必須能靈活運用，以不影響工作之進行爲原則；

3.　焊接時應使用焊接專用的手套，以防止灼傷及感電；

4.　使用防止感電之安全手套時，應確實了解其最大的絕緣電壓值；

5.　某些旋轉性的作業如鑽孔、車削等不可使用手套，以免被夾捲而造成傷害。

八、脚部的防護

脚部的防護具一般可稱爲安全鞋，亦可按其用途或型式分爲各種不同的類型：

1.　依用途分有：耐滑性、耐熱性、耐侵蝕性、耐貫穿性及耐電性

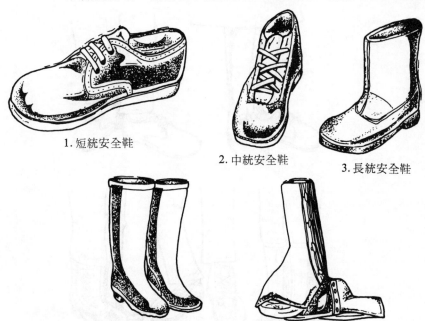

1. 短統安全鞋

2. 中統安全鞋

3. 長統安全鞋

4. 耐電壓安全鞋

5. 電焊用綁腿

圖 13-9　各型安全鞋

等多種；

　　2.　依型式分亦有：短統鞋、中統鞋、長統鞋、綁腿及腳面蓋板等多種。

　　穿着安全鞋應該注意的主要事項有：

　　1.　經常保持鞋內的乾淨；

　　2.　可能時應備置二雙以上，以交替穿用；

　　3.　皮革受熱或被鹼侵蝕時，非常容易變質，應注意保養；

　　4.　橡膠製成的安全鞋，如長期使用會老化而使絕緣性能退化，使用時應多加注意；

　　5.　各種安全鞋平常應多作保養及維護，一發現有損壞時，即應予以淘汰而不再使用。

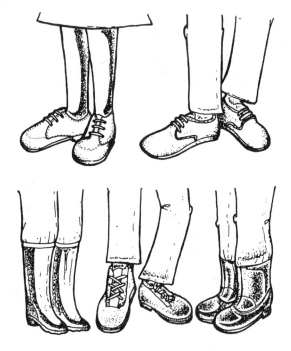

圖 13-10　各型安全鞋的穿着

九、身體的防護

　　身體的防護除了應有適當的穿着外，必要時應依據作業場所的環境或工作的性質穿着適當的防護衣。防護衣亦可按其用途或型式分爲如下幾種不同的類別：

　　1. 按用途分，常見的有：一般用防護衣、防熱衣、防凍夾克、靜電衣、絕緣衣、耐腐蝕衣及處理輻射性物質用防護衣等。

　　2. 按型式分則有：一般工作衣型、手術衣型、前圍型、完全防護型及腿罩型等多種。

　　使用或穿着防護衣，應該注意的事項有：

　　1. 確實了解防護衣的性能及其用途；

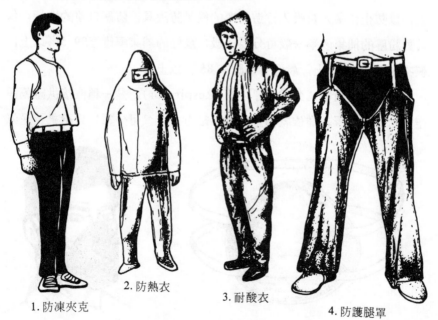

1.防凍夾克　　2.防熱衣　　3.耐酸衣　　4.防護腿罩

圖 13-11　身體的防護

2. 依據工作的需要選擇適當型式的防護衣穿着；

3. 平時應做好防護衣的保養與維護工作， 發現有損毀時立卽更換；

4. 上衣袖子應將鈕扣扣緊，亦不得穿着如領帶等可飛揚，而易被捲入機械的服裝。

十、呼吸器官的防護

呼吸器官的防護旨在防止有害的氣體、蒸氣或粉塵等經呼吸器官進入人體，其所使用的防護具主要包括：防塵口罩、呼吸面罩及防毒面罩三大類。

1. 防塵口罩(Dust Mask)：是一種利用罩住嘴巴和鼻子的過濾裝置，以防止作業人員吸入浮遊粉塵的簡易防護具。防塵口罩的性能，依其對粉塵的捕集效率一般可分爲三級：最好的捕集率應達99.5%以上，較次者爲95%以上，最低者亦應在85%以上。

2. 呼吸面罩：又稱爲呼吸器(Respirator)，是一種直接供應乾淨空氣的防護裝置，唯依乾淨空氣的供給方式，又可分爲：自給式及送氣

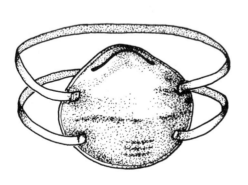

圖 13-12　防塵口罩

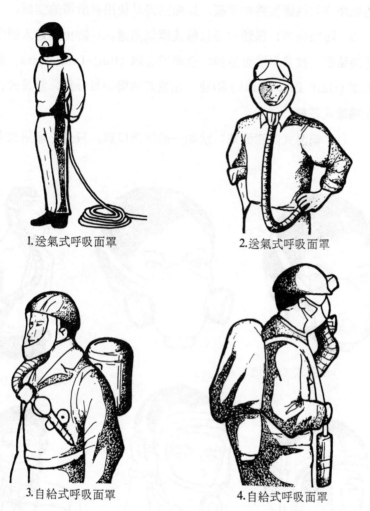

1.送氣式呼吸面罩　　　　　　2.送氣式呼吸面罩

3.自給式呼吸面罩　　　　　　4.自給式呼吸面罩

圖 **13-13**　呼吸面罩

式兩類，詳見圖 13-13。

　　（1）自給式呼吸面罩：係指供應的乾淨空氣由面罩使用者自行携帶，通常是以裝在氣罐或氣筒的方式，掛置於胸前或背在背部。

　　（2）送氣式呼吸面罩：係在面罩上牽引一條長的輸氣管，再與遠

處的乾淨空氣供應裝置相連接，以輸送面具使用者所需的空氣。

　　3. 防毒面罩: 係將有害氣體或蒸氣過濾，以防止其進入體內的一種防護裝置。按其形狀可分為: 全面型面罩 (Full-face Mask) 和半面型面罩 (Half-face Mask) 兩種。如按其結構則可分為: 簡易式、直結式和隔離式三種。

　　(1) 簡易式防毒面罩: 狀如一般防塵口罩，只是它能過濾有毒氣

1. 簡易式 (半面型)

3. 分離式 (全面型)

2. 直結式 (全面型)

4. 分離式 (全面型)

圖 13-14　各型防毒面罩

體或蒸氣，而防塵口罩僅能捕集浮遊粉塵。唯此種防毒具僅能在有害氣體含量在 0.1% 以下的工作場所中使用。

(2) 直結式防毒面罩：係指面罩與防毒罐或毒氣吸收罐直接連結的一種防護裝置，通常亦僅能在有害氣體濃度在 1% 以下的工作場所中使用。

(3) 隔離式防毒面罩：係指面罩與毒氣吸收或過濾裝置分開的一種防毒面罩，其防護效能通常較前述的簡易式及直結式爲高，適合在有害物質濃度較大的工作場所使用。

茲就使用或配帶防塵口罩、呼吸面罩及防毒面罩應注意的事項，分別說明如下：

1. 防塵口罩：

(1) 應注意口罩與臉部的密接性，但亦不宜過緊而感不適；

(2) 過濾材料有異常或劣化時，應不再使用；

(3) 過濾材料不得用水洗滌，且在一定期間應予更換；

(4) 口罩各部位如有損壞，應即刻換新；

(5) 在缺氧的處所不得配帶防塵口罩，以免發生意外。

2. 呼吸面罩：

(1) 配帶的同時應即打開送氣的關止閥；

(2) 工作中如發現有異常感覺，應立卽退避安全處所並詳加檢查；

(3) 當呼吸面罩上的警告器鳴作時，表示氧氣卽將用盡，應迅速退避安全處所；

(4) 未到達安全處所，切勿卸除面罩；

(5) 使用送氣式呼吸面罩時，供氣裝置的電源或插座應予標明，並設監視人員監視之。

3. 防毒面罩：

(1) 根據實際需要選擇適當的防毒罐，並確認其有效的使用時間；

(2) 使用之前應詳細閱讀說明書，並充分練習正確的配帶方法；

(3) 使用時應做「氣壓檢查」，以免漏氣中毒；

(4) 使用後應將附着之有害物擦拭乾淨，再予適當存放；

(5) 當有害氣體濃度超過 2%，或空氣中氧的含量在 16% 以下時，不能使用防毒面罩。

十一、預防墜落的防護

預防墜落的防護具通稱為安全索，較常見的安全索有如下三種主要類型：

1. 桿上型安全索；

2. 腰圍型安全索；

3. 跨股型安全索。

使用安全索應該注意下列事項：

1. 使用前應詳細檢查所有金屬配件有無損壞情形；

2. 使用時鉤子套進口型環扣時應特別留意是否確實鉤住或套緊，並嚴防脫落；

3. 如有焊接作業，應注意切勿使火花燒損安全索；

4. 使用安全索時，切勿將工具夾於腰帶或放置於口袋內，以防萬一墜落時傷到身體；

5. 安全索極易汗濕或受潮,應經常清洗並使之充分乾燥後再使用。

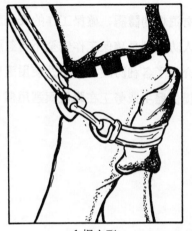

1. 桿上型

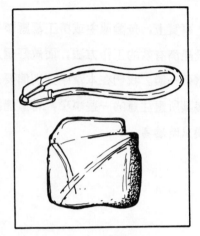

2. 腰圍型

3. 跨股型

圖 **13-15**　常見的安全防護索

十二、結　語

誠如我們在前言中所說：個人防護是維護勞工安全健康的最後一道防線，唯截至目前似乎一般雇主及勞工並沒有注意到使用個人防護具的重要性，甚至有人認為配帶個人防護具只會使人礙手礙腳而影響工作效

率。事實上，無論雇主或勞工都應該有這樣的體認：確保工作的安全就是最經濟有效的工作方法，而做好個人防護則是確保工作安全不容忽視的重要一環。我們在本章中分別簡要介紹了各種防護具，以及使用這些防護具所應注意的一些事項，希望能提供雇主或勞工在購置與選用個人防護具時參考。

第十四章 工業急救

一、引　言

工業安全衛生的推動，固然希望透過有效的管理與工程技術，亦即採行適當的軟、硬體措施，以設法減少意外事故的發生，並使勞工可能因事故而導致的傷害減至最少，甚至消弭於無形。唯事實上，在各種不同的工作環境中，往往由於許多因素的湊合，以致發生不幸的職業傷害事件，仍無法完全避免，更何況人無百日好，所有員工難免不在工作時間內，罹患急性疾病。當有上述情況發生時，除了應該採取緊急的應變措施外，對傷患施予必要的急救，以穩住病情的惡化，亦相當重要。因為往往在發生意外到送醫之前，需要有一段時間，如果處置不當，或未採取適當的急救措施，很可能會因延誤救助，而造成更嚴重的傷亡。

急救是一種實際的技能，需要平時多加演練，否則面臨實際狀況時，常會心慌意亂，而無法有效達成預期的效果。本章即擬對工業急救的要領與方法，分項作簡要的討論，讀完本章您將了解：

1. 工業急救的一般原則與實施要領；

2. 窒息的急救要領與方法；

3. 創傷及出血的急救要領與方法；

4. 休克的急救要領與方法；

5. 骨折的急救要領與方法；

6. 燒傷及燙傷的急救要領與方法；

7. 中毒的急救要領與方法；

8. 傷患的搬運要領與方法。

二、工業急救的原則與要領

工業急救係指給予遭意外傷害或突發急病患者，在正式得到醫師診治之前，利用當時環境中可供運用的一切設備及材料，按一定原則所採取的立即和臨時性的照料，以達成下列幾項目的：

1. 拯救及維持生命；

2. 防止傷病情況的惡化；

3. 減輕傷病患者的痛苦與不安；

4. 保持傷病患者的體力並促使其恢復；

5. 必要時儘速運送傷病患者至醫療處所。

緊急處理傷病時，急救人員應該負責的工作，主要包括：

1. 掌握情況：審慎判明及評估整個情況的發展，以確實了解及掌握事實的原委。

2. **辨明原因**：診斷或辨別造成傷害的原因，或病人臨時罹患的疾病。

3. 立即處置：對於傷患立即給予適當的處理，此時必須切記：傷患之受傷部位可能不止一處，而且可能還有其它人的情況更爲嚴重，需

要優先予以照料或救助，通常呻吟吵鬧最劇者，並不一定是受傷最為嚴重的人。

4. 處理善後：不要遲疑，應該立刻按照傷病的嚴重程度，安排就醫、住院或護送回家療養。當傷病者已轉交醫師、護理人員或其它適當人員照料，急救者並將整個情況與處理過程報告接管人員，且確定沒有可幫忙之處時，急救的工作始告完成。

一般而言，實施工業急救應注意如下一些基本的要領，以期使急救工作能順利進行，並圓滿達成任務：

1. 迅速採取行動，鎮靜地對最急迫的狀況給予優先處理；
2. 確定對傷患及自己均無進一步的危險；
3. 將傷患安置於正確姿勢；
4. 維持呼吸、控制出血、考慮有無中毒可能，並設法防止休克；
5. 不要讓閒雜人等圍觀，以免防礙急救工作；
6. 不可隨便給予傷患食物或飲料；
7. 如非必要，不可脫除衣服；
8. 仔細觀察並記錄傷患的狀況以及其變化；
9. 不要重覆不斷地詢問傷患，增加其困擾；
10. 必要時，毫不遲疑地將傷患送醫處理。

三、窒息的急救

窒息通常是由於人體組織缺乏足夠的氧氣所引起，其一般症狀為：

1. 呼吸困難甚或停止呼吸；
2. 嘴唇和指甲呈藍色；
3. 嘴角可能有泡沫；

4. 神志不清或完全喪失。

至於在工作場中，導致人員窒息，不外乎有如下幾種可能的原因：

1. 空氣含氧量不足，或大氣壓力劇變，而引起的缺氧現象；

2. 因電擊或中毒，而使大腦或神經系統受損；

3. 呼吸器官受到重物壓迫；

4. 呼吸管道被食物、嘔吐物或其它異物堵塞。

由於窒息不論其發生原因如何，均有可能導致死亡，因此，當發現人員有窒息現象時，應立即施予緊急復甦術，以設法挽回其生命。常使用的緊急復甦術有如下幾種方法：

（一） 人工呼吸法

當傷患不能呼吸時， 應先檢查氣道是否堵塞， 如在確定氣道暢通後，傷患仍無法呼吸，則應開始實施口對口人工呼吸。

1. 將患者置於仰臥位置；

2. 置一手於患者頸下，置另一手於患者前額，擡起頭部並使向後仰；

3. 將置於患者前額之手指捏住其鼻孔；

4. 深呼吸後，對準患者之口吹氣，至見其胸部突起；

5. 將口移開，讓患者自行呼氣，作另一次深呼吸；

6. 見患者胸部落下時，繼續重覆上述步驟，每分鐘約實施12次，直至呼吸恢復正常爲止。

如果向患者吹氣，不見其胸部突起，表示氣道尙被堵塞，應將傷患翻轉，輕捶其背並檢查其喉嚨後部有無異物，如有時卽將之去除，再繼續實施人工呼吸。

（二）胸外壓心法

如果發現傷患心臟已不跳動，急救人員應以手側部猛擊其胸骨下端之左方。如尚無反應，可再規律地捶擊其胸部，每秒一次，若十秒鐘後心臟仍不跳動，則應開始實施胸外壓心法。

1. 置一手手掌之根部於胸骨下端上方約 1～1.5 吋處；
2. 置另一手之根部於此手上；
3. 二臂伸直，使二肩位於患者胸骨之正上方；
4. 用力向下壓，使胸骨下陷約 1.5 吋，每分鐘至少重覆施壓 60 次。

實施胸外壓心所用之壓力須堅定而有控制，絕不可用力過猛，傷及肋骨及內臟器官。

（三）其他緊急復甦術

當傷患因臉部受傷，或其它原因而不能實施口對口及口對鼻人工呼吸時，可以採用下列兩種方法急救。

1. 席爾渥斯特法 (Silvester Method)：

（1）使傷患仰臥，並用摺疊外衣或其它襯墊，將其肩部墊高；

（2）使傷患之頭部儘量向後仰，以確保其氣道暢通，必要時可將他的頭偏向一側，以清除其口中異物；

（3）急救者橫跨傷患之頭部跪下，抓住他的雙腕，交叉置於其下胸部；

（4）將身體前傾，把體重經過雙手壓在傷患之胸上；

（5）放鬆壓力，並迅速將傷患之雙臂儘量向後向外拉；

（6）然後有規律地重覆 4 及 5 兩項動作，每分鐘約 12 次。

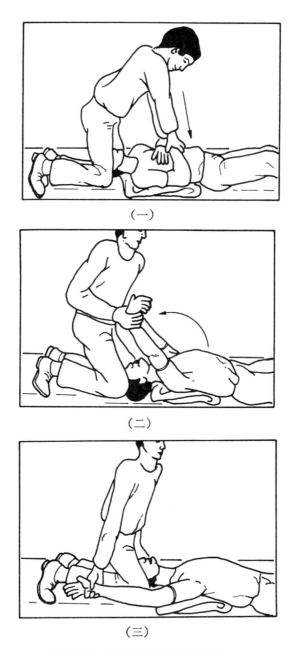

(一)

(二)

(三)

圖 14-1 席爾渥斯特緊急復甦法

2. 何嘉奈爾遜法 (Holger Nielsen Method)：

（1）使傷患俯臥，二臂拉至頭部，二肘屈曲，二手交疊，並將其臉部轉向一側，臉頰貼靠手上；

（2）急救者一膝跪於傷患之頭部，另一腳踏在接近其肘部之處；

（3）雙手置於傷患背部肩胛骨之下方處，二手伸直身體前傾，對傷患施予穩定壓力；

（4）然後，雙手握住傷患肘部上方之二臂，向後提起，至其肩部產生抗力為主，然後將其兩臂放下；

（5）連續重覆上述 2 ～ 3 動作，每分鐘約 12 次。

以上兩種緊急復甦方法，詳見圖 14-1 及圖 14-2 所示。

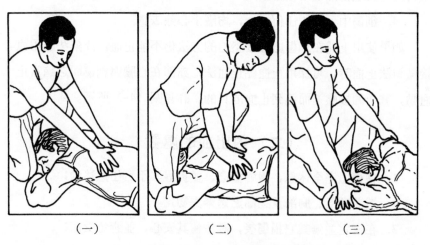

（一）　　　　　（二）　　　　　（三）

圖 14-2　何嘉奈爾遜緊急復甦法

四、創傷及出血的急救

創傷係指人體組織或內部器官遭到破壞，而有血液溢出。人體的出

血主要可分為： 內出血和外出血兩種， 前者是因為開放性的創傷所導致，血液會流出體外；後者則由於封閉性的創傷而引起，血液雖然不直接流出體外，但亦會直接影響血液循環。

(一) 大量外出血的控制

1. 置清潔的手巾或布塊於傷口上， 用手直接施加壓力 5～10 分鐘，如創傷面積大時，應輕輕壓迫傷口四週，使其合攏；

2. 使傷患躺於適當而舒適的姿勢，除非有骨折之虞，否則應將受傷部位擡高；

3. 如有敷料可供使用時，應將之直接覆蓋於傷口上，並用柔軟的墊料置於其上，然後用繃帶紮緊；

4. 創傷中可見的任何異物，均應小心除去。

如果使用上述在創傷處直接壓迫的方法仍不能止血，或無法應用直接壓迫法止血時，可採用止血點止血法，亦即在心臟與創傷間之適當止血點，施予間接壓迫而達到止血的目的，詳見圖 14-3 所示。

(二) 內出血的處置

1. 使傷患完全休息，兩腳擡高，並提醒其不可任意移動；

2. 鬆開頸部、胸部及腰部之過緊衣物；

3. 在確定並無其它損傷後，設法使其安心，並避免受涼；

4. 仔細觀察其呼吸與脈搏跳動情形，並加以記錄；

5. 盡量安靜與輕巧地將其送醫救治。

(三) 胸部深度創傷的處置

為預防空氣由傷口進入胸腔，壓縮肺部，應迅速採取下列措施：

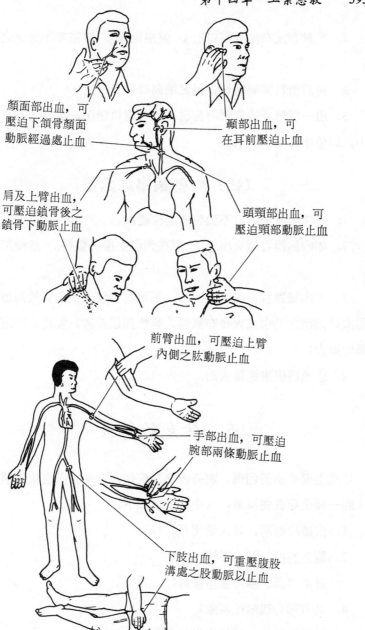

顏面部出血，可
壓迫下頜骨顏面
動脈經過處止血

顳部出血，可
在耳前壓迫止血

肩及上臂出血，
可壓迫鎖骨後之
鎖骨下動脈止血

頭頸部出血，可
壓迫頸部動脈止血

前臂出血，可壓迫上臂
內側之肱動脈止血

手部出血，可壓迫
腕部兩條動脈止血

下肢出血，可重壓腹股
溝處之股動脈以止血

圖 14-3　間接壓迫止血點的止血法

1. 置紗布或布塊於傷口上，並用塑膠、鋁箔等不透氣之材料覆蓋；
2. 再將敷料緊緊壓住，以密閉傷口；
3. 用一根帶子適度圍繞胸廓，以使傷口密閉，唯帶子的寬緊務必適中，以免呼吸受到限制。

（四）腹壁創傷之處置

1. 將傷患置於傷口不致裂開的位置；
2. 如內臟器官無突出時，可在創傷上覆蓋敷料，然後用繃帶紮緊；
3. 如內臟器官自傷口突出時，不可試圖將突出器官放回腹腔內，可用柔軟潔淨之毛巾或大紗布敷料，輕輕加以覆蓋，並將之固定，唯不可過份用力；
4. 急速將傷患送醫救治。

五、休克的急救

休克主要是由於創傷、劇痛或突發疾病，而使體內血液循環失衡所造成的一種全身虛弱現象，其症狀大致如下：

1. 皮膚冷而潮，且大量出汗；
2. 臉色蒼白，神志不清；
3. 自訴口渴、寒冷甚至發抖；
4. 常有噁心或嘔吐現象；
5. 呼吸快而淺，脈搏亦增加。

急救者在處理休克傷患時，應儘量不要搬動，亦不要讓他吃喝任何

東西，並迅速採取下列行動：

1. 使患者躺下，先處理其損傷或其它導致休克的原因；

2. 保持呼吸道暢通，如嘔吐應使其頭轉向一側，以免吐出物被吸入肺內；

3. 如無骨折應將傷患下肢擡高，使其頭部保持於較低的位置；

4. 鬆開頸部、胸部與腰部的衣物；

5. 口渴時可用水沾濡他的嘴唇，必要時亦可用毛毯覆蓋，以保持體溫；

6. 檢查脈搏及呼吸，並迅速將傷患送醫。

昏厥的初期症狀與休克雷同，主要係由於受到某種情緒或感覺的刺激，而使腦部血液呈暫時性的供應不足現象，以致感到暈眩，或突然虛脫。對於昏厥的處理，可充分利用重力原理，增加腦部的血液供應，即可使其逐漸康復。

至於對急性心臟病發作的患者，則應迅速採取下述的急救措施：

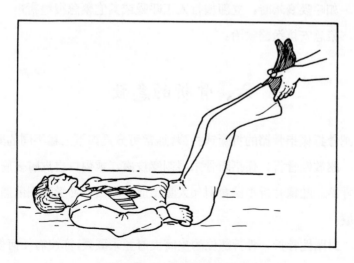

圖 14-4　昏厥的急救

1. 除非必要，不可移動患者，但須將他安置於最舒適的位置，通常是以半臥姿勢，將其頭與肩部用枕頭墊高，如圖 14-5 所示。

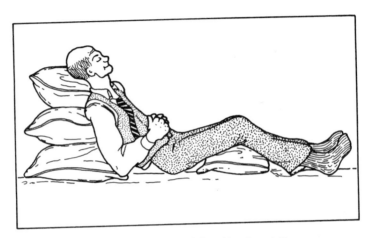

圖 **14-5**　給予急性心臟病患者的半臥姿勢

2. 將頸部、胸部及腰部之衣服鬆開；
3. 如呼吸衰竭時，立即施行人工呼吸或其它緊急復甦術；
4. 緊急安排送醫救治。

六、骨折的急救

所謂骨折係指骨骼的折斷或折裂，通常可分為如下三種不同的類型：

1. 開放性骨折：係指斷骨末端刺穿皮膚，或傷口自皮膚表層深至折斷的骨骼。此種骨折不僅會引起大量出血，亦因容易受到細菌感染而較難治療。

2. 封閉性骨折：骨折部位的皮膚表層並未破裂，亦沒有任何傷口，即稱為封閉性骨折。

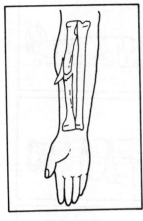
1.開放型骨折

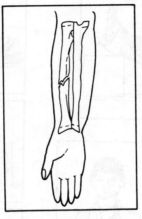
2.封閉性骨折

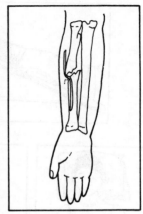
3.複雜性骨折

圖 14-6　骨折的種類

3.　複雜性骨折：　當骨折的同時併發身體其他組織或器官如：血管、神經、肺、肝等之損傷時，即稱爲複雜性骨折。

處理骨折傷患的一般原則如下：

1.　處理任何骨折之前，必須先處理患者之窒息、出血及嚴重創傷等情況；

2.　除非對患者或急救員有生命危險，否則在移動骨折傷患之前，應先將骨折部位予以固定或作適當處置；

3.　在獲得醫療之前，如需要長距離移動，或多處受傷時，需用副木加以支持；

4.　無論使用繃帶包紮或副木固定，均需有充足的墊料，以免感覺不適，或使皮膚擦傷；

5.　可能的話，應盡量使處理過後的骨折部位擡高，以減輕不適或腫脹。

至於對各種特殊骨折的處置，兹舉數例簡要說明於後：

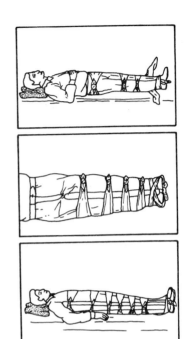
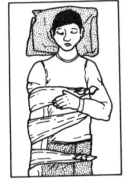

圖 14-7　各種骨折的包紮與固定

（一）顱骨骨折

顱骨骨折或斷裂，常會併發某種程度的腦損傷，且可能造成不同程度的神志喪失，應迅速採取下列措施予以救治：

1. 將傷患置於復甦姿勢，並予充分支持；

2. 了解傷患的神志清醒程度，並隨時檢查有無任何變化；

3. 如有血液或其他液體自耳道流出時，應以消毒敷料輕輕塞入；

4. 隨時檢查傷患的呼吸情形，必要時應施予人工呼吸；

5. 避免一切不必要的移動儘速送醫。

（二）脊柱骨折

脊柱骨折是一種極為嚴重而危險的傷害，如果處置不當，極可能使脊髓受到永久性損傷，而終生癱瘓。

1. 令傷患安靜不動地躺着；

2. 如易於獲得醫療時，用毯子覆蓋傷患，等候醫師前來處理；

3. 如不易獲得醫療時，應將傷患的肩部與骨盆部牢牢固定後，再予小心搬運；

4. 脊柱骨折傷患的最好搬運位置是使其臉朝上，絕不可採用復甦姿勢，以免使脊髓受到更大的傷害；

5. 不斷檢查傷患之呼吸情形，如發現呼吸衰竭或停止，應卽刻施予人工呼吸。

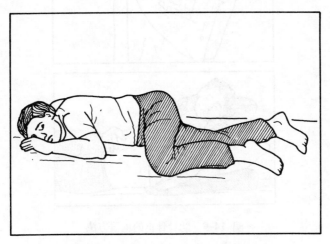

圖 14-8　脊柱骨折不得採用的復甦姿勢

（三）肋骨骨折

肋骨骨折常會損及肺臟及胸腔，而造成嚴重傷害，亦需要作妥善的處置。

1. 如僅單純骨折時，可用臂吊帶將上肢支持於受傷側，然後送醫；

2. 如係屬複雜性骨折，應立卽將胸部的開放性傷口堵塞，使密不

透氣；

　3. 然後使用三角吊帶將上肢支持於受傷側，再使傷患躺下，將其頭部與肩部擡高，而身體傾向受傷側；

　4. 儘速使用擔架送醫救治。

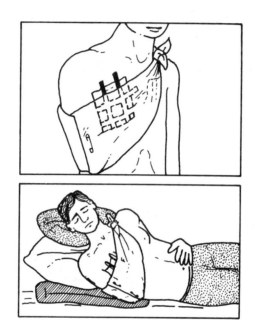

圖 14-9 肋骨骨折的處置方法

（四）脫臼

　脫臼係指關節處一塊或多塊骨骼之異位，較常發生脫臼之關節爲：肩、肘、膝、踝、手指及下頜。有時很難斷定到底是脫臼或骨折，因爲兩者可能同時發生，其處置要點爲：

　1. 使用枕頭或墊子及繃帶或吊帶將患部支持並固定於最舒適的姿勢；

　2. 不可試圖將脫位之骨骼恢復至正常位置；

3. 對所有疑問之傷患，均應視爲骨折傷患處理之。

七、燒傷及燙傷的急救

燒傷又稱灼傷，係指人體組織遭到熱、化學品或放射線傷害時所引發的一種病變，而由濕熱如蒸氣或熱水等造成的灼傷即稱爲燙傷。燒傷及燙傷的結果相似，不僅會傷害皮膚及皮內組織，亦可能由於血清的大量流失，而引起休克。茲就常見燒燙傷所應採取的急救措施，分別說明於後。

（一）小範圍的燒燙傷

1. 讓傷患安心，並將傷處放在緩慢流動的冷水，或浸在冷水中十分鐘，以減少熱在組織內擴散；

2. 輕輕移除傷處的戒子、手錶、腰帶或其他配件；

3. 使用清潔無菌不含棉毛的敷料包紮；

4. 切勿使用黏性敷料或其他軟膏，亦不要試圖弄破水泡，以免感染。

（二）大範圍的燒燙傷

1. 讓傷患舒適躺下，但避免傷口直接與地面接觸，並在開始腫脹之前，輕除衣物，冷敷傷口；

2. 使用標準敷料或乾淨不含棉毛之布料覆蓋傷處，使與空氣隔離；

3. 臉部燒燙傷時，可利用清潔、乾燥、無菌的布料，割出口鼻及雙眼，做爲面罩加以覆蓋；

4. 如係四肢嚴重燒燙傷，則應將受傷的肢體予以固定；

5. 傷者如神志清醒且可以吞嚥，則給予足量的水或牛奶飲用，以

補充體液的流失；

　6. 迅速以擔架或救護車送醫治療。

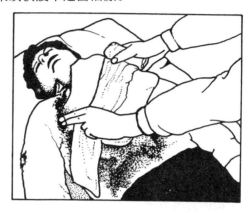

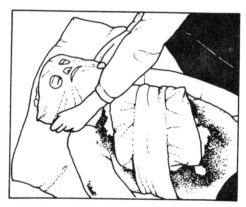

圖 **14-10** 大範圍燒燙傷的處置

（三）化學藥品的灼傷

　許多腐蝕性強的化學藥品碰到皮膚後，往往會引起嚴重的灼傷，如處理不當，亦易導致其他的病變，實不可不慎。一般而言，處理化學藥品灼傷的要領如下：

　1. 儘速以自來水冲洗受傷的部位，以沖淡或消除化學藥品，防止人體組織受到更進一步的傷害；

2. 將遭化學藥品污染的衣物小心脫去，注意切勿再沾染其他人員；

3. 依一般燒燙傷患繼續作進一步的處置；

4. 緊急安排送醫救治。

（四）電灼傷

當過大的電流流經人體時，亦會因感電而使人體發生灼傷的現象。其灼傷的面積雖然可能不大，但卻深入皮下組織。尤其高壓電或雷電所造成的灼傷，往往會致人於死。

1. 除非確定電源已經切斷，先勿接近傷患；

2. 必要時施予緊急復甦術；

3. 依一般燒傷處置傷患，並迅速送醫救治。

（五）衣服着火

1. 當有人衣服着火時，應儘速以水或其他不燃性液體噴灑；

2. 亦可手持不易着火之厚重衣物或毛毯將其裹住，再將他推倒翻滾，以使火熄滅；

3. 如僅傷者本人在場，應以附近可及的東西包裹身體，並立即臥地翻滾以滅火；

4. 切勿一時驚慌跑至屋外空曠地方，助長火勢而不可收拾。

（六）輻射線

為避免遭受輻射線的傷害，應確實注意並遵守下列事項：

1. 不進入或接近有未加掩蔽的輻射源或確知或懷疑已受到輻射污染之地區；

2. 勿食和勿飲確知或懷疑受到輻射物質污染地區的任何東西；

3. 必須進入或接近已遭輻射污染之地區時，應按規定配帶個人防護具；

4. 若確知或懷疑受到輻射暴露時，應即速撤離輻射源之處，並與

急救中心聯絡；

　　5. 受輻射污染之表面，可用肥皂或其他清潔劑與大量的水冲洗；

　　6. 對有遭受輻射之虞的人員，應確實詳加檢查，以便採取適當處置。

八、中毒的急救

　　無論經吞食、吸入或皮膚接觸有毒化學物質所導致的中毒，除了可能致人於死外，亦經常會有使人窒息、驚厥、昏迷或休克等現象。處理中毒傷患的一般原則如下：

　　1. 傷患清醒時：

　　(1) 趕快詢問因何中毒，以便救治；

　　(2) 若未在他的唇上或口中發現腐蝕性藥物燒傷現象時，可用指頭抓其喉部，或令其喝下鹽水，使之嘔吐；

　　(3) 如發現口唇已有燒傷現象，則不能使其嘔吐，只能讓他大量飲水或喝牛奶等予以冲淡；

　　(4) 迅速將傷患以車輛或救護車送醫院救治；

　　2. 傷患神志不清時：

　　(1) 若呼吸正常，可使其處於復甦姿勢，以保氣道暢通；

　　(2) 如呼吸衰竭或不能呼吸時，應連續施予人工呼吸；

　　(3) 儘速將傷患送醫救治。

　　3. 當患者發生嘔吐現象時，應讓其俯臥，並使頭部低於其肩部，以避免嘔吐物被吸入肺內；

　　4. 如係吸入性中毒，急救人員應注意，切勿使自己暴露於同樣的環境下而導致中毒；

5. 將中毒患者送醫救治時，應一併將任何遺留的毒劑及中毒者嘔吐的東西，送給醫院，以利醫師辨認或診斷。

九、傷患的搬運

爲了急救上的需要，有時必須將傷患從出事地點以拖、擡或其他方

(1) 搖藍式

(2) 拐杖式

(3) 背負式

(4) 救火隊搬運式

圖 14-11 一人搬運法

法搬運至安全或隱蔽的地區。搬運傷患時，基本上應注意下列事項：

    1. 首先應考慮傷患的舒適，非必要時儘量少予變動位置；

    2. 動作不得粗魯、草率，以免使其傷勢加劇，甚或危及生命；

    3. 搬運期間必須經常注意傷患的狀況：

    (1) 傷患的全身狀況；

    (2) 氣道的通暢；

    (3) 流血的控制；

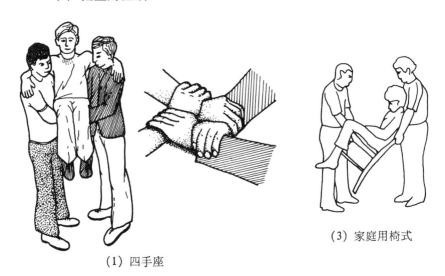

(1) 四手座

(3) 家庭用椅式

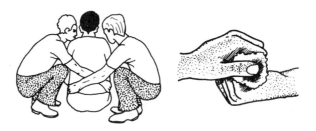

(2) 二手座

圖 14-12　二人搬運法

（4）保持骨折處及傷處固定不動。

　至於搬運傷患的方法，主要可分為：徒手搬運、毯子搬運及擔架搬運三大類，玆以圖示方式簡要說明如次。

　（一）徒手搬運

　1. 一人搬運法：又可分為搖籃式、拐杖式、背負式和救火隊搬運式等多種，詳見圖 14-11。

　2. 二人搬運法：又可分為二手座、四手座及家庭用椅式等，詳見圖 14-12。

　3. 三人或四人搬運法：如圖 14-13 所示。

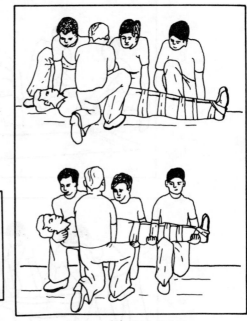

　（1）三人搬運法　　　　　　　（2）四人搬運法

圖 **14-13**　三人或四人搬運法

　（二）毯子搬運（如圖 14-14）

　（三）擔架搬運（如圖 14-15）

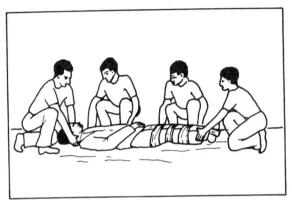

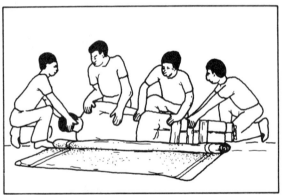

圖 **14-14**　毯子搬運法

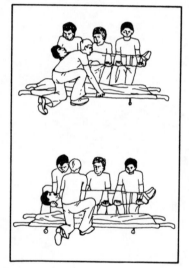

圖 14-15 擔架搬運法

十、結　　語

　　近年來我國由於各種生產事業的急速發展，每天因意外事故而導致的勞工傷亡，亦時有所聞。工業急救乃係對在工作場所中萬一發生不幸的勞工，所採取的緊急救治措施，期使罹災勞工的傷亡能減至最少。本章除簡要說明工業急救的一般原則外，並分別對窒息、創傷與出血、休

克、骨折、燒燙傷、以及中毒等的急救要領，逐項作了扼要的分析，最後再對傷患的搬運方法作簡單的介紹，應可提供平常演練及緊急救護的參考。

參 考 文 獻

一、中文部分

丁幼泉（民67）：勞工問題。臺北：華欣文化事業中心。

工業安全編輯委員會（民73）：工業安全。臺北：先鋒企業管理發展中心。

毛文秉（民68）：職業安全與衛生。臺北：臺灣商務印書館。

毛文秉、葉文裕編譯（民72）：工業衛生學。臺北：徐氏基金會。

中華民國工業安全衛生協會編（民一）：勞工安全衛生法令（分業安全衛生標準）。編者印行。

中華民國工業安全衛生協會編（民一）：鉛作業管理人員教材。編者印行。

中華民國工業安全衛生協會編（民一）：有機溶劑作業管理人員教材。編者印行。

中華民國工業安全衛生協會編譯（民一）：職業災害急救教材。編者印行。

中華民國工業安全衛生協會編（民一）：勞工安全衛生法令（一般安全衛生標準）。編者印行。

中華民國工業安全衛生協會編（民一）：勞工安全衛生法令（特殊危險機具安全標準）。編者印行。

中華民國工業安全衛生協會編（民一）：勞工安全衛生法令（特殊有害物質危害預防）。編者印行。

中華民國工業安全衛生協會編（民一）：勞工安全衛生法令（工業安全衛生標準）。編者印行。

中華民國工業安全衛生協會編（民一）：勞工安全衛生管理員教材（增訂本）。編者印行。

中華民國工業安全衛生協會編（民一）：職業災害統計月報表填製說明。編者印行。

中華民國工業安全衛生協會編（民71）：營造業勞工安全衛生教材（管理員訓練）。編者印行。

中華民國工業安全衛生協會等編（民72）：勞工安全衛生教材。編者印行。

中華民國工業安全衛生協會編（民72）：營造業勞工安全衛生管理佐訓練教材。編者印行。

內政部編（民一）：安全衛生防護具。編者印行。

內政部編（民一）：勞工安全衛生設施規則。編者印行。

內政部編（民一）：工廠噪音防止。編者印行。

內政部編（民一）：急救手冊。編者印行。

內政部編（民一）：職業病診斷準則。編者印行。

內政部編（民68）：廠場安全衛生自動檢查。編者印行。

內政部編（民69）：安全作業標準。編者印行。

內政部編（民70）：職業性癌的預防。編者印行。

內政部勞工司編（民66）：氯危害預防手冊。編者印行。

內政部勞工司編（民68）：廠場整潔。編者印行。

行政院國際經濟合作發展委員會編（民61）：工業安全衛生問答。編者印行。

行政院勞工委員會編（民77）：勞工法令、解釋彙編——安全衛生類。編者印行。

行政院勞工委員會編（民77）：勞工法令、解釋彙編——勞工檢查類。編者印行。

行政院經濟建設委員會編（民74）：我國勞工安全衛生法規實施成效之探討。編者印行。

余煥模（民64）：工業衛生學。臺北：華興管理技術服務公司出版部。

宋光梁（民59）：工業安全概論。臺北：臺灣商務印書館。

呂繼增（民74）：機械安全（勞工安全管理教材）。臺北：中華民國工業安

全衛生協會。

呂明傳（民70）：工業安全與衛生。臺北：正文書局。

李景文、黃敏亮等（民76）：工業安全及衛生。臺北：高立圖書公司。

李文斌、臧鶴年（民76）：工業安全與衛生。臺北：前程企業管理公司。

金崇仁（民67）：事業單位勞工安全衛生自動檢查制度之研究。中國文化大
　　學勞工研究所碩士論文。

林熾昌譯（民69）：化學安全工學。臺北：中華民國工業安全衛生協會。

林熾昌（民72）：粉塵（勞工安全管理師教材）。臺北：中華民國工業安全
　　衛生協會。

林熾昌（民72）：環境改善工學（勞工安全管理師教材）。臺北：中華民國
　　工業安全衛生協會。

林宜長（民72）：工業毒物學（勞工安全管理師教材）。臺北：中華民國工
　　業安全衛生協會。

林俊雄等（民71）：工業安全衛生教育。臺北：雙日書局。

林俊義（民73）：科技文明的反省。臺北：帕米爾書店。

林淑欽（民76）：工業安全衛生。臺北：全華圖書公司。

周國群（民72）：作業環境的安全與衛生。新竹：國興出版社。

翁寶山（民72）：核能與廢料。臺北：百科文化事業公司。

黃清賢（民73）：工業安全與管理。臺北：三民書局。

黃清賢（民74）：工業安全。臺北：三民書局。

黃清賢（民76）：工業安全與衛生。臺北：臺灣商務印書館。

莊進源等（民73）：毒性物質點線面。臺北：百科文化事業公司。

康泰啓（民74）：採光與照明（勞工安全管理師教材）。臺北：中華民國工
　　業安全衛生協會。

許文三（民72）：噪音與振動（勞工安全管理師教材）。臺北：中華民國工
　　業安全衛生協會。

許文生（民70）：現代工業意外災害之起因。臺北：文笙書局。

陳文宣（民74）：工業安全衛生。臺北：全華圖書公司。

陳國鈞（民68）：勞工研究論著。臺北：中興法商學院出版課。

陳有志（民75）：工業安全衛生。高雄：復文書局。

陳石棚（民78）：工業安全衛生。臺北：文京圖書公司。

陳拱北預防醫學基金會主編（民77）：公共衛生學。臺北：巨流圖書公司。

畢成才（民一）：工業安全。臺北：復興工業傳播社。

畢成才主編（民58）：工業安全。臺北：中國生產力及貿易中心。

畢成才（民68）：工業安全管理。臺北：中國生產力中心。

畢成才（民74）：工廠佈置與設計（勞工安全管理師教材）。臺北：中華民國工業安全衛生協會。

國立臺灣師範大學工藝教育系主編（民72）：中學工藝工場安全與衛生手冊。臺中：臺灣省教育廳印行。

張仁福（民75）：工業衛生學。臺中：昭人出版社。

張哲源（民71）：工業安全與衛生。新竹：國興出版社。

馮紀恩（民71）：實用工業安全與衛生。臺北：正文書局。

臺灣省教育廳編（民70）：工業安全衛生教育手冊。國立臺灣師範大學工業職業教育雜誌社印行。

榮達坊（民68）：職業衛生學。臺北：復興書局。

劉光群等（民63）：工業安全。臺北：聯經出版事業公司。

經濟部國營事業委員會（民69）：工業安全。編者印行。

鄭隆貴（民69）：臨床職業醫學。臺北：中華學術院職業醫學研究所。

謝安田（民71）：人事管理。臺北：著者印行。

戴基福（民74）：修訂勞工安全衛生法及其系統完整之研究。內政部研究報告。

戴基福（民74）：勞工安全衛生發展史（勞工安全管理師教材）。臺北：中華民國工業安全衛生協會。

二、英文部分

American National Standards Institute (1967), Method of recording and measuring work injury experience. New York: ANSI.

American National Standards Institute (1975), Safety requirement for woodworking machinery. New York: ANSI.

Anton, J. T. (1979), Occupational safety and health management. New York: McGrow-Hill Book Company.

Asfahl, R. C. (1984), Industrial safety and health management. Englewood Cliffs, N. J., Prentice-Hall, Inc.

Blocker, T. G. Jr. (1965), Studies on burns and wound healing. Austin: University of Texas.

Cooper, W. F. (1970), "Electrical safety in industry." IEE Reviews, Vol. 117, Aug., 1970.

Covan, J. M. (1977), Electrical hazards control manual. Litter Rock, AR: Arkansas Department of Labor.

Fallman, J. F. (1978), The economics of industrial health. New York: Amacom.

Hammer, W. (1980), Product safety management and engineering. Englewood Cliffs, N. J.: Prentice-Hall, Inc.

Hammer, W. (1985), Occupational safety management and engineering. Englewood Cliffs, N. J.: Prentice-Hall, Inc.

Handley, W. (1977), Industrial safety handbook. New York: McGraw-Hill Book Company.

Heinrich, H. W. (1950), Industrial accident prevention. New

York: McGraw-Hill Book Company.

Hermack, F. L. (1955), Static electricity in fibrous materials. National Bureau of Standards Report 4455.

International Labour Office (1961), From accident prevention: A worker's education manual. Geneva, Switzerland: ILO.

International Labour Office (1983), Encyclopedia of occupational health and safety. Geneva, Swizerland: ILO.

Kalis, D. B. (1975), "The evolution of America's industrial safety movement" Occupational Hazards Magazine, Sept., 1905.

Lee, J. S. & W. N. Rom (1982), Legal and ethical dilemmas in occupational health (Eds.). Ann Arbor, Mich.: Ann Arbor Science Publishers.

McElroy, F. E. (1981), Accident prevention manual for industrial operation (Ed.). Chicago: National Safety Council.

Miller, M. J. (1977), Risk management and reliability. Third International System Safety Conference, Washington, D. C.

National Fire Protection Association (1970), NFPA inspection manual. Boston: NFPA.

National Fire Protection Association (1981), Fire protection handbook. Quincy, MA: NFPA.

National Safety Council (1969), Accident prevention manual for industrial operations. Chicago: NSC.

National Safety Council (1974), Accident prevention manual for industrial operations. Chicago: NSC.

National Safety Council (1975), "Organizing an accident prevention program." National Safety News, Vol. 112, No. 4.

National Safety Council (1976), Accident facts. Chicago: NSC.

Nowikas, W. M. (1972), The noise of sound. Special Report 652, American Machinist.

Office of Technical Services, Division of Safety, Bureau of Labor Standards (1961), Fire protection for safety man. Washington, D. C.: USDL.

Olishifski, J. B. (___), Fundamentals of industrial hygiene. Chicago: National Safety Council.

Olishifski, J. B. & F. E. McElroy (1971), Fundamentals of industrial hygiene (Eds.). Chicago: National Safety Council.

Olishifski, J. B. & E. R. Harford (1975), Industrial noise and hearing conservation. Chicago: National Safety Council.

Rushbrook, F. (1961), Fire aboard. London: The Technical Press Ltd.

Strong, E. M. (1975), Accident prevention manual: For training programs. National Association of Industrial and Technical Teacher Educators.

U. S. Department of Health, Education and Welfare (1973), The industrial environment, Its evaluation and control. Cincinnati, OH: NIOSH.

U. S. Department of Health, Education and Welfare (1975), Machine guarding: Assessment of need. Cincinnati, OH: NIOSH.

U. S. Department of Health, Education and Welfare (1978), Industrial noise control manual. Cincinnati, OH: NIOSH.

U. S. Department of Health and Human Services (1979), Occupational safety and health in vocational education. Cincinnati, OH: NIOSH.

U. S. Department of Health and Human Services (1980), Occupational safety and health directory. Cincinnati, OH: NIOSH.

U. S. Department of Housing and Urban Development (1975), Designing for home safety: Training guide (♯4075. 10). Washington, D. C.: USDHUD.

U. S. Fire Administration (1978), Fire in the United States. Washington, D. C.: USDC.

U. S. Occupational Safety and Health Administration (1972), Compliance operations manual (OSHA 2006). Washington, D. C.: USDL.

U. S. Occupational Safety and Health Administration (1980), Concepts and techniques of machine safeguarding (OSHA 3067). Washington, D. C.: USDL.

U. S. Occupational Safety and Health Administration (1981), General industry OSHA safety and health standards (OSHA 2206). Washington, D. C.: USDL.

U. S. Occupational Safety and Health Administration (1972), Guidelines for setting up job safety and health programs (OSHA 2070). Washington, D. C.: USDL.

U. S. Occupational Safety and Health Administration (1975), Essentials of machine guarding (OSHA 2227). Washington, D. C.: USDL.